首阳教育书系

思维型科学探究实践案例

小学三四年级

U0950178

编 委 会

主　编　胡卫平

副主编　李　霞

编　委（以姓氏笔画为序）

刘天成　辽宁教育学院

李　霞　杭州市基础教育研究室附属学校

张　敏　湖南省教育科学研究院

张建武　西安市教育科学研究院

邵发仙　重庆市教育科学研究院

易传发　武汉市教育科学研究院

胡卫平　现代教学技术教育部重点实验室

曹　雷　重庆市教育科学研究院

童海云　深圳市教育科学研究院

陕西师范大学出版总社　西安

图书代号　JY24N0699

图书在版编目（CIP）数据

思维型科学探究实践案例．小学三四年级 / 胡卫平主编．—西安：陕西师范大学出版总社有限公司，2024.6(2025.1 重印)

ISBN 978-7-5695-4384-1

Ⅰ．①思…　Ⅱ．①胡…　Ⅲ．①科学知识—教案（教育）—小学　Ⅳ．①G623.62

中国国家版本馆 CIP 数据核字（2024）第 091947 号

思维型科学探究实践案例　小学三四年级

SIWEIXING KEXUE TANJIU SHIJIAN ANLI XIAOXUE SAN SI NIANJI

胡卫平　主　编

出 版 人　刘东风
出版统筹　杨　沁
策划编辑　郭建刚　严国红
责任编辑　郅　然　温彬丽　张　翠
责任校对　成少彦　张慧君　魏　宁
封面设计　路　加
出版发行　陕西师范大学出版总社有限公司
（西安市长安南路 199 号　　邮编　710062）
网　　址　http://www.snupg.com
印　　刷　陕西博文印务有限责任公司
开　　本　720 mm×1020 mm　　1/16
印　　张　25
字　　数　300 千
版　　次　2024 年 6 月第 1 版
印　　次　2025 年 1 月第 2 次印刷
书　　号　ISBN 978-7-5695-4384-1
定　　价　88.00 元

序言/preface

为深入贯彻党和国家的路线、方针和政策，全面落实全国教育大会精神和立德树人根本任务，发展素质教育，反映国际科学教育改革的趋势，深化义务教育科学课程改革，在教育部的统一领导下，义务教育科学课程标准的修订工作于2019年1月启动。经过三年多的努力，我国第一部包括物理学、化学、生物学、天文学、地球科学等不同学科领域，覆盖9个年级的义务教育科学课程标准完成修订，并于2022年4月21日发布。

基于素养立意、注重综合、进阶设计、加强实践、立足现实的修订思路，《义务教育科学课程标准（2022年版）》（以下简称“课标”）在多方面取得了明显的突破：凝练了核心素养，调整了课程结构，精简了课程内容，突出了育人导向，制定了学业质量，强化了实施指导等。

课标的有效实施是一项富有挑战性的工作，涉及实施规划制订、教师专业发展、教学条件建设、课程资源开发、教学方式变革、评价方式改革等方面，特别是科学课程，由于基础比较薄弱，课标创新明显，有效实施具有更大的难度。课标实施过程中的重点和难点有以下几个方面：一是基于核心素养制定教学目标。科学课程旨在培育学生的核心素养，理解科学课程要培养的学生核心素养的内涵和构成、发展要求以及各组成要素的本质，并基于核心素养制定教学目标，需要教师具有较高的理论水平和实践经验，是科学课程有效实施的重点和难点。二是课程内容的组织。义务教育科学课程设置了13个学科核心概念，每个学科核心概念又分解成若干个学习内容；物质与能量、结构与功能、系统与模型、稳定与变化4个跨学科概念的学习依托13个学科核心概念来实现；技术与工程部分的学习要基于学生已有知识经验和认知水平，综合利用学科核心概念和跨学科概念，通过综合实践，解决真实情境中的技术与工程问题。如何理解核心概念并围绕核心概念组织教学内容，开展基于核心概念的单元教学设计？如何把握核心概念的进阶，强化学段教学内容安排的序列化和递进性？这些是科学课程有效实施的又一重点和难点。三是开展思维型探究与实践活动。鉴于现行科学教学中有不少重视科学探究过程、忽视学生积极主动思考的情况，修订后的课标强调整合启发式、探究式、互动式、体验式和项目式等各种教学方式的基本要求，开展能够促进学生积极思考的思维型探究与实践活动。对这一教学思想的深入理解和有效实施，也是课堂教学实施的重点和难点。

为了探索课标有效实施的途径，现代教学技术教育部重点实验室在辽宁省、湖南省、重庆市、深圳市、武汉市、西安市建立了实验区，经过近两年的探索，取得了一定的经验。本套书案例涉及小学3个学段和13个学科核心概念，包括基于核心概念的单元教学和课时教学设计，反映了思维型探究与实践的基本思想和核心概念的进阶路线，体现了基于核心素养确定教学目标、围绕核心概念组织教学内容、以学生为主体进行教学设计、以探究实践为主要方式开展教学活动，可以对教师在教学中落实课标要求提供较好的示范与引领作用，有助于提高科学教学质量。

在本套书的编写过程中，本人负责编写方案的制订、统稿等工作；李霞主要负责案例的审查和打磨等工作；刘天成、张敏、曹雷、邵发仙、童海云、易传发、张建武等负责本省（市）案例的收集、打磨与审查等工作，对于提供案例的作者，书稿中已经标注了他们的姓名和单位。

在本套书出版之际，感谢现代教学技术教育部重点实验室、中国教育学会科学教育分会的大力支持，感谢实验区的积极探索，感谢编委会的共同努力，感谢案例作者的辛勤劳动，感谢陕西师范大学出版总社领导的精心组织和编辑的认真工作。思维型探究实践是课标对教学提出的高标准要求，因为实验时间短，优秀的实践案例比较缺乏，再加上我们的水平所限，书中难免会有不到之处，恳请广大读者批评指正。

现代教学技术教育部重点实验室

中国教育学会科学教育分会

陕西师范大学科学教育中心

2024年5月

前言/preface

《义务教育科学课程标准（2022年版）》（以下简称“课标”）课程内容围绕核心素养所包括的科学观念、科学思维、探究实践、态度责任，对义务教育阶段课程内容进行了结构化安排。具体表现为以4个跨学科概念、13个学科核心概念为统领，确定了1~9年级学生应该达到的科学素养水平，进阶设计了科学学习路径。具体的内容要求紧紧围绕核心概念，对物质科学、生命科学、地球与宇宙科学、技术与工程等相关内容进行横向整合，对1~2年级、3~4年级、5~6年级、7~9年级四个学段的具体内容进行纵向联结，以“少而精”的科学事实、科学概念、科学原理等支撑学生的科学学习。

课标结构化的课程内容对课堂教学提出了新要求。如何理解核心概念并围绕核心概念组织教学内容？如何把握核心概念的进阶，强化学段教学内容安排的序列化和递进性？如何聚焦核心素养目标，实施思维深度参与的科学探究与工程实践？这些成为落实课标，有效开展课堂实践的重点和难点。基于课堂观察与深入调研，我们发现：在松散单元教学视角下，课时三备（“备教材”“备学生”“备教法”）的框架和实践，不足以帮助到教师开展素养导向的课堂实践。聚焦核心素养，开展基于核心概念的单元教学设计，依托少而精的知识支撑思维深度参与的科学探究和工程实践，成为本套书的攻关重点。

单元作为最小的课程单位，一直是教材编写和课堂教学的重要载体。本套书从单元教学设计的视角，建构了聚焦核心概念的思维型单元教学设计的理论与操作框架。思维型单元教学设计是基于思维型教学五大原理，对单元及每课时的教学进行系统性、整体性规划的设计。以动机激发、认知冲突、自主建构、自我监控、应用迁移五个基本学习原理为理论支撑；将聚焦核心概念的单元教学内容规划、单元学习目标设计、单元学习评价设计、学生情况分析、单元学习进程设计、持续反馈与应用设计、单元教学反思等要素建立深度关联，形成操作框架，进而实现优化的课堂教学效果。

本套书基于思维型教学原理与单元设计框架进行案例的编写，对应13个学科核心概念，针对3个学段设计了38个探究实践案例。单元设计中，通过梳理本单元学习指向的核心概念及学习进阶路线、单元学习内容的组织线索，来确定本单元对核心概念建构的重要价值；基于此，从核心素养的四个方面整体确定单元学习目标，在落实课标内容要求的基础上选择可操作的、易检测的行为动词，对目标进行较为精准的制定；在单元目标导向下，设计嵌入真实问题、真实情境的单元学习评价，用以考查学生在单元学习结束后解决复杂问题的能力；学生情况分析是教学程序设计的基础，从学习起点、学习状态、学习困难三个维度进行分析，在学习起点的分析中特别关注了学生思维水平，在学习状态的分析中特别关注了学生的思维动力，在学习困难的分析中特别关注了学生的前概念；单元学习进程设计以学习问题链整体引领学生的学习路径，从单元主要概念、学习进阶、学习问题链、主要学习活动及思维型教学原理等几个方面整体考虑；

持续反馈与应用设计是在单元教学结束后供教师选择性使用，以实现对概念学习的拓展迁移为目的，从而能够持续建构概念、发展问题解决能力；单元教学反思则是作者对现有单元教学的反思与迭代，为使用本套书的教师进一步优化教学提供参考。

核心概念统领下的思维型单元教学设计立足核心素养的形成，围绕核心概念，追求用少而精的内容实现科学教育价值的最大化。其内隐的是科学观念的形成过程、科学态度责任的发展过程，外显的是科学探究过程、工程实践过程。单元活动内容既是基于课标要求的经典性内容，又是紧密结合生活生产、社会科技等领域的创新性内容。本套书各位作者经过系统设计和反复实践，将有效的方法和策略进行呈现，以期能对一线教师的课堂教学起到较好的参考作用。

李霞

义务教育科学课程标准修订专家组成员

杭州市基础教育研究室附属学校　特级教师　正高级教师

2024 年 5 月

目录/contents

物质的结构与性质

物质的变化与化学反应

物质的运动与相互作用

能的转化与能量守恒

生命系统的构成层次

生物体的稳态与调节

生物与环境的相互关系

生命的延续与进化

宇宙中的地球

地球系统

人类活动与环境

技术、工程与社会

工程设计与物化

物质的结构与性质

案例1　身边的材料

单元教学内容规划

（一）本单元学习指向的核心概念及学习进阶路线

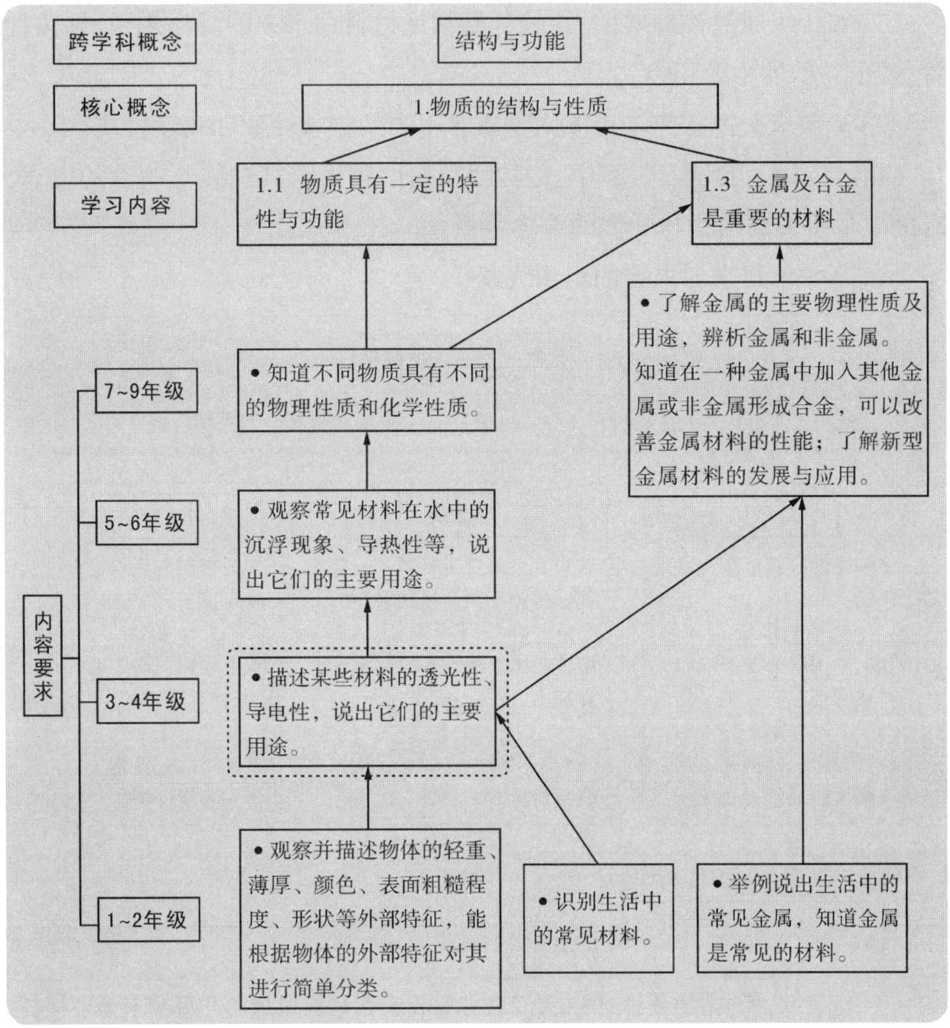

本单元聚焦“物质的结构与性质”核心概念，落实《义务教育科学课程标准（2022年版）》（以下简称“课标”）中“物质具有一定的特性与功能”“金属

及合金是重要的材料”的学习内容要求。

世界是物质的,太阳系、地球、原子、基本粒子、电磁场等都是物质。不同组成与结构的物质具有不同的性质,物质的性质决定了其功能和用途。

1~2年级初步认识材料,能识别生活中常见的材料,通过观察物体的外部特征,能对其进行简单分类。

3~4年级通过初步探究,能描述材料的特性,并能说出它们的主要用途,初步建立物质的性质决定其功能和用途的概念。

5~6年级通过设计实验,比较分析常见材料在水中的沉浮现象、导热性等,说出它们的主要用途。

7~9年级通过探究知道不同物质有不同的物理性质和化学性质。

在层层深入的学习过程中,建构物质的性质决定其功能与用途的概念,有助于学生形成结构与功能的跨学科概念。

(二)本单元学习内容的组织线索

1.天然材料与人造材料

认识天然材料与人造材料。→ 探究天然材料与人造材料的异同。

2.纸

了解纸的一般特性和常见用途。
↓
探究不同纸的吸水性和结实程度。
↓
选择合适的材料做一只不渗水的纸船。

3.金属

认识身边的常见材料——金属,了解不同金属的异同。
↓
解释身边金属物品的材料选择理由。
↓
分析不同材料优缺点,认识合金材料。

4.塑料

知道塑料有优点也有缺点。
↓
探究塑料绳和羊毛线的异同。
↓
了解“白色污染”,落实环境保护。

单元学习目标设计

核心素养	学习目标
科学观念	1.识别身边的各种材料,知道物体是由不同材料做成的并可按来源将材料分类。 2.了解材料的特性与用途

续表

核心素养	学习目标
科学思维	1. 能解释实验现象,分析材料特性。 2. 能运用语言、文字、符号等多种方式表达探究结果。 3. 能在调查、收集、利用废旧材料制作物品的过程中,初步形成重组思维、发散思维、突破定式等创造性思维
探究实践	1. 能运用多种感官和工具探究不同材料的性能。 2. 能观察研究、调查收集身边的废旧材料,设计制作一件实用的物品
态度责任	1. 乐于尝试运用多种材料、多种思路、多样方法完成科学探究,体验创新乐趣。 2. 感知人类的生活和生产可能对环境造成破坏,树立环境保护意识

单元学习评价设计

单元学习评价设计一

“身边的材料”评价量表

核心素养	评价指标	评价等级			同伴互评	教师评价
		★	★★	★★★		
科学观念	初步认识各种材料的特性	知道材料可分为天然材料和人造材料	知道各种材料的特性	知道不同材料因其特性不同具有不同的用途	☆☆☆	☆☆☆
科学思维	推测并解释观察到的各种现象、特性及结果	能解释实验现象、分析材料特性	能运用语言、文字符号等多种方式表达探究结果	能在调查、收集、利用废旧材料制作物品的过程中,初步形成重组思维、发散思维、突破定式等创造性思维	☆☆☆	☆☆☆

续表

核心素养	评价指标	评价等级			同伴互评	教师评价
		★	★★	★★★		
探究实践	进行有关材料的观察研究、调查收集活动	能在教师的引导下,通过实验探究不同材料的特性	能运用多种感官和工具探究不同材料的特性及优缺点	能通过观察研究、调查收集身边的废旧材料,设计制作一件实用的物品	☆☆☆	☆☆☆
态度责任	意识到合理充分利用材料的必要性和重要性,树立合理保护环境、保护资源的意识	能意识到合理充分利用材料的必要性和重要性	感知人类的生活和生产可能对环境造成破坏,树立环境保护意识	能通过自主查阅资料,树立环保意识,在生活中用实际行动保护资源、保护环境	☆☆☆	☆☆☆

单元学习评价设计二

“身边的材料”应用能力检测单

1. 请对下面的材料进行分类。

①石头 ②金属 ③纸 ④玻璃 ⑤复合板 ⑥腈纶棉 ⑦青铜 ⑧棉花

属于天然材料的是____。

属于人造材料的是____。

2. 列举家中四种不同材料制成的物品,说一说利用这种材料的优点。

(1)物品名称是______________,所用的主要材料是______________,使用这种材料的优点是____。

(2)物品名称是______________,所用的主要材料是______________,使用这种材料的优点是____。

(3)物品名称是______________,所用的主要材料是______________,使用这种材料的优点是____。

(4)物品名称是______________,所用的主要材料是______________,使用这种材料的优点是____。

3. 列举三种防锈技术。

(1)____。

（2）____。

（3）____。

4. 写一写你对塑料的认识。

（1）分析塑料的发明对人类生活的影响：____________________。

（2）说一说减少“白色污染”的方法：______________________。

学生情况分析

从学生的年龄结构和心理特征来看，三年级的小学生对一切事物都充满好奇心，他们有很强的求知欲。通过一、二年级科学的学习，学生对生活中的材料已经有了初步的认识，掌握了一定的实验方法，观察经验已经得到了很大的丰富，也具备了一定的观察探究能力，能把自己观察到的现象记录下来。但学生对材料的生产、特性以及材料与人类生活联系的认识并不清楚。

单元学习进程设计

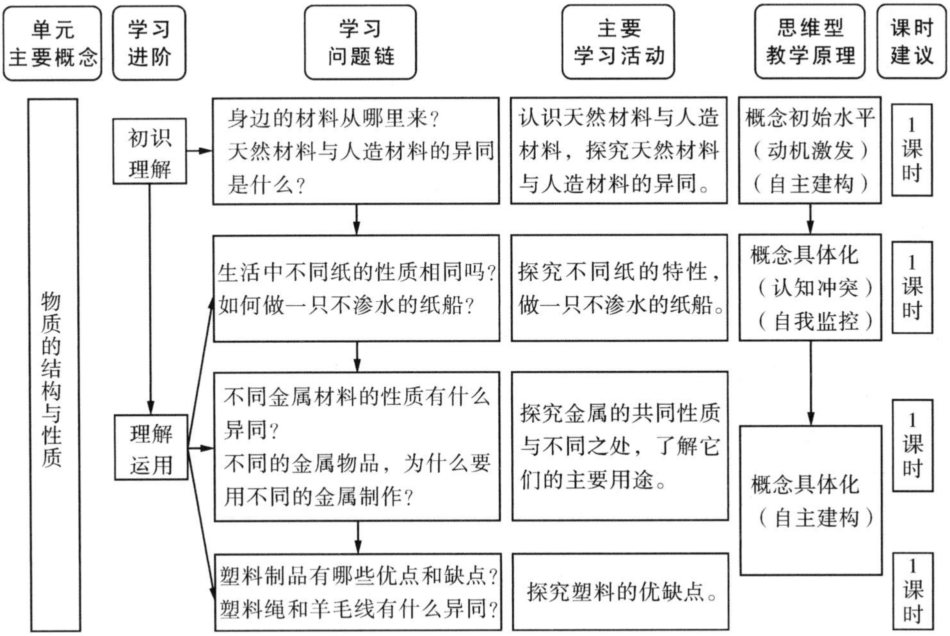

第1课时 天然材料与人造材料

核心问题：身边的材料从哪里来？

天然材料与人造材料的异同是什么？

【教学目标】

1. 通过观察身边的材料从哪里来，知道材料有天然的也有人造的。

2. 能利用多种感官观察、区分常见的天然材料和人造材料。

3. 在教师的指导下，探究天然材料与人造材料的异同。

4. 能基于生活经验，对常见材料有感性认识，形成珍惜资源、爱护环境的意识。

【教学重难点】

重点：了解材料的来源，并能区分天然材料与人造材料。

难点：探究天然材料与人造材料的异同，认识到天然材料和人造材料各自的优缺点。

【教学准备】

教师准备：多媒体课件、衣服成分标签、棉花、腈纶棉、镊子、表面皿、火柴、烧杯、板贴等。

学生准备：材料包（棉花、石头、木材、陶瓷片、玻璃片、塑料片、腈纶棉）、镊子、表面皿、火柴、烧杯、学习单等。

【教学过程】

一、情境导入，激发兴趣

1. 谈话：今天，我们要一起学习身边的材料。我们的衣、食、住、行等方方面面都涉及材料，以衣服为例，你们知道用来做衣服的材料有哪些吗？

2. 学生回答。

3. 出示衣服成分标签，提问：这是一些衣服的成分标签，请同学们观察一下，你们有什么想问的问题吗？

4. 学生回答。（为什么有的是纯棉的，有的要在棉花中掺杂其他材质呢？是不是不同的材料混合后会让衣服变得结实、耐磨？为什么夏天的衣服也有纯棉的，这样会不会热呢？）

5. 过渡：既然同学们有这么多问题，那么今天我们就一起走进材料的世界，探寻材料的秘密，解答同学们心中的疑惑吧！

【设计意图】通过对比衣服标签，引起认知冲突，激发学生探究不同材料特点的兴趣。

二、材料知多少

（一）猜猜我是谁

1. 出示材料包，学生借助感官，再结合生活经验，来说一说材料包中的都是哪些材料，并低声交流如何得到这些材料。

2. 出示活动要求。

3. 学生分组观察后汇报。

（二）认识天然材料和人造材料

1. 谈话：如果将刚才认识的几种材料分成两类，你们想怎样分？依据是什么呢？

2. 小组讨论并汇报（边汇报边贴板贴）。

3. 总结学生的观点，强调天然材料和人造材料的概念，天然材料和人造材料的区别是有没有人工合成的新材料出现。

【设计意图】通过对材料的初步判断与分类，让学生明确两种材料的定义，避免产生混淆。

三、材料辨一辨

（一）借助感官观察

1. 谈话：再来看看我们刚才出示的衣服标签，请同学们对着标签在材料包里找一找，你们发现了哪两种材料呢？

2. 学生观察后回答。

3. 谈话：棉花和腈纶棉都是做衣服的主要材料，它们有什么相似或者不同之处呢？

4. 学生借助感官观察，填写学习单并汇报。

5. 过渡：我们已经对这两种材料有了初步的了解，大家想不想进一步比较一下呢？

（二）借助工具观察

实验一：浸一浸，比较棉花和腈纶棉的吸水性。

1. 出示浸一浸的实验方法，强调关键词。

2. 学生小组合作进行实验探究。

3. 填写学习单，汇报结论。

实验二：烧一烧，比较棉花和腈纶棉的不同。

1. 谈话：通过刚才的观察以及实验，我们发现棉花和腈纶棉是有很多相似的地方的。当把它们加工成纺织纤维，再染上色之后就更难辨别了，还有什么方法能对它们进行区分呢？

2. 出示烧一烧的实验方法。

3. 学生交流汇报实验时需要注意的地方，教师适当补充。

4. 学生分组探究，观察现象。

5. 填写学习单，得出结论：棉花点燃时有烧纸张的气味，燃烧后成为灰烬；腈纶棉燃烧时变成黏胶状熔化物，燃烧后成为黑色固体物质。

（三）迁移应用

1. 提问：通过刚才的探究，请你们再想一想，为什么夏天的短袖和冬天的棉袄都要用棉花，这矛盾吗？

2. 学生回答：夏天的短袖主要利用了棉花的吸水性，而冬天的棉袄利用的是棉花的保暖性能。

3. 提问：你们刚才的疑问都有答案了吗？

4. 小组交流汇报。

【设计意图】通过实验探究，比较棉花和腈纶棉的异同，对棉花和腈纶棉的基本特性有所了解，思考并解释衣服选用材料的原因。

四、总结并拓展

1. 通过今天的探究学习，你学到了什么呢？

2. 学生回答。

3. 请同学们再来观察我们周边环境中的材料，想一想，为什么我们身边天然材料的物品较少，而人造材料的物品越来越多呢？

4. 学生自由回答。

5. 总结：大自然给予我们的材料并不是取之不尽、用之不竭的。为了未来的发展和进步，科学家们已经研制出了许许多多新型材料。这些材料有的弥补了天然材料的不足，有的能回收重复使用，从而节约了天然材料。同学们也要努力学习，将来研制出更多性能更优良的人造材料，方便人们的生活。也请同学们在课后想一想，如果让你研发一种新型材料，你想让它具有什么样的功能呢？

【设计意图】随着时代的发展，天然材料与人造材料的用途发生了很大的变化。通过交流讨论，鼓励学生积极思考这两种材料的优缺点，意识到节约资源、保护环境的重要性。

【精彩片段】——对比衣服标签，引起认知冲突，激发探究兴趣

师：今天，我们要一起学习身边的材料。我们的衣、食、住、行等方方面面都涉及各种材料，以衣服为例，你们知道用来做衣服的材料有哪些吗？

生：棉花、毛线、涤纶、腈纶……

师：（出示衣服成分标签）这是一些衣服的成分标签，请同学们观察一下，你们有什么想问的问题吗？

生1：为什么有的是纯棉的，有的要在棉花中掺杂其他材质呢？

生2：是不是不同的材料混合后会让衣服变得结实、耐磨？

生3：为什么夏天的衣服也有纯棉的，这样会不会热呢？

……

师：既然同学们有这么多问题，那么今天我们就一起走进材料的世界，探寻材料的秘密，解答同学们心中的疑惑吧！

【教学评析】

生活中，同学们对于衣服的标签都不陌生，但很少认真地对其进行观察并思考。本节课中，利用对不同衣服标签的观察对比活动进行导入，进而提问："你发现了什么？你有什么想问的问题吗？"引起认知冲突，激发学生对材料的探究兴趣。

【学习单】

比较棉花与腈纶棉的异同

材料		棉花	腈纶棉
看一看(颜色)			
摸一摸(是否柔软)		是□ 否□	是□ 否□
捏一捏(是否蓬松)		是□ 否□	是□ 否□
是否有较好的保暖性		是□ 否□	是□ 否□
浸一浸(是否有良好的吸水性)		是□ 否□	是□ 否□
烧一烧	是否有黑烟	是□ 否□	是□ 否□
	是否收缩并呈黏胶状熔化物	是□ 否□	是□ 否□
	灰烬是否有硬块	是□ 否□	是□ 否□

第2课时 纸

核心问题:生活中不同纸的性质相同吗?

如何做一只不渗水的纸船?

【教学目标】

1. 知道纸的一般特性和常见用途,并能把纸的性质和用途联系起来。

2. 能通过探究实验,比较、分析、解释不同纸的吸水性和结实程度。

3. 能够运用多种感官和工具对纸进行研究,选择合适的材料做一只不渗水的纸船。

4. 养成节约用纸的好习惯。

【教学重难点】

重点:了解纸的一些特性。

难点:用多种感官和工具对纸进行研究,选择合适的材料做一只不渗水的纸船。

【教学准备】

教师准备:多媒体课件、滴管、有色水、各类纸、水槽、纸船、硬币等。

学生准备：滴管、有色水、各类纸、水槽、硬币、锡纸、油画棒、透明胶带、学习单等。

【教学过程】

一、认识造纸术和生活中的纸

1. 提问：你们知道中国四大发明之一造纸术是什么吗？

2. 学生回答并观看蔡伦造纸术相关视频。

3. 提问：你们在生活中见过哪些用途的纸，它们分别有什么特点呢？

4. 学生回答。

5. 教师总结：我们在工作、学习、生产、生活、医疗、娱乐等各个方面都会用到纸。纸的作用很大，纸已经是生活中必不可少的物质资源了。关于纸的特性，你们还想了解更多吗？下面我们通过实验一起来探究吧！

【设计意图】以纸的发明史导入，让学生了解蔡伦的造纸术技术。再从学生的生活经验入手，引入对纸的探究。

二、实验探究

实验一：探究纸的吸水性。

1. 出示四种纸，提问：如果老师不小心在实验桌上洒了水，你们知道用哪种纸擦最好吗？为什么？

2. 学生回答。

3. 同学们的猜想是否正确呢？下面我们通过实验来验证猜想。

4. 学习滴管的使用方法及注意事项。

5. 学生分组实验，完成学习单。

实验二：探究纸的结实程度。

1. 提问：同一张报纸，从不同的方向撕开，用力的大小相同吗？

2. 学生回答。

3. 提问：怎样比较不同纸的结实程度呢？

4. 学生回答。

5. 布置任务：利用对拉的方法比较三种纸的结实程度。

6. 学生分组完成实验，填写学习单并汇报结果。

根据实验一和实验二小结：不同纸的吸水性和结实程度均不同。

实验三:制作一只不渗水的纸船。

1. 任务:制作一只不渗水的纸船。

2. 学生讨论,设计方案。

3. 师生交流完善方案。

4. 学生完成纸船制作并测试。

【设计意图】通过探究纸的吸水性、结实程度等实验,让学生认识纸的主要特性。通过制作一只不渗水的纸船的活动,让学生通过充分的工程实践综合应用所学知识,实现知识的迁移运用。

三、拓展

1. 播放课件

让学生通过课件了解纸张浪费情况。

2. 思考:我们应如何节约用纸?

(1)纸巾擦嘴时用一半。(2)用旧本子背面做草稿。(3)课本循环使用。(4)生活中能用毛巾尽量不用纸。(5)正反两面打印文件。(6)废纸回收再利用。(7)电子化办公,减少用纸。(8)打印机旁贴上"节约用纸,善待资源"标语。

【精彩片段】——应用迁移,利用不同纸的特性,设计制作一只不渗水的纸船

师:同学们,这是老师折的纸船,这是一个水槽。老师想用这只纸船运送一枚硬币,你们认为能成功吗?

(学生猜想,并说明理由。)

师:那么我们试一试(失败,纸船吸水,沉底了)。

师:你们能帮老师想想办法,折一只不渗水的纸船吗?

生1:用油画棒将纸涂满颜色后折出的纸船就不会渗水了。

生2:选择牛皮纸做纸船,牛皮纸的吸水性差。

生3:透明胶带防水,可以在纸的表面贴一层透明胶带。

生4:可以在纸船外表面包一层锡纸。

……

(学生小组合作完成设计、制作,并测试小船性能。)

【教学评析】

这个实验设置了真实情境，以教师的纸船运送硬币失败的例子激发学生的探究欲望：纸船怎样才不会渗水呢？在激发学生探究兴趣的同时引导学生设计实验验证自己猜测的方法是否可行，激发学生的成就感。

【学习单】

1. 比一比，哪种纸的吸水本领强。

(1)实验方法：在不同纸的中间滴一滴有色水，停一会儿，观察实验现象。

(2)吸水本领排序(将实验结果贴在下面方格里)。

第一名	第二名	第三名	第四名

2. 比一比，哪种纸的结实程度强。

(1)实验方法：将两条长宽一样的纸条对折后相互勾住，两个人拉一拉。

(2)结实程度排序(将实验结果贴在下面的方格里)。

第一名	第二名	第三名	第四名

第3课时 金属

核心问题：不同金属材料的性质有什么异同？

不同的金属物品，为什么要用不同的金属制作？

【教学目标】

1. 知道金属是我们身边的常见材料。

2. 能在实验中收集证据，解释为什么身边不同的金属物品要用不同的金属制作。

3. 利用多种感官和方法认识金属的相同性质和不同之处。

4. 知道每一种金属都有它的优缺点，通过了解它的性质，最大限度地去发掘它的用途。

【教学重难点】

重点：探究金属的相同性质和不同之处。

难点：能在实验中收集证据，解释身边不同的金属物品要用不同金属制作的原因。

【教学准备】

教师准备：多媒体课件、铁锤、铜丝、铁丝、铝丝、天平、铜块、铁块、铝块等。

学生准备：铜棒、铁棒、铝棒、玻璃棒、塑料棒、铁锤、铜丝、铁丝、铝丝、铜片、铁片、铝片、铜块、铁块、铝块、热水、砂纸等。

【教学过程】

一、动画导入，激发兴趣

1. 播放人工智能机器人动画，提问：这些机器人是用什么材料做的呢？

2. 学生回答。

3. 谈话：金属是我们生活中不可或缺的一种材料。回忆一下，我们身边哪些物品是由金属制成的？

4. 学生回答。

5. 小结：厨房用具、生活用品、房屋建筑、交通工具等方面都需要用到金属。这节课就让我们走进金属的世界，一同来认识金属。

【设计意图】让学生认识到金属应用在我们生活的方方面面。

二、认识铜、铁、铝三种金属

1. 这里有三种不同的金属，认真观察一下，你们能分辨出它们分别是哪种金属吗？

2. 出示材料（热水一杯、砂纸、铁锤），引导学生提出对三种金属进行探究的方案。

【设计意图】让学生了解常见的金属主要有铜、铁、铝几大类，并充分认识金属用途的广泛性。

三、探究金属的共同性质

(一)探究金属的导热性

1. 把铜棒、铁棒、铝棒、玻璃棒、塑料棒同时放到一杯热水中,一分钟后再分别摸一摸,小组内交流感受。

2. 强调注意事项,学生分组探究。

3. 小结:金属都有导热性,金属的导热性比玻璃和塑料强。

(二)探究金属的光泽

1. 用砂纸打磨铜棒、铁棒、铝棒的一端,分别与另一端进行比较,仔细观察被磨的一端,组内交流观察结果。

2. 强调注意事项,学生分组探究。

3. 小结:金属都有光泽。

(三)探究金属的延展性

1. 用铁锤分别捶打铜丝、铁丝、铝丝,认真观察捶打后的三根金属丝有什么变化。

2. 强调注意事项,学生分组探究。

3. 小结:金属都有延展性。

【设计意图】通过实验探究不同金属的共性,了解金属的性质,巩固金属概念,让学生对金属的性能有正确的认识。

四、探究金属的不同之处

过渡:金属有着共同的特点,如有导热性、金属光泽和延展性。那它们的硬度和轻重是否也相同,如何验证?

(一)比较金属的硬度

1. 用铜片、铁片、铝片相互刻画,仔细观察刻画后痕迹的深浅,比较它们的硬度。

2. 小结:不同的金属硬度不同。

(二)比较金属的质量

1. 取大小相同的铜块、铁块、铝块,用手掂一掂,感受它们的轻重。

2. 教师用天平称量金属块的质量,验证学生的感受是否准确。

3. 小结：等体积的不同金属，质量不同。

【设计意图】通过实验让学生了解不同金属的硬度、轻重不同。

五、迁移应用

（一）探究不同物品用不同金属制作的原因

1. 谈话：不同金属不仅在软硬和轻重方面有差别，在其他许多方面也有所不同。（出示不同金属性质表格）如果你是一名设计师，你会根据金属的哪种性质来制作下面这些物品（出示物品），又要综合考虑哪些方面的因素呢？

2. 学生讨论回答并填写学习单。

3. 小结：选择材料时我们要全面考虑各个方面，如性质、价格、是否有毒、是否容易获得等。

（二）认识合金

1. 通过刚才的探究学习，我们知道每一种金属都有它的优缺点，那么怎样把优点集于一身呢？

2. 认识合金：金属可与其他金属或者非金属混合在一起制成合金，合金比单一金属具有更好的性能。

3. 介绍合金并不是现代科技的产物，青铜器的出现说明在几千年前人们就掌握了制造合金的技术。

4. 播放认识合金视频。

5. 渗透：我们在学习中也应该扬长避短，学习别人的优点来弥补自己的不足。

【设计意图】让学生知道选用某种金属制作物品，不能只考虑单一因素，而要从多方面论证其适用性，锻炼学生的分析能力。

【精彩片段】——利用人工智能机器人视频自主建构，初步形成金属的概念，迅速导入金属性质的研究

师：（播放人工智能机器人动画）这些机器人是用什么材料做的呢？

生：铁、钢、金属……

师：金属是我们生活中不可或缺的一种材料。回忆一下，我们身边哪些物品是由金属制成的？

生：锅、螺丝刀、菜刀、门把手、文具盒……

师：它们为什么要用金属制作？这些金属有怎样的特征呢？

生：坚硬、不易变形、不易损坏……

师：厨房用具、生活用品、房屋建筑、交通工具等方面都需要用到金属。这节课就让我们走进金属的世界，一同来认识金属。

【教学评析】

利用学生感兴趣的人工智能机器人视频导入，可以迅速吸引学生思考关于金属的问题。通过列举身边的金属制品，思考这些金属制品有哪些特征，知道金属是我们生活中常见的材料，被广泛运用于各个方面和各个领域，进而激发学生探究不同金属性质的积极性。

【学习单】

一、探究金属的性质

金属	是否导热	是否有金属光泽	是否有延展性	比较硬度	比较轻重
铜					
铁					
铝					

二、下面的金属物品是用哪些金属材料制作的呢？为什么要选用这些金属材料？

物品	需要的材料特性	选用的金属	我的理由
炒锅			
导线			
易拉罐			
首饰			

第4课时 塑料

核心问题：塑料制品有哪些优点和缺点？
塑料绳和羊毛线有什么异同？

【教学目标】

1. 知道塑料有很多优点，但也有缺点。

2. 能够运用语言、文字、符号等多种方式表达探究结果，并进行交流。

3. 能够运用多种感官和工具对塑料进行探究。

4. 体会回收、利用废旧塑料对环境保护的重要意义，并提出我们为减少"白色污染"要做哪些具体事情。

【教学重难点】

重点：知道塑料的优缺点。

难点：能够运用多种感官和工具对塑料进行探究，知道塑料与环保的关系。

【教学准备】

教师准备：多媒体课件、塑料绳、羊毛线、表面皿、镊子、火柴等。

学生准备：塑料绳、羊毛线、塑料尺、木尺、塑料杯、不锈钢杯、塑料袋、纸袋、塑料碗、陶瓷碗、表面皿、镊子、火柴、学习单等。

【教学过程】

一、视频导入，激发兴趣

1. 播放白色污染视频，提问：通过视频，你知道"白色污染"是什么了吗？它有哪些危害呢？

2. 学生回答。

3. 讲解：通过刚才的视频我们看到，塑料对环境的污染是极其严重的。比如废塑料堆积如山占用土地，影响市容，威胁海洋动物，使农作物减产，点燃后影响空气质量，等等。

4. 在生活中你还见过哪些塑料制品呢？

5. 学生回答。

6. 过渡：既然塑料有这么大的危害，为什么还有如此多的物品用塑料制作呢？

【设计意图】视频导入可以更好地调动学生的感官，帮助学生带着问题思考塑料有哪些优点。

二、探究塑料的优点

1. 谈话：生活中有许多用不同材料制成的功能相同的物品，我们来比较一下塑料相对于其他材料到底有哪些优点。

2. 学生通过不同感官分别比较塑料尺和木尺、塑料袋和纸袋、塑料碗和陶瓷碗、塑料杯和不锈钢杯。

3. 小组讨论回答并填写学习单。

4. 小结：塑料具有质量轻、稳定性好、不会锈蚀、耐冲击性好、防水性好、耐磨耗、绝缘性好、导热性差、成本低等优点。

5. 提问：塑料还有哪些优点呢？让我们通过实验对塑料进行进一步的探究。

【设计意图】通过四组物品引导学生比较，使学生认识到塑料的优点：质量轻、强度高、耐腐蚀性好等。同时通过对塑料特性的交流，比较塑料制品和其他材料制品的优缺点。

三、辨别羊毛线和塑料绳

1. 谈话：老师这里有一些羊毛线和塑料绳。想一想，你们能用怎样的方法比较它们的不同？

2. 学生讨论回答并填写学习单。

3. 出示实验方法

(1)摸一摸，比较外表。

(2)拉一拉，比较结实程度。

(3)烧一烧，比较气味。

(4)捻一捻，比较灰烬。

4. 学生小组合作完成实验。

5. 小结：羊毛线和塑料绳有不同的特性。羊毛线比较粗糙，柔软，没有光泽；塑料绳比较光滑，平整，有光泽；羊毛线没有塑料绳结实，易断；羊毛线点燃后有烧焦羽毛味，捻一捻灰烬成粉末；塑料绳点燃后易结球。

【设计意图】用多种方法比较羊毛线与塑料绳，让学生了解羊毛和塑料的区别，学会生活中辨别羊毛产品的方法。

四、减少“白色污染”

1. 过渡：塑料正是因为有许多优点，才被我们广泛应用。既然必须使用塑料，那么生活中我们应该怎样做才能减少“白色污染”呢？

2. 学生小组讨论回答并填写学习单。

3. 小结

(1)减少使用不必要的塑料制品。

(2)重复使用没有破损的塑料制品。

(3)用可降解的塑料制品。

(4)回收各种废弃的塑料。

……

4. 视频播放：通过环保塑料袋视频，了解人类对减少“白色污染”做出的努力。

【设计意图】塑料最大的缺点就是不易分解，由此带来的环境问题引起了全人类的关注。本部分展现了废弃塑料对环境的危害，并在此基础上引导学生讨论“我们可以为减少‘白色污染’做些什么”，从而使学生树立“从我做起，保护环境”的意识。

五、课后延伸

1. 在家庭、社区宣传环保理念，并自主制作完成一个减少塑料垃圾的计划表，进行前后对比。

2. 制作手抄报“我是垃圾分类小代表”进行宣传，树立环保意识。

【设计意图】让学生了解塑料有不易分解的缺点，塑料垃圾造成的环境问题必须引起人类的重视，学生也责无旁贷。

【精彩片段】——“白色污染”视频导入，引起认知冲突，激发学生探究塑料优点的欲望

师：(播放白色污染视频)通过视频，你知道“白色污染”是什么了吗？它有哪些危害？

生：“白色污染”是指废塑料污染环境的现象。它会影响市容，威胁海洋生物……

师：通过刚才的视频我们看到，塑料对环境的污染是极其严重的。比如废塑料堆积如山占用土地，影响市容，威胁海洋动物，使农作物减产，点燃后影响空气质量，等等。在生活中你还见过哪些塑料制品呢？

生：塑料袋、塑料尺、塑料瓶、塑料盆……

师：既然塑料有这么大的危害，为什么还有如此多的物品用塑料制作呢？

生：可能因为塑料也有优点。

师：那么让我们一起来探究一下吧！

【教学评析】

利用白色污染视频创设情境导入，让学生了解塑料的危害，结合回忆生活中塑料制品的广泛使用，激发学生思考塑料有这么大的危害，为什么还有如此多的物品用塑料制作，创设认知冲突，顺利引导学生探究塑料的优点。

【学习单】

一、写出塑料的一些优点（至少写三个）。

____

____

____

二、用多种方法辨别羊毛线和塑料绳，并填写下表。

方法	塑料绳	羊毛线
摸一摸		
拉一拉		
烧一烧		
捻一捻		
我的发现		

三、写出几条减少“白色污染”的好方法。

____

____

____

持续反馈与应用设计

项目式作业　废旧材料大变身

【要求】

用收集到的不同材质的废旧材料，制作一件有创意的物品（可以是生活用品、学习用品、艺术品、玩具等）。

学生材料准备：废旧布头和塑料制品，易拉罐、树皮、废铁、废铜等废旧材料，剪刀、针线、绳子、胶带、钳子等工具。

【实施步骤】

1. 认识小组同学收集的废旧材料和它们的性质。
2. 小组讨论确定要制作的创意物品主题。
3. 小组讨论绘制设计图。
4. 各小组展示设计图，并相互评价改进设计图。
5. 根据设计图和小组材料，完成创意物品制作。

【展示作品】

1. 展示交流各小组的创意作品，并进行小组互评。
2. 创意作品迭代优化。
3. 使用创意作品，并在使用中不断改进优化。

【学习单】

学习目标	利用收集到的不同材质的废旧材料，制作一件有创意的物品
学习任务	设计并制作一件有创意的物品
学习准备	废旧布头和塑料制品，易拉罐、树皮、废铁、废铜等废旧材料，剪刀、针线、绳子、胶带、钳子等工具
学习方式	自主学习、合作学习
创意物品设计图	

单元教学反思

单元教学反思是教师基于实践和思考,在一定理论支撑的基础上提炼出的具有迁移性的教学经验。单元教学反思的积累,一方面可以促进教师对科学教育本质和规律的理解,另一方面是优化教学设计的重要手段,教师可通过反思审视单元各结构要素是否适用,有针对性地对教学设计进行修改完善。基于该目的,下面对本单元教学从五个方面进行反思:

第一,单元学习目标制定合理。单元学习目标指向核心概念的生成与理解。

第二,学情分析较为准确。通过探究实践过程中学生思维和行为的参与度可以看出学情分析的准确度较高。

第三,设计的各项教学活动都能够激发学生的兴趣,引发学生思考,学习的过程具备进阶性,能够引导学生步步深入学习。

第四,学习评价是关注核心素养的全面评价,采用明确的评价量表,通过逐层进阶量化标准,落实了课标中的学习内容要求和学业水平要求等,促进了学生核心素养的形成。最后的拓展迁移,可以让学生在生活中持续关注相关内容,让课程延伸到课后。

第五,课堂上提供的教学材料不够充分,可以进一步进行优化,例如:在研究纸的结实程度时,有的同学对一次实验的对比提出了疑问,需要准备多组材料,反复测试,从而得出普遍的结论。在探究不同金属的光泽、硬度时,由于教具中配备的铜丝、铁丝、铝丝并不是纯净的,导致实验结果与理论稍有偏差,日后教学前可单独购置满足实验要求的标准材料。

案例提供者:莫　颖,西安市浐灞御锦城小学
宋鹏月,西安市浐灞御锦城小学
黄　瑞,西安市浐灞御锦城小学
季　青,西安市浐灞御锦城小学
姚美玉,西安市浐灞御锦城小学
指导教师:商小红,西安市教育科学研究院

物质的变化与化学反应

案例2　冷和热

单元教学内容规划

(一)本单元学习指向的核心概念及学习进阶路线

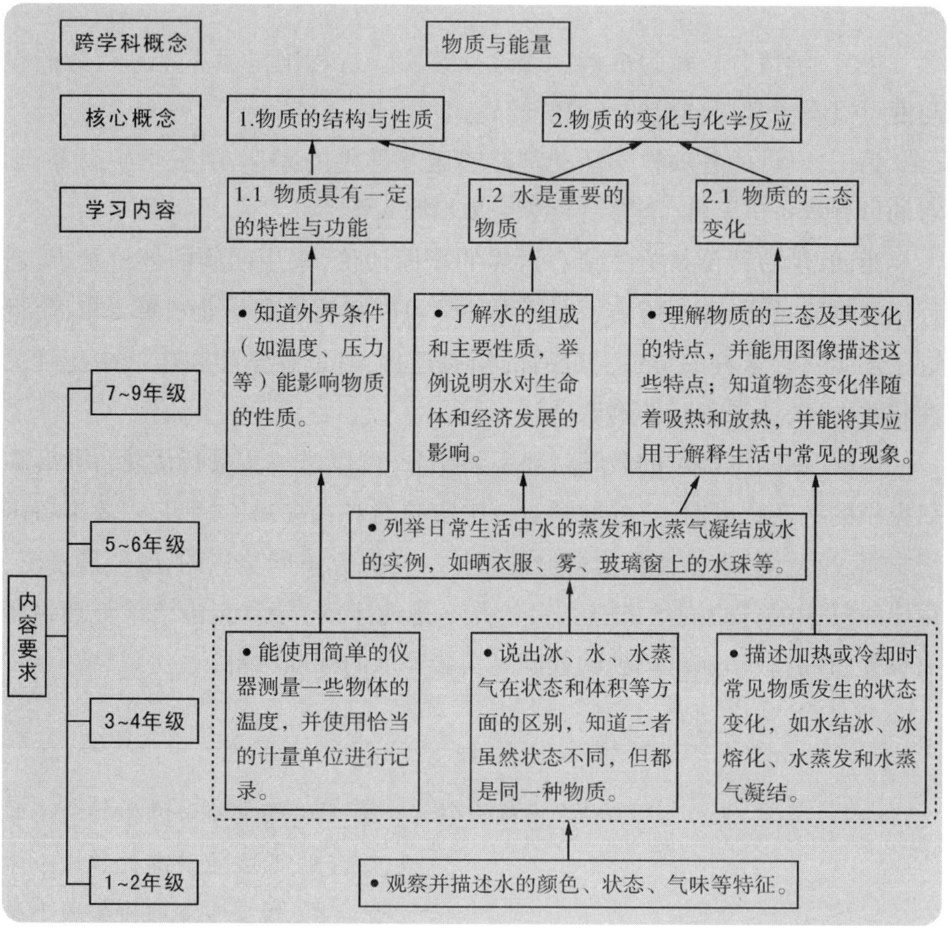

水是地球上常见的物质之一，是包括人类在内所有生命生存的重要资源，也是生物体最重要的组成部分。水在生命演化中起到了重要的作用。本单元聚焦“物质的结构与性质”和“物质的变化与化学反应”核心概念，落实课标中“物质具有一定的特性与功能”“水是重要的物质”“物质的三态变化”的内容要求。

1～2年级整体感知，通过观察和描述，初步认识水的基本特征。

3～4年级使用测量、比较的方法，认识冰、水、水蒸气在状态和体积等方面的区别，以此为基础建立对水的三态及其变化的条件的认知，初步建立物质变化与温度的关系。

5～6年级从生活现象中印证水的状态变化与温度的关系，指向建立水是重要的物质的科学观念。

7～9年级使用分析、归纳的方法，建构水的组成和性质、水的不同状态与温度之间更加具体的因果关系。

通过层层递进的探索，从多角度建构了对物质(水)的深度认知，从而落实学生对物质的结构与性质和物质的变化与化学反应这两个核心概念的理解，最终帮助学生建立物质与能量的跨学科概念。

(二)本单元学习内容的组织线索

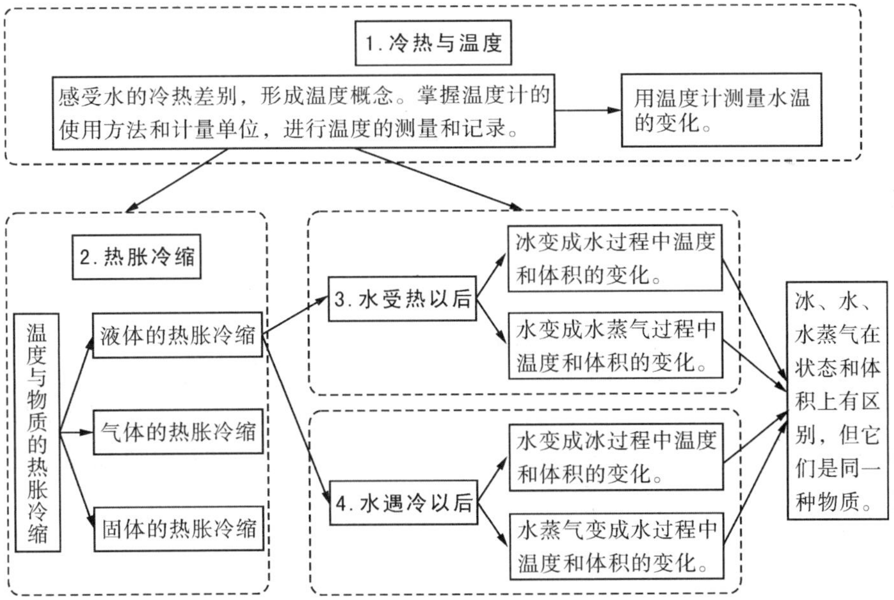

单元学习目标设计

核心素养	学习目标
科学观念	1. 知道温度的概念和计量单位。 2. 通过观察和测量,能简单描述水等物质的特征及其随温度的变化,初步了解物态变化与温度的关系。 3. 通过实验发现绝大多数物质具有热胀冷缩的性质。 4. 知道冰、水、水蒸气是同一种物质的不同状态
科学思维	1. 能在实验探究的过程中,观察并描述水的特征和变化,分析并表达冰、水、水蒸气之间的关系。 2. 能根据温度计液柱的变化大胆提出假设,通过交流分析,利用控制变量法设计简单的验证实验
探究实践	1. 掌握正确使用温度计和酒精灯的方法,能合作探究热对物质影响的各类实验。 2. 能通过对温度计液柱的变化的观察和比较,提出可探究的科学问题,制订简单的探究计划。 3. 能运用感官和选择恰当的仪器,观察并描述物质的外部形态特征及现象,用较准确的科学词汇、统计图等记录和整理信息,并运用分析、比较、推理、概括等方法分析结果,得出结论
态度责任	1. 能在好奇心驱使下,表现出对现象或事物发生的条件、过程、原因等方面的探究兴趣。 2. 能如实记录观察和实验的信息;能分工协作,进行多人合作的探究学习;愿意分享自己的想法,乐于倾听他人的观点,改进和完善探究活动

单元学习评价设计

“冷和热”评价量表

核心素养	评价指标	评价等级			同伴互评	教师评价
		★	★★	★★★		
科学观念	认识物质变化的表征量	知道温度的概念和计量单位。知道冰、水、水蒸气是水的三种不同状态	能通过举例说明物体热胀冷缩的特性,并对生活中的现象做出正确的解释	能正确判断物态的变化,阐明物态变化的特点,并解释生活中物态变化的现象	☆☆☆	☆☆☆

续表

核心素养	评价指标	评价等级			同伴互评	教师评价
		★	★★	★★★		
科学思维	理解物质变化与温度的关系	能在教师引导下，观察并描述水的特征及其变化，分析并表达冰、水、水蒸气之间的关系	能在教师引导下，根据研究问题提出假设，利用控制变量的方法设计简单实验，发现温度对物质变化的影响	能在教师引导下，通过绘制冰、水、水蒸气变化过程中温度变化的统计图表，发现三态变化过程中温度变化的规律	☆☆☆	☆☆☆
探究实践	运用实验探究物态变化条件	会正确使用温度计测量物体的温度，准确读出温度并规范记录。掌握正确使用酒精灯的方法	能通过观察与描述，合作完成水在三态变化过程中温度变化的相关实验操作。会解读文本资料	能分析处理实验现象和数据信息并得出实验结论。初步具有交流、反思以及评价探究过程和结果的意识	☆☆☆	☆☆☆
态度责任	学习科学家认知物质世界的方法	在好奇心驱使下，对事物变化的现象或发生的条件、过程表现出好奇心和操作兴趣	感悟到大多数物质具有热胀冷缩的性质。认同物态的变化与温度有关	能有依据地质疑别人的观点，尝试运用多种思路和方法完成探究和实践	☆☆☆	☆☆☆

学生情况分析

学生在生活中已经有充足的冷热感知，但感知的工具多数是人体感官。他们也能够观察到饮料瓶没装满、地瓷砖之间留有缝隙等热胀冷缩的实例，但对其中所蕴含的科学道理没有深入的研究。学生在生活中接触了冰、水、水蒸气这些物质，也知道它们是同一种物质，但他们很少关注这些科学知识。

体温计和室温计作为生活中的物品，学生已经非常熟悉。本单元重点是要让学生掌握如何正确使用温度计、通过实验找出用温度计能够测量温度的秘密，从而发现大多数物体的热胀冷缩现象。通过一、二年级的学习，学生接触过气温的概念，以及水的描述等相关知识，本单元学生观察和描述物态变化的现象，通过小组交流合作，参与相关的实验操作与探究，使得探究实践能力与科学思维能力都有提升。

总之，学生虽然对本单元的内容有所了解，但并未深入思考相关原理，需要通过老师的帮助与引导，使设计实验、观察分析、归纳总结的能力得到提升。

单元学习进程设计

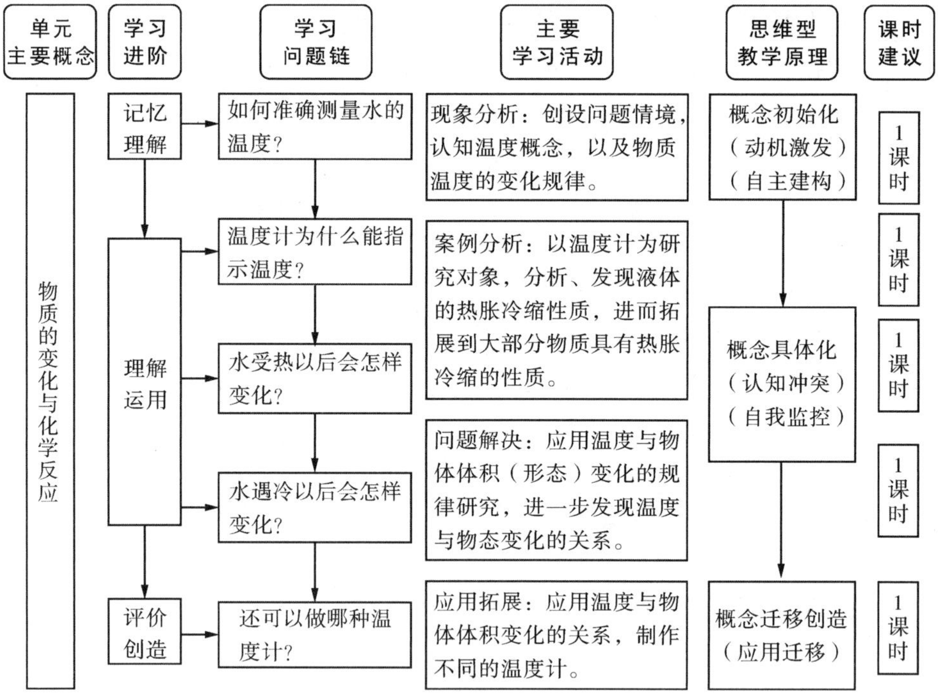

第1课时　冷热与温度

核心问题:如何准确测量水的温度?

【教学目标】

1. 知道温度可以表示物体的冷热程度;能用温度计准确测出物体的温度;能根据热水变凉的实验过程,发现温度下降是有规律的。

2. 能在教师的指导下设计简单实验,连续测量热水的温度变化并分时段记录数据。

3. 初步具有通过探究活动得到数据和图表,概括温度变化规律的能力;初步具有交流、反思及评价的意识;在科学探究中,敢于猜想并能通过探究验证自己的猜想。

4. 能尊重实验结果并如实记录,能认识到测量工具的使用使人们的生活更加精准、便捷;知道人们可以根据生产生活所需设计、制造不一样的工具。

【教学重难点】

重点:知道温度可以表示物体的冷热程度;能正确使用温度计测出物体的温度。

难点:能连续测量一杯热水降温过程的不同温度并及时记录,分析数据,总结规律。

【教学准备】

教师准备:多媒体课件、温度计、烧杯、热水、铁架台、温度计夹、计时器等。

学生准备:温度计、烧杯、铁架台、温度计夹、计时器、学习单等。

【教学过程】

一、创设情境,引入概念

1. 谈话导入:同学们,我们能感知天气的冷暖,会根据天气的冷暖增减衣服,(课件出示一杯热水和一杯常温水)那么,谁能科学地判断哪杯水较热,哪杯水较冷?

2. 引导：你是怎么判断的？（预设：1 号水杯上面冒气；可以用手靠近杯子判断；还可以尝一口……）（注意安全引导。）

3. 小结：同学们通过自己的方法准确地判断出了哪杯水较热，哪杯水较冷。在科学中是用温度反映物体的冷热程度。

【设计意图】借用以往的知识进行嵌入，由一个生活问题引发学生思考和参与，乘机引出温度的概念。

二、发现问题，寻找工具

1. 质疑：用感官判断温度，有没有什么缺点？（预设：杯子不一样，用手靠近可能判断不准；如果两杯水都冒气，也不能准确判断；不知道温度，也不能直接尝，可能会被烫到……）

2. 推进：老师将 1 号杯中的一部分水倒入 2 号杯中，又将 2 号杯中的一部分水倒回 1 号杯中，现在两个杯子中的水依然一样多。请大家判断哪杯水较热，哪杯水较冷。判断的结果准确吗？（预设：学生讨论，可能准确。）

3. 启发：怎样准确地测量水的温度？（预设：使用体温计、气温计、温度计……）

4. 小结：通常我们用实验室温度计测量物体的温度。

【设计意图】通过质疑，引发学生深度思考，用感官判断的结果和生活经验产生矛盾，从矛盾中推进课堂教学，乘机引出本节课内容。

三、认识工具，正确使用

（一）观察温度计

（组长领取温度计。）

1. 引导：请你观察温度计，说说温度计的结构。（预设：学生讨论回答或画图。）

2. 点拨：同学们看到了这样一个符号“℃”，它怎么读？它是什么？（预设：摄氏度，是温度的单位。）

3. 小结：温度计由液泡、玻璃管、红色液体等构成，标有刻度线、数值和单位。

（二）正确使用温度计

1. 体验：谁能尝试用温度计测量 1 号杯中水的温度？（学生上台展示操

作并读数，引导学生观察。）

2. 发现问题：大家认为他测量得准确吗？哪里还需要注意或改进？（学生回答。）

3. 提出问题：(1)（使温度计离开水读数）这样读数为什么不准确？（预设：学生观察，红色液柱一直在变化。）

小结：用温度计测量水（液体）的温度时，温度计的液泡要浸没在水（被测液体）中。

(2)（温度计的液泡靠着杯子的底和壁）这样读数为什么也不准确？（引导学生测量温度计靠在杯底、杯壁时的温度和不靠杯底、杯壁时的温度。）

小结：在测量水（液体）的温度时，温度计不能接触容器的底或壁。

(3)可以用体温计代替实验室温度计测量水的温度吗？（预设：能；不能，如果水温太高，体温计会热爆。）

小结：我们在使用温度计前，先要观察它的量程，预估待测物体的温度，待测温度不能超过温度计的最大测量值。

4. 播放正确操作视频。

5. 引导小结：在使用温度计前要先观察它的量程和分度值，然后将液泡浸没在水（被测液体）中，不能碰到容器的底或壁，等待液柱稳定后再读数，读数时视线要与液柱的液面相平。

（三）认识更多温度计

1. 谈话：随着科技的不断发展，生活中出现了各种各样的温度计，你们都知道哪些温度计呢？它们有什么特点和用途呢？（学生分享自己认识的温度计。）

2. 拓展：出示更多温度计图片，并简单介绍。

小结：不同的温度计具有不同的特点和用途，在日常生活中，我们可以根据需要选择合适的温度计。

【设计意图】本环节，教师作为引导者，引导学生在尝试中发现问题、提出问题，调动学生互评，产生思维碰撞，共同发现正确使用温度计的要求，共同总结经验，促使学生在解决问题的时候总结出一般方法。

四、实践应用，发现规律

（一）发现问题，引发探究

提出问题：现在这杯热水已经变凉了，你知道一杯热水变凉的过程中温度是如何变化的吗？（学生猜想：没有规律；先快后慢地下降；先慢后快地下降；均匀地下降。）

（二）交流讨论，设计方案

1. 谈话：我们可以怎么探究这个问题？（学生交流，提出自己的探究方案。）

2. 引导：同学们认真聆听他人的方案，看有什么值得借鉴的，若有好的建议，也可以举手告诉对方。注意实验过程中数据的记录，思考利用什么数学方法能更清晰地看到温度变化的规律。（预设：曲线图。）

3. 实验注意事项：①将温度计的液泡完全浸没在水中，待液柱不再上升时，读出示数，作为“0 分钟”时的温度；②每隔 2 分钟读一次温度并记录在学习单上。

（三）分组探究，发现规律

1. 谈话：各组组长根据自己小组的实验探究方案，领取实验材料，准备开始实验。（组长明确分工，领取实验材料。）

2. 体验：各组开始实验操作，注意实验安全，做好实验记录，特别注意读取温度的时间间隔。（教师强调安全事项，学生分组完成实验，并将数据记录在学习单上。）

3. 分析：用表格记录的数据不方便观察，我们将这些数据绘制成曲线图来看看温度变化的规律。

（学生在学习单上绘制曲线图。）

小结：一杯热水变凉过程中温度变化的规律是先快后慢地下降。

【设计意图】用一杯水贯穿课堂始终，借助这一问题，引出本节课的难点实验。教师引导学生自主设计实验，在小组合作中锻炼学生的科学技能，在合作中分工明确，培养学生的科学思维和探究能力。

五、拓展延伸

1. 启发：如果继续观测，会有什么结果呢？

2. 学生测量、猜测：水最终的温度都会跟室温差不多。

3. 提问:你准备怎么探究这个问题? 课后小组讨论,一起试一试,验证你们的猜想!

【设计意图】以开放式的问题结束本节课,将课堂的探究任务延伸,将问题留给学生讨论,锻炼学生的知识迁移能力,让学生体会到科学探究无止境,同时体会到科学来自生活,只有真正地掌握科学知识和技能,才能科学地走进生活。

【精彩片段】——引导学生正确使用温度计,自主建构科学概念

温度计的使用方法。

(一)观察温度计

(组长领取温度计。)

1. 引导:请你观察温度计,说说温度计的结构。点拨:同学们看到了这样一个符号“℃”,它怎么读? 它是什么? (预设:摄氏度,是温度的单位。)

2. 师生共同总结:温度计由液泡、玻璃管、红色液体等构成,标有刻度线、数值和单位。

(二)正确使用温度计

1. 师:谁能尝试用温度计测量1号杯中水的温度?

2. 发现问题:大家认为他测量得准确吗? 哪里还需要注意或改进? (学生回答。)

3. 提出问题

(1)师操作:(使温度计离开水读数)这样读数为什么不准确? (预设:学生观察,红色液柱一直在变化。)

生总结:用温度计测量水(液体)的温度时,温度计的液泡要浸没在水(被测液体)中。

(2)师操作:(温度计的液泡靠着杯子的底和壁)这样读数为什么也不准确? (引导学生测量温度计靠在杯底、杯壁时的温度和不靠杯底、杯壁时的温度。)

生总结:在测量水(液体)的温度时,温度计不能接触容器的底或壁。

(3)师操作:可以用体温计代替实验室温度计测量水的温度吗? (预设:能;不能,如果水温太高,体温计会热爆。)

生总结：我们在使用温度计前，先要观察它的量程，预估待测物体的温度，待测温度不能超过温度计的最大测量值。

4. 播放正确操作视频。

5. 引导小结：在使用温度计前要先观察它的量程和分度值，然后将液泡浸没在水（被测液体）中，不能碰到容器的底或壁，等待液柱稳定后再读数，读数时视线要与液柱的液面相平。

【教学评析】

在学习如何正确使用温度计时，先从观察出发，总结温度计的结构，找出量程和分度值；再通过师操作、生互评、师引导，教—学—评相结合，通过三次认知冲突，激发学生的探究兴趣；温度计的使用方法，可以课前让学生录制，邀请高年级的学生进行演示，利用榜样的力量，增强学生学习的动力。

【学习单】

实验目的：探究一杯热水在变凉过程中水温是怎样变化的。

实验步骤：

1. 安装装置，将温度计的液泡完全浸没在水中，待液柱不再上升时，读出示数，作为“0 分钟”时的温度。

2. 每隔 2 分钟记录一次水温并填写在表格中，连续记录 6 次。

时间/分	0	2	4	6	8	10	12
温度/℃							

3. 根据记录的数据在网格纸上描点并连成曲线图。

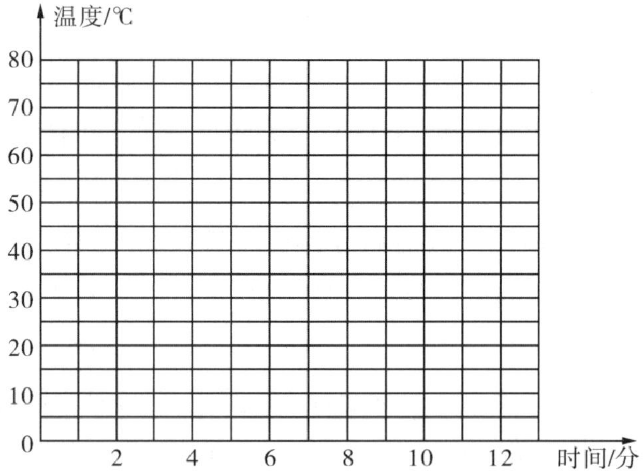

我发现：热水变凉过程中温度变化的规律为____________________。

第2课时　热胀冷缩

核心问题:温度计为什么能指示温度?

【教学目标】

1. 知道温度计是利用物质热胀冷缩的原理做成的;通过实验,观察、分析并归纳出液体有热胀冷缩的现象;能用热胀冷缩这一科学原理解释生产生活中的现象。

2. 能在教师引导下,依据证据运用分析、推理等方法,分析实验结果并得出结论。

3. 能设计实验,探究物体受热和受冷时体积发生的变化;能观察并描述物体在受热和受冷时体积发生变化的现象。

4. 在科学探究中,乐于尝试运用多种材料、多种方法证明物体的热胀冷缩现象;在物体热胀冷缩实验中感受科学学习的乐趣,并逐步形成严谨细致的学习态度;了解热胀冷缩原理在人类生产生活中的应用。

【教学重难点】

重点:认识到液体、气体、固体都有热胀冷缩的性质。

难点:设计实验研究物体受热和受冷时体积的变化。

【教学准备】

教师准备:多媒体课件、铜球、铁环、酒精灯等。

学生准备:烧瓶、带细管的胶塞、红色素、记号笔、烧杯、冷水、热水、牛奶、可乐、醋、盐水、锥形瓶、气球、铜球、铁环、酒精灯、学习单等。

【教学过程】

一、温度计中的小秘密

1. 谈话:在上节课的学习中,我们掌握了正确使用温度计的方法。温度计在测量物体温度时有一个小秘密,你发现了吗?(预设:没有发现。)

2. 引导:用两支温度计分别测量一杯冷水和一杯热水的温度。请仔细观察,玻璃泡中红色液柱发生了怎样的变化。(预设:热水中的温度计红色液柱上升,冷水中的温度计红色液柱下降。)

3. 追问:为什么温度计的液柱会上升或下降?难道红色液体变多或变少了吗?

4. 学生猜测:液泡中的液体受热时,体积变大;受冷时,体积变小。

5. 提出问题:液体受热和受冷时体积会发生什么样的变化呢?

【设计意图】回顾温度计的使用方法,提出问题——温度计测量温度的小秘密。通过分析将温度计放入冷热不同的水中时液柱不同的变化,激发学生思考并探究温度计指示温度的奥秘。

二、探究物体受热和受冷时体积的变化

活动一:受热、遇冷会升降的液柱。

1. 启发:选择一种你想探究的液体,设计一个实验探究液体在受热和受冷时体积是否和同学们刚才所猜测的那样会发生变化。(提醒学生可以在透明液体中添加红色素以便于观察。)

2. 引导:怎样设计实验验证呢?可以模仿温度计,做一个类似装置,看看液体受热、遇冷时有什么变化。(用烧瓶代替玻璃泡,装满液体依次放入热水和冷水中观察现象。)

3. 质疑:请你认真观察烧瓶内的液体是否发生变化。(预设:没有明显变化。)为什么观察不到变化?

4. 猜测:用烧瓶代替玻璃泡,烧瓶口径太大,而温度计的玻璃管很细,可以用空心管代替玻璃管,用胶塞封住烧瓶的口。

5. 设计:明确实验装置,确定实验步骤,强调操作和记录要求。

6. 实验:学生选择不同的液体分组实验,观察并描述实验现象,填写学习单。

7. 小结:这些液体都具有热胀冷缩的性质,即受热时体积会膨胀,遇冷时体积会缩小。

8. 拓展:在实验中,你还发现了什么?(预设:空心管越细,液柱的高度变化越明显。)

9. 应用:(出示饮料瓶图片)同学们,能用你们发现的秘密解释为什么这些瓶子没有装满吗?(预设:防止里面的液体受热时体积膨胀使得瓶子爆裂。)

活动二:气体有相同的性质吗?

1. 引发思考:在刚才的探究过程中,我们一直强调烧瓶中的液体要装满,为什么呢?(预设:我们研究的是液体热胀冷缩的性质,没有装满时烧瓶里面有空气,会影响实验。)那空气受热后体积会怎样变化呢?(学生猜想。)

2. 启发:设计一个实验,验证一下你的猜想。(学生尝试设计实验。)

3. 引导:空气是无色透明的,怎样看到它的变化呢?我们可以借用其他物体的变化来说明空气的变化吗?(玩气球时,空气体积的大小会影响气球的大小。)

4. 实验:将气球套在锥形瓶的瓶口,先将锥形瓶放入热水中,观察气球的变化;再将锥形瓶放入冷水中,观察气球的变化。教师提醒注意事项:气球套在瓶口之前要先将气球里面的空气排出去;仔细观察气球的变化并前后进行比较。(学生分组实验,观察并描述实验现象,填写学习单。)

5. 小结:空气在受热时体积会膨胀,受冷时体积会缩小。

6. 拓展:空气是一种混合气体,那其他气体呢?有没有这样的性质?你还想探究哪些气体?(学生交流讨论,探究二氧化碳、氧气……)播放二氧化碳和氧气热胀冷缩的视频。

7. 总结:气体在受热时体积会膨胀,受冷时体积会缩小。

活动三:固体有相同的性质吗?

1. 谈话:液体和气体在受热和受冷时体积都会发生变化,那固体有没有这样的性质呢?(出示一个铜球)猜猜看,它受热或遇冷时体积会有什么变化。(学生猜想。)

2. 质疑:如何判断铜球体积是增大还是缩小了呢?(出示一个铁环,铜球刚好能穿过这个铁环。)(预设:给铜球加热后,看它还能不能通过铁环,如果不能,说明它的体积变大了。)

3. 演示:播放视频,演示实验。(学生观察实验,描述实验现象并填写学习单。)

4. 小结:铜球受热时体积会膨胀,遇冷时体积会缩小。

5. 拓展:大多数金属都具有热胀冷缩的性质。但有两种金属——锑和铋,受热时体积会缩小,遇冷时体积会变大。

6. 总结：绝大多数物体在受热时，体积会膨胀；遇冷时，体积会收缩。这种现象叫作热胀冷缩。

【设计意图】探究实验环节以学生为主体，通过启发、质疑、猜测、设计、实验、小结和拓展等环节，让学生尝试自主、合作、探究的学习方式，了解液体、气体和固体具有热胀冷缩这一性质，提升科学思维和探究能力。

三、联系生活，学以致用

1. 谈话：本节课，大家发现了大多数物体都具有热胀冷缩的性质，你们能找到生活中类似的例子吗？（学生举例，并尝试解释。）

2. 质疑：烧水时，水壶中不能装水太满，为什么？瘪了的乒乓球，你们有什么办法让它恢复？铺地板的瓷砖之间有缝隙，是什么原因？（学生尝试解释。）

3. 小结：我们生活中还有很多有关物体热胀冷缩的例子，希望同学们课后留心观察、认真思考，把你们的发现告诉身边的同学！

【设计意图】学习科学是为了更好地认识世界、改造世界。学生在掌握了本课知识后，通过联系热胀冷缩在生活中应用的例子，用物体热胀冷缩的性质去创造性地解决实际问题，培养分析和解决问题的能力。

【精彩片段】——观察到烧瓶中液体受热但液面不上升，引起认知冲突，激发探究兴趣

师：同学们已经设计好了一个模拟温度计的装置，在烧瓶中装入了红色液体。现在我们把烧瓶放入热水中，请你们仔细观察有什么变化。（观察 1 分钟后……3 分钟后……5 分钟后的现象。）

生：看不出来液面有明显的变化。

师：为什么观察不到变化？是液面没有变化吗？回忆一下，温度计的“管子”是如何让我们看到液面有明显变化的。

生：温度计里面的“管子”非常细，而我们设计的这个装置中的烧瓶口径太粗了。

师：如何改进呢？

生：可以给烧瓶口加一根细管子，类似温度计的细玻璃管。

师：（出示带细管的胶塞）我们可以用这个带细管子的胶塞，把它塞到烧瓶口。接下来的实验怎么做？

生：把带有细管的烧瓶依次放入热水和冷水中，观察细管内液面的变化。

师生总结实验注意事项：注意胶塞要塞紧瓶口，把烧瓶放入热水和冷水前要标记细管中液面的位置，实验后及时记录细管中液面的位置，并与实验前进行比较。

学生分组实验，教师巡视指导。

【教学评析】

探究不同液体受热或遇冷时体积变化的过程既是学生继续探寻温度变化的过程，也是对液体热胀冷缩这一原理进行模型建构分析的推理过程。这个过程具有挑战性和趣味性，学生在做实验的时候发现烧瓶中的液体受热并没有明显的变化，出现了认知冲突，仔细思考分析后发现温度计的玻璃管一般都很细。改进实验装置后，学生发现液体受热或遇冷时细管中的液柱变化非常明显，通过实验证明了液体具有热胀冷缩的性质。此外，通过自主建构的过程让学生掌握液体受热或者遇冷时体积变化的检测方法，也为他们探究固体和气体的热胀冷缩性质提供了思路。

【学习单】

不同液体受热、遇冷时体积变化实验

瓶内所装液体（打“√”）	水（ ）	牛奶（ ）	可乐（ ）	醋（ ）	盐水（ ）	其他液体（ ）
受热后细管内液面变化情况						
遇冷后细管内液面变化情况						
是否具有热胀冷缩的性质						

注意：用“↑”表示液面上升，用“↓”表示液面下降。

研究空气受热和遇冷时有什么变化

比较项目	实验前	放入热水中	放入冷水中
实验现象 （锥形瓶上气球的变化）	鼓（ ） 瘪（ ）	鼓（ ） 瘪（ ）	鼓（ ） 瘪（ ）
空气是否具有 热胀冷缩的性质			

研究铜球受热和遇冷时有什么变化

比较项目	实验前	加热后	冷却后
实验现象 （能否通过铁环）	能（ ） 否（ ）	能（ ） 否（ ）	能（ ） 否（ ）
铜球是否具有 热胀冷缩的性质			

【拓展应用】

1. 在生活中你还发现了哪些热胀冷缩现象？

____。

2. 购买饮料时，我们会发现饮料瓶总是没装满，请你用所学知识解释一下其中的原因。

____。

第3课时 水受热以后

核心问题：水受热以后会怎样变化？

【教学目标】

1. 知道水受热以后形态会发生变化以及熔化、沸腾的科学概念。

2. 在教师引导下，通过比较冰、水、水蒸气的相同点和不同点，知道冰、水、水蒸气是同一种物质的不同状态；能够运用所学知识解释生活中的一些现象。

3. 通过观察、描述与实验，学会用科学的方法记录不同状态下的水受热以后出现的现象，整理信息，并运用分析、比较、概括的方法，知道水受热以后会发生哪些变化。

4. 知道科学学科的学习与实践要实事求是，能如实记录和报告观察与实验的信息，具有基于事实表达观点的意识；愿意分享自己的想法，乐于倾听他人观点，改进和完善探究活动。

【教学重难点】

重点：了解熔化和沸腾的条件。

难点：利用曲线图，分析冰熔化和水沸腾过程中温度变化的规律。

【教学准备】

教师准备：多媒体课件、烧杯、水、冰块、铁架台、温度计、石棉网、三脚架、酒精灯、火柴等。

学生准备：烧杯、冰块、铁架台、温度计、石棉网、三脚架、酒精灯、火柴、彩笔、秒表、学习单等。

【教学过程】

一、探秘冰和水的关系

1. 谈话：同学们，老师今天带来了一个物体（出示冰块），猜猜它是什么？（预设：冰块。）请同学们观察并描述它的特点。（预设：冰冰凉凉的；是固体，形状固定，不会流动；无色透明。）它受热后会怎样变化？（预设：冰会熔化成水。）

2. 质疑：冰和水之间有着怎样的联系和区别？（预设：冰是固体，水是液体。冰受热会变成水。）

3. 追问：冰受热过程中状态和温度会发生怎样的变化呢？小组讨论并设计实验进行观察。（学生讨论，交流实验设计方案。）

4. 实验：为了加快实验的速度，我们利用酒精灯进行加热。（介绍酒精灯的使用方法及火焰的温度。）（学生完善实验方案，分组实验，观察并将实验过程中冰块的状态和温度计的示数记录在学习单上。）

5. 分析：为了便于分析冰熔化实验中温度的变化，我们用曲线图进行比较分析。（学生绘制曲线图，交流汇报发现的规律。）

6. 小结：当受热后，冰会由固态变成液态的水，我们把这样的现象叫作熔化。①冰块在开始熔化前温度会持续上升。②冰开始熔化时的温度是0 ℃。③冰在熔化的过程中温度保持不变。

【设计意图】做冰熔化实验，观察并描述冰熔化成水的过程和现象，知道冰受热以后从固态变成液态，建立熔化的概念。通过分析温度变化曲线图，认识冰熔化过程中温度变化的规律。

二、探秘水和水蒸气的关系

1. 谈话：冰加热后熔化成水，水如果继续加热，它的状态和温度会怎样变化呢？（预设：水会沸腾；会变成水蒸气；温度会继续上升。）我们继续用酒精灯加热，观察水的状态、温度。

2. 设计：同学们交流一下如何观察和记录。（学生结合生活经验讨论观察什么，怎样观察。比如水位、气泡等。）

3. 实验：学生分组实验，观察并将实验现象记录在学习单上。

4. 分析：学生绘制曲线图，交流汇报发现的规律和现象。

5. 小结：水加热时烧杯内壁出现了小水珠，水沸腾时产生了大量的水蒸气和气泡，水面上升。停止加热后，水面下降。

6. 拓展：我们通过探究发现，在一般情况下，当温度升高到 100 ℃时，水会沸腾，并产生大量气泡。水沸腾时的温度叫作水的沸点。

【设计意图】在探究水沸腾前后温度和体积的变化实验中，提醒学生注意观察沸腾前后水面、温度和气泡体积的变化。要通过这个实验得出全面的结论，需要学生的准确操作和细致观察。在这个教学环节中，培养学生细致观察和对比的思维意识，可使学生对实验有深刻的认知。

三、认识水的三种状态

1. 谈话：我们回顾一下刚才的实验，先将冰加热，变成了水，继续加热，水沸腾，水沸腾的时候你看到了什么？

2. 质疑：冰、水、水蒸气是同一种物质吗？它们有哪些相同和不同的地方呢？（学生分组讨论，汇报冰、水、水蒸气的异同点。）

3. 小结：冰受热后会熔化成水，水受热后会沸腾，变成水蒸气，所以说冰、水和水蒸气是同一种物质的不同状态。那么三者可以进行反向变化吗？在什么条件下会发生反向的变化呢？下节课我们将继续探究学习。

【设计意图】交流冰、水、水蒸气之间的异同点。运用多种感官，将冰、水、水蒸气进行比较，发现三者的异同点，同时发现三者间的联系，从而发现冰、水和水蒸气是同一种物质，只是形态不同。

【精彩片段】——比较冰和水的异同，产生探究动机，激发学习兴趣

师：同学们，老师今天带来了一个物体（出示冰块），猜猜它是什么？

生：冰块。

师：请大家观察并描述它的特点。

生：冰冰凉凉的，是固体……

师：它受热后会怎样变化？

生：冰会熔化成水。

师：冰和水之间有着怎样的联系和区别？

生：冰是固体，水是液体。冰受热会变成水。

师：冰受热过程中状态和温度会发生怎样的变化呢？

学生讨论、交流实验设计方案，并在教师的引导下完善实验方案，观察并记录实验过程中冰块的状态和温度计的示数。

【教学评析】

此环节是本节课的第一个教学环节，是学生建构冰和水是同一种物质的不同状态的概念具体化环节。学生通过观察冰，并结合生活实际，从颜色、形状、流动性、物质状态等方面对冰和水进行对比认知，进而引出“冰和水之间有怎样的联系和区别”这个科学问题，引发学生思考和探究，激发了学生的好奇心和探究欲。

【学习单】

实验一：研究冰熔化过程中的变化

冰受热变化记录表

时间/分	0	1	2	3	4	5	6	7	8	9	10
温度/℃											
状态											

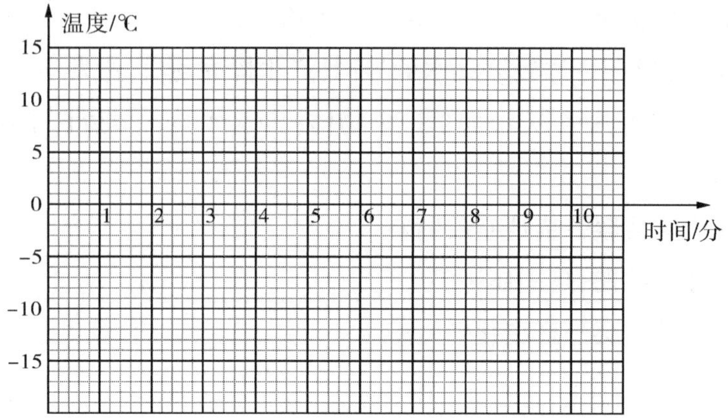

冰受热温度变化图像

思考分析：

1. 冰熔化前温度是否持续上升？________。

2. 冰开始熔化时的温度是________。

3. 在冰熔化的过程中，温度的变化规律是________________。

实验二：研究水沸腾前后的变化

水受热变化记录表

时间/分	0	1	2	3	4	5	6	7	8	9	10
温度/℃											
水位/厘米											
其他现象											

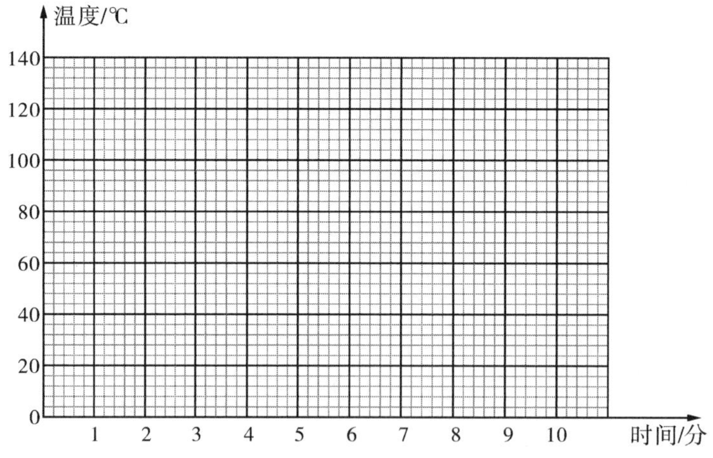

水沸腾温度变化图像

思考分析：

1. 水沸腾前，温度是否持续上升？ ______________。

2. 水沸腾时的温度是______________。

3. 水在沸腾的过程中，温度是否持续上升？ ______________。

4. 停止加热后，烧杯中水面的位置有何变化？ _________________________。

第4课时　水遇冷以后

核心问题：水遇冷以后会怎样变化？

【教学目标】

1. 知道水蒸气遇冷后从气态变成液态，产生凝结现象。

2. 通过实验，知道在一般情况下，当温度降到0 ℃时，水会结冰，体积会膨胀。

3. 能基于已有经验和所学知识，针对水遇冷的变化，制订简单的探究计划。能够设计实验，研究水遇冷后发生的变化。

4. 在科学探究中，乐于尝试运用多种材料、多种思路证明自己的猜想。

5. 在科学探究中，意识到细致的观察能获得更多的发现；感受、体验物质变化的可逆性。

【教学重难点】

重点：通过实验探究观察水蒸气遇冷后的形态变化，理解凝结现象。

难点：能够准确记录实验数据，并对数据进行分析，得出实验结论。

【教学准备】

教师准备：多媒体课件、烧杯、试管、冰水、热水、常温水、温度计、冰可乐、毛巾、盐、色素、碎冰等。

学生准备：烧杯、试管、温度计、碎冰、盐、毛巾、秒表、学习单等。

【教学过程】

一、初识小水珠，导入新课

1. 谈话：（出示装有可乐的易拉罐图片）同学们知道易拉罐里的饮料不会装得很满，这是什么原因呢？（预设：饮料受热体积会膨胀。）那么，你们在日常生活中是否和老师一样，发现这样一个奇怪的现象——易拉罐“出汗了”？（展示准备好的装有冰镇可乐的易拉罐。）

2. 启发：这些“汗”是怎么产生的呢？（学生猜想。）

3. 质疑：这些“汗”不是饮料渗出来的，那是从哪里来的？（预设：空气中的水蒸气。）

4. 小结：水蒸气变成水的过程称为凝结。

5. 追问：我们的周围到处都有水蒸气，但桌子上、黑板上为什么没有小水珠呢？凝结需要怎样的条件呢？

【设计意图】通过观察易拉罐外壁的小水珠，引发学生猜想，激发学生的学习兴趣，为整节课的教学奠定良好的基调，创设探究课堂。通过联系生活，唤起旧知，猜测小水珠成因，激发学生的求知欲。

二、揭秘小水珠，实验探究

1. 讨论：水蒸气在什么条件下能够凝结成水呢？（组织学生小组讨论并填写学习单。）

2. 全班进行汇报，教师将学生的想法汇总。

追问：如何通过实验验证你们的观点？

3. 展示实验材料，让学生根据现有材料设计实验，并将实验设计记录下来。

谈话：利用这些材料能不能创设你们所预测的环境？你们想如何设计实验？实验过程中你们要观察什么？出现了怎样的现象可以说明你们的预测是正确的？

4. 组织学生汇报自己的实验设计，全班讨论并进行改进。

提问：实验开始后，我们需要经过多长时间再观察实验现象？为什么？

5. 学生领取材料进行实验，教师巡视加以指导。

6. 谈话：你们的实验结果是怎样的？水蒸气在什么条件下才能够凝结成水？（组织学生汇报实验结果，并引导他们进行总结。）

7. 拿出一个杯子，倒入比室温稍热一点的水。

谈话：摸一摸，这个杯子是冷的还是热的？过一会儿这个杯壁上会出现小水珠吗？为什么？

8. 半分钟后，让学生观察结果。

提问：杯壁上出现小水珠了吗？为什么？水蒸气遇冷会凝结成水，那么要冷到什么程度呢？

9. 学生小组进行讨论，教师倾听他们的想法。

【设计意图】引导学生通过实验验证自己的猜想，发挥小组合作探究精神，让学生经历设计实验、观察记录、分析实验现象的探究过程，凸显学生的主体地位，最终让学生发现小水珠的奥秘，理解“凝结”的科学概念和产生的条件。

三、小水珠变冰，研究温度和体积的变化

1. 谈话：水蒸气遇冷后会从气态变成液态，如果继续遇冷又会发生怎样的变化？谁能预测一下，水开始结冰时的温度是多少摄氏度呢？（学生思考并预测，填写学习单。）

2. 引导学生思考如何让小水珠结成冰并观察水结冰的过程中温度和体积的变化情况。

提问：你们还需要用到什么测量工具？要比较体积变化，又该怎么做呢？

（预设：需要用温度计测量试管中水的温度。要比较体积变化，可以先在试管上做出水面位置的记号，结冰后与冰面对比。冰面超过标记说明体积变大，反之体积变小。）

3. 追问：我们没办法让冰迅速熔化，让试管中的水快速降温，实验的时间就会很长，怎么解决这个问题呢？

（提示：可以在冰中加入盐，会加快冰的熔化，使周围温度下降更快。）

4. 引导学生参照课本中的活动，优化实验设计方案。

5. 学生汇报交流实验设计。

第一步，先在试管中插入温度计（温度计不能碰到试管），再记下水面的位置；第二步，把试管连同温度计放入加了盐的碎冰中，每隔一分钟读取一次温度，直到温度降到 -2 ℃为止；第三步，观察试管中冰面与原来水面的位置有什么不同。

6. 提问：水和冰都是透明的，水面和冰面的位置不易观察。有什么好的方法可以让我们清晰地看到二者体积上的变化？（可以在水中加色素。）

7. 强调注意事项：首先要正确使用温度计，将温度计一端绑上细绳悬挂于铁架台上，温度计不能碰到试管，使液泡浸没于水中；其次，及时填写学习单——绘制水结冰前后的温度变化曲线图并分析。

8. 学生分组实验，汇报交流。

9. 学生总结：在一般情况下，当温度降到 0 ℃时，水会结冰。水结冰时，体积会膨胀。

10. 追问：冰还是水吗？（引发学生思考冰和水是同一种物质。）

【设计意图】引导学生经历"预测观察、描述、设计"的学习过程，在有层次的思维探究中不断寻找新证据验证原来的猜想。引导学生形成新的认识，学会尊重证据，会分析实验现象，通过现象自主得出结论。小组探究环节使学生在不同的分工下明确如何有效地与别人进行合作交流，并且通过动手操作提高解决问题的能力。

四、深化与拓展

1. 提问：水结冰这种现象给我们的生活带来了哪些好处和不便？

好处：可以看到美丽的冰雕，吃到冰淇淋……

不便：路面结冰给人们出行带来了不便……

2. 总结：水是自然界中能以液态、气态、固态三种状态存在的物质。当外界温度发生变化且达到一定程度时，水会从一种状态转变为另一种状态。

【设计意图】利用所学知识解释生活中凝结和凝固现象，分析水结冰给我们的生活带来哪些好处和不便，同时知道水在自然界中以液态、气态、固态三种状态存在，当外界温度发生变化且达到一定程度时，水会从一种状态转变为另一种状态，从而得出冰、水和水蒸气是同一种物质的不同状态。

【精彩片段】——利用"出汗"的易拉罐，引发学生质疑，激发探究欲望

师：（出示装有可乐的易拉罐图片）同学们知道易拉罐里的饮料不会装得很满，这是什么原因呢？

生：饮料受热会膨胀。

师：那么，你们在日常生活中是否和老师一样，发现这样一个奇怪的现象——易拉罐"出汗了"？（展示准备好的装有冰镇可乐的易拉罐）这些"汗"是怎么产生的呢？

生 1:空气中的水蒸气。

生 2:易拉罐里面的可乐渗出来了……

师:可是易拉罐里的可乐是有颜色的,易拉罐表面的“汗”是透明的,可见这些“汗”不是饮料渗出来的,那是从哪里来的呢?

生:空气中的水蒸气。

【教学评析】

这个环节从两点出发引导学生思考:一是可乐是棕色的,但易拉罐表面的水珠却是无色的;二是如果可乐会从易拉罐里渗出来,那超市里或家里放置的可乐就会越来越少,但实际生活经验告诉我们并不是这样。有了这样的认知冲突,为整节课奠定了良好的基调,大大提升了学生的探究兴趣。

【学习单】

问题一:水蒸气在什么条件下可以变成水?

我的猜测			
我的实验结果			
实验结论			

问题二:水在结冰时温度是怎样变化的?

我的猜想:____。

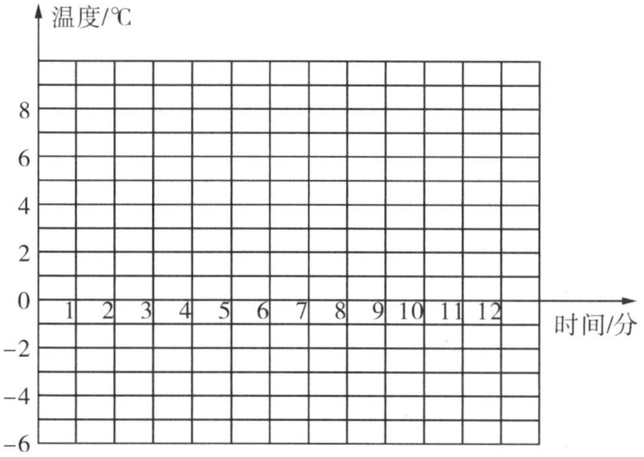

水结冰前后温度变化曲线图

水结冰时的温度是______________。

水结冰的过程中,温度的变化规律是______________________________。

第5课时 自制温度计

核心问题:还可以做哪种温度计?

【教学目标】

1. 观察温度计的结构,知道温度计的主要组成部分,认识到温度计是根据液体热胀冷缩的性质制成的。

2. 综合分析温度计结构的各部分,选择合适的材料设计温度计,发展思维的深刻性、灵活性和创造性等品质。

3. 能自制温度计,结合选择的材料和工具,用口述、画图等方式表达自己的设计和想法,并进行合理的改进。

4. 对设计和制作温度计的活动感兴趣,愿意和同学合作,能与同学分享观点,能完整表达自己的改进意图和方法。了解温度计给人们生活带来的便利。

【教学重难点】

重点:能根据热胀冷缩的原理选择合适的材料制成一个简易的温度计。

难点:能够与同伴合作设计和制作温度计,并完整地表达自己的想法。

【教学准备】

教师准备:多媒体课件、各种温度计。

学生准备:小瓶子、空心管、胶塞、牛奶、果汁、可乐、红墨水、醋、色素、记号笔、烧杯、冷水、热水、学习单等。

【教学过程】

一、聚焦问题,引发思考

1. 谈话:在本单元的学习中,我们一直在使用温度计测量物体的温度,探究物质状态与温度之间的关系,可见温度计在研究物体冷和热相关问题中非常重要。同学们想不想设计制作一个自己的温度计呢?(生:想。)

2. 引导质疑:那么我们会遇到哪些问题呢?(生讨论。预设:都需要哪些材料?怎样制作?)

【设计意图】激发学生学习热情,引导学生针对任务进行预见性的思考,并提出需要探究的问题,培养学生发现问题、提出问题的能力。

二、探索结构，发现原理

1. (分发各种温度计或出示图片) 谈话：我们再次拿起温度计观察它们的结构特点，你又发现了什么？(学生观察、思考。)(预设：里面的管是细的……)

2. 启发：我们可以用哪些材料来代替温度计的各个部分？在这个过程中还要注意哪些问题？请同学们分组讨论，并设计出你们的温度计草图。(提示：所设计的温度计也应具有温度计的结构特点和工作原理。)

3. 头脑风暴：学生分组讨论、设计，画出温度计草图。

4. 方案交流：请各组分享自己的设计图，并说明各部分要使用的材料，以及可能会遇到的问题，或者需要大家帮助解决的问题等。

各组上台展示和汇报自己的设计方案，其他同学质疑或提出自己的修改建议。

【设计意图】通过观察再次认知温度计的结构，在基础结构上进行创造性设计，并表达自己的想法和聆听他人的建议，最终达成共识。培养学生创造的意识和能力，引导学生清楚地表达自己的想法，进行头脑风暴式的讨论，并将自己的想法通过文字或图画的形式表现出来。

三、研讨细节，突破困难

1. 实验探究选择哪种液体最合适？准备几种学生猜想的液体，提示学生利用探究液体热胀冷缩的方法探究选用哪种液体最合适。

2. 学生分组探究自己所选的液体发生热胀冷缩时液柱高度的变化情况。

质疑：有些同学选择的液体是无色透明的，怎样做更方便观察？(生：添加色素。)

3. 同学们已经选择好了要代替的液体，那么下面选择哪种玻璃管呢？为什么？(学生说明理由，并用实验验证。)

4. 引导各小组进行方案重塑。

5. 团队合作，制作温度计，并填写学习单。(学生分组利用自己选择的材料进行制作，并测试。)

6. 展示汇报。在制作过程中你遇到了什么问题？你是如何解决的？(学生上台展示,并分享制作过程中的困难和解决问题的方法,以及自己的感想。)

7. 评价建议,迭代改进。学生根据学习单中的评价表进行自我评价和同伴互评,认真聆听同伴的建议,并谈谈自己改进自制温度计的想法。

【设计意图】从设计到制作过程中会遇到各种问题,引导学生针对自己发现的问题进行思考,并通过科学的方法进行探究,选择出最合适的材料或工具,培养学生用科学方法解决问题的能力。同时发挥团队合作的精神,让学生经历制作、测试、改进、展示的过程,实现设计的物化。

四、拓展延伸,应用生活

1. 谈话:本节课,大家通过动手设计和制作温度计,再次感知了液体热胀冷缩的性质。在实验中,你还发现了什么?(空心管越细,液柱高度的变化越明显。)

2. 质疑:现代科学技术已广泛应用于人们的生活中,除了可以用液柱的高低显示温度的高低,还可以应用温度传感器来显示温度的高低,它是否也应用了我们本单元所了解的物体热胀冷缩的性质呢?(出示电子温度计。)

3. 猜测。(学生大胆展开猜想,激发学生的求知欲。)

4. 拓展:猜想还需要大量的实验来验证,同学们可以用制作温度计的思维去发现生活中类似的现象,并进行合理的解释,尝试制作更多材料的温度计。同时利用现代信息技术,了解更多温度计的相关知识。

【设计意图】从制作中体悟液体温度计的工作原理,并应用工作原理解释生活中的现象。最后拓展到其他材料温度计的制作,使学生的科学视野更加宽广。

【精彩片段】——利用"自制温度计"项目,让学生从生活中衍生创新,呈现想法物化的工程思维

1. (分发温度计)谈话:我们再次拿起温度计观察它们的结构特点,你又发现了什么?

学生观察、思考、汇报自己小组的发现。(预设:里面的管是细的……)

2. 启发:我们可以用哪些材料代替温度计的各个部分?在这个过程中还要注意哪些问题?请同学们分组讨论,并设计出你们的温度计草图。

3. 头脑风暴:学生分组讨论、设计,画出温度计草图。

4. 方案交流：请各组分享自己的设计图，并说明各部分要使用的材料，以及可能会遇到的问题，或者需要大家帮助解决的问题等。

各组上台展示和汇报自己的设计方案，其他同学质疑或提出自己的修改建议。（预设1：读数的问题——添加颜色鲜艳的色素。预设2：密封性问题——用蜡油或密封胶等，注意使用安全。预设3：玻璃管粗细问题——细的更便于读数……）

5. 研讨细节：刚才同学们的讨论非常精彩，其中争执最大的是两个问题，一个是选哪种液体最合适，另一个是选哪种玻璃管最合适。同学们也有了自己的猜想，接下来我们用科学的方法来解决科学问题。

6. 实验探究选择哪种液体最合适？（准备几种学生猜想的液体。）学生利用第2课时探究液体热胀冷缩的方法，探究以下这几种液体热胀冷缩时哪种变化最明显，最易观察。（学生挑选两三种液体分组实验。）质疑：有些同学选择的液体是无色透明的，怎样做更方便观察？（生：添加色素。）

7. 同学们已经选择好了要代替的液体，那么下面选择哪种玻璃管呢？为什么？（学生说明理由，并用实验验证。）

8. 引导：同学们通过刚才的实验探究和其他同学的建议，想必对自己的设计还要进行改良。建议将所需材料标注清楚，便于制作前的准备工作，同时在性能稳定的情况下，可适当添加小组的创意设计。（各小组进行方案重塑。）

9. 谈话：各组同学都调整好了自己的方案，接下来请各组材料员根据设计图领取材料和工具，将你们的设计呈现出来吧，期待你们的温度计。

【教学评析】

此环节是“自制温度计”这个项目的设计环节，是学生思维碰撞的关键环节。学生通过观察描述实物温度计，衍生出具有自我属性的创造性设计，在争论和辨析中不断思考和完善自己的想法，让思路不断明晰，最终将自己的想法以草图形式呈现。这个过程让学生经历了技术与工程核心概念中的物化思维，让学生体验和萌生工程师的潜意识。

【学习单】

做个温度计

在本次制作温度计活动中，我们小组选择（□牛奶、□果汁、□可乐、□红墨水、□醋、其他________）作为温度计内部液体，将盛满液体的带细管小瓶先后放入热水和冷水里，观察到：

观察对象	测试前	放入热水中	放入冷水中
液柱变化		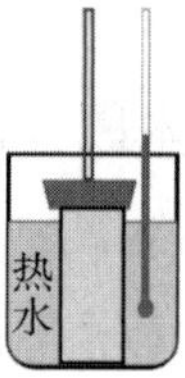 水温______度， 液柱上升______厘米	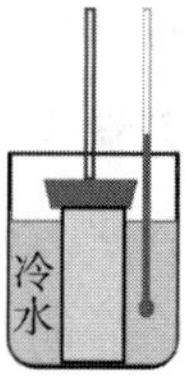 水温______度， 液柱下降______厘米
结论：自制温度计能否指示液体温度的高低？　能（　　）　否（　　）			

活动评价单

我在小组内的分工	□组长　□观察员　□记录员　□评价员		
项目	评估标准	评估情况	
	☆还需努力　☆☆基本能　☆☆☆非常棒	自我评价	同伴互评
设计	设计图美观，标明材料，能够清晰表达自己的设计意图	☆☆☆	☆☆☆
功能	能准确表现温度计的基本功能	☆☆☆	☆☆☆
材料	选用合适的材料，成本较低	☆☆☆	☆☆☆
结构	密封性好，结构稳固	☆☆☆	☆☆☆
合作	分工合理，能够相互配合，善于聆听同伴的建议，一起完成设计和制作活动	☆☆☆	☆☆☆
表达	能够清晰表达自己的设计思路，具有独创的想法	☆☆☆	☆☆☆

持续反馈与应用设计

项目式作业一　寻找生活中的温度计

【任务】

温度计是测量温度的仪器,利用了物质随温度变化的规律制成。生活中有很多温度计,请借用现代技术查阅相关资料,做好记录,并分享给自己的小伙伴们。

【要求】

查阅资料,了解生活中其他温度计的种类及其工作原理。

温度计名称	结构	工作原理	应用环境

项目式作业二　自然界中水的变化

【任务】

水是生物赖以生存的重要资源,是物质重要的组成部分,在自然界中以不同的形态存在。在生活中你们都发现了水的哪些形态?它们是从哪里来的,是怎样变化的呢?让我们一起去发现吧!

【要求】

完成下面水的变化三角图,在方框内填写水的变化现象,并在括号里填写它们在自然界中的形态。

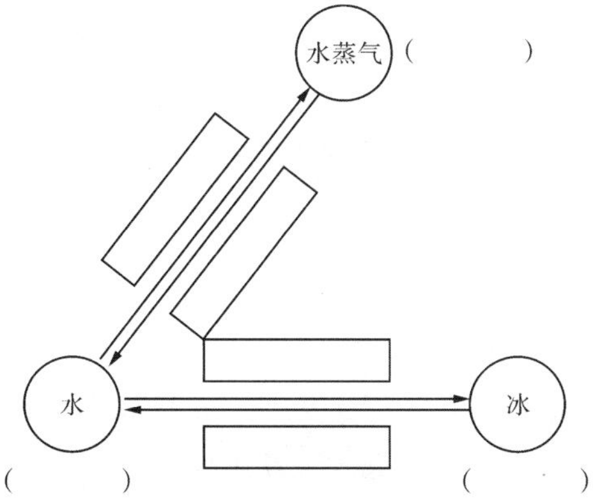

单元教学反思

本单元是在学生对生活中的冷和热有一定认识的基础上，帮助学生建立温度的概念，在温度探究的过程中发现水的形态、体积与温度的关系，建构物质的结构与性质的学科核心概念，初步建立对物态（固态、液态、气态）的认知。

1. 创设认知冲突，激发探究欲望。在导入部分，通过生活中遇到的实际问题或问题质疑让学生预判或推测，发现问题或现象，引发学生的好奇心，为后面的学习创设良好的情境。

2. 注重学生动手能力的培养，充分体现学生是科学学习的主体。在形成温度概念时让学生去摸冷热不同的水杯，认识到仅凭感觉判断温度是不可靠的。在学习使用温度计测量水温时，指导学生动手测量，学会如何正确使用温度计。在探究热水降温规律时，小组分工合作、测量、观察、记录、分析数据并得出规律。在探究物体热胀冷缩的性质、水受热或遇冷以后形态和体积变化的实验中，学生分组合作，经历猜想、实验探究、记录数据、分析总结的过程。教学过程中处处以学生为主体，帮助学生掌握研究问题的科学方法，使学生的主体地位充分体现。

3. 注重培养学生的想象力。想象是科学探究的第一步，教学中让学生大胆猜想热水变凉过程中温度变化的规律，还让他们想象这杯水继续放置后的温度变化情况。这样，一次又一次的想象激发着学生的求知欲望，把课堂探究延伸到课后，培养了学生的求知精神。

4. 注重培养学生的工程师思维和精神。学生对设计和制作温度计活动非常感兴趣，积极与同伴合作，分享自己的想法，并能够大胆设计，小心检测，在项目中培养了学生工程师的思维和勇于探索的创新精神。

案例提供者：田志强，西安市浐灞实验小学
冯亚静，西安市浐灞第四小学
白档档，西安市浐灞第四小学
宋　洁，西安市浐灞第三小学
赵雨凡，西安市浐灞第三小学
指导教师：商小红，西安市教育科学研究院

物质的运动与相互作用

案例3　电路

单元教学内容规划

(一)本单元学习指向的核心概念及学习进阶路线

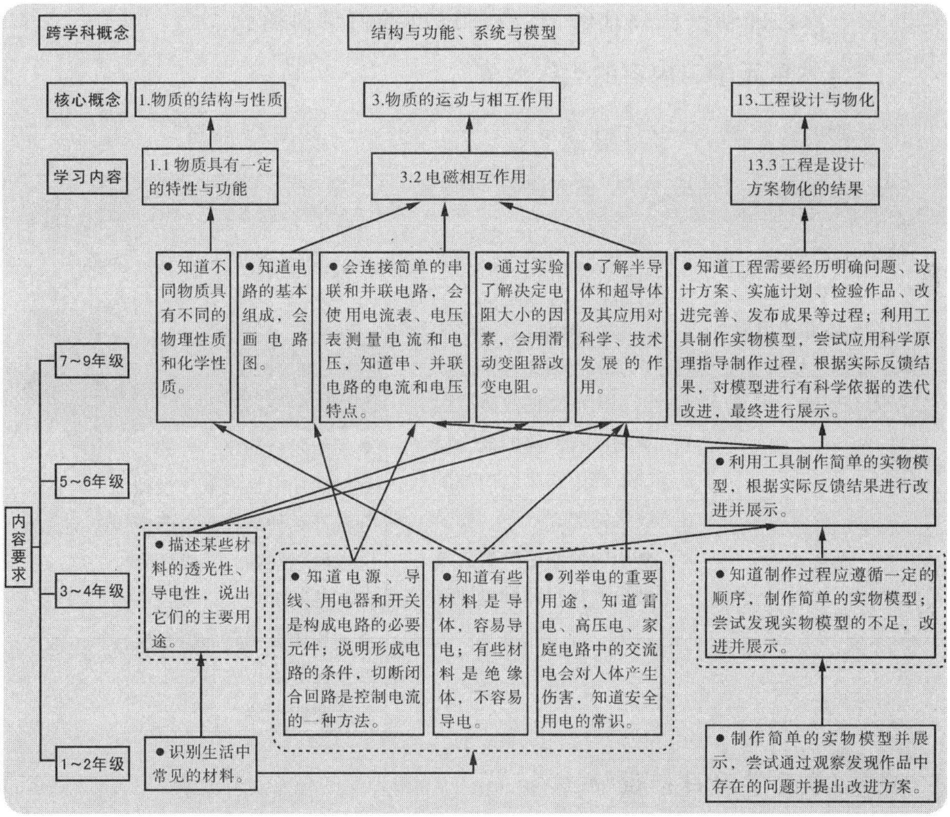

本单元聚焦“物质的运动与相互作用”“工程设计与物化”核心概念，落实课标中“电磁相互作用”“工程是设计方案物化的结果”的学习内容要求。

1～2年级初步感知，认识生活中常见的材料及其特性，如导电性、绝缘性等。

3～4年级建构概念，借助导线、灯泡、电池等电器元件和许多有趣的探究活动帮助学生初步建立与电相关的概念，如电可以在特定的物质中流动，电是我们生活中重要的能源等，促进他们对科学探究的深入理解，发展探究能力，并学会安全用电。

5～6年级探究实践，根据需求设计电路图，初步判断其可行性和合理性，并利用工具制作简单的电路模型，根据实际反馈结果进行改进并展示。

7～9年级深化应用，深度学习电路的相关知识，与生活中的电路相联系，学会解决与电相关的问题。

在学习过程中，建构闭合回路概念模型，用模型解释电路的相关问题，帮助学生逐步理解结构与功能、系统与模型等跨学科概念。

（二）本单元学习内容的组织线索

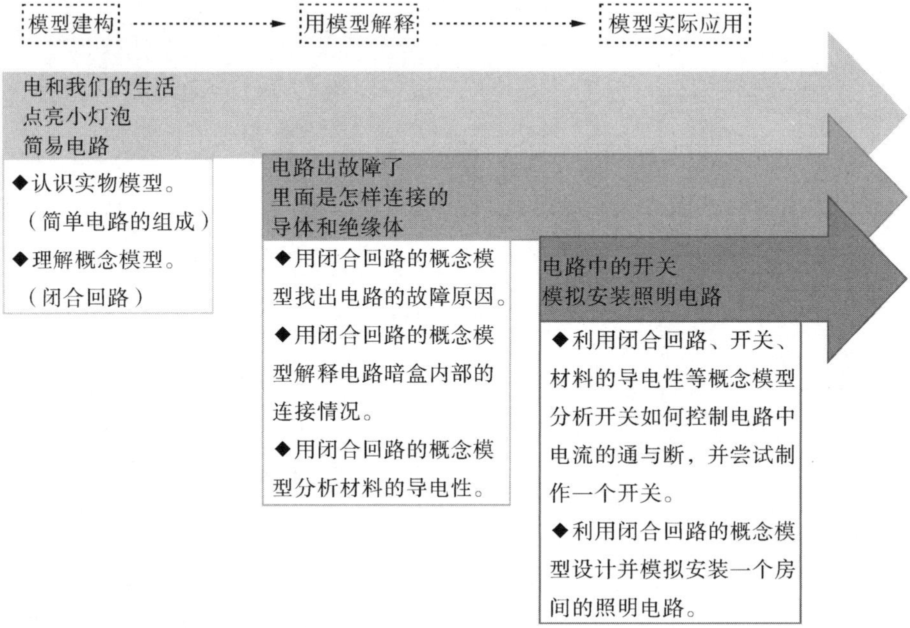

单元学习目标设计

核心素养	学习目标
科学观念	1. 知道组成电路的必要元件，知道形成简单电路的基本条件及控制方法。 2. 能识别导体和绝缘体
科学思维	1. 经历组装电路的过程，建构闭合回路模型。 2. 能分析和比较不同材料的导电性

续表

核心素养	学习目标
探究实践	1. 能用简单的电路元件组装并连接简单电路。 2. 能用简单电路正确检测一些物体的导电能力,探究电路暗箱内元件的连接方法
态度责任	1. 在动手连接电路的活动中养成耐心操作、反复检查的科学态度。 2. 辨析一些不恰当的用电行为及其危害性,养成安全用电的意识

单元学习评价设计

单元学习评价设计一

“电路”评价量表

核心素养	评价指标	评价等级			同伴互评	教师评价
		★	★★	★★★		
科学观念	认识电路模型	能在教师的引导下,举例说出组成简易电路的必要元件;了解电路形成的条件及控制电路的方法	能在教师的引导下,举例说明组成简易电路的必要元件;理解电路形成的条件及控制电路的方法	能根据教师提供的电路元件,自主辨别组成简易电路的必要元件;解释电路形成的条件及控制电路的方法	☆☆☆	☆☆☆
	认识材料的导电性	能在教师的引导下,利用简易的检测装置识别导体和绝缘体,知道有些材料是导体,有些材料是绝缘体	能在教师的引导下,利用简易的检测装置辨别导体和绝缘体,知道有些材料是导体,容易导电;有些材料是绝缘体,不容易导电	能自主利用简易的检测装置辨别导体和绝缘体,发现有些材料是导体,容易导电;有些材料是绝缘体,不容易导电	☆☆☆	☆☆☆

续表

核心素养	评价指标	评价等级			同伴互评	教师评价
		★	★★	★★★		
科学思维	理解电路模型	能在教师的引导下,简单描述出闭合电路的特征,模仿设计出简单的电路示意图	能在教师的引导下,自己归纳描述闭合电路的特征,设计出简单的电路示意图	能自己归纳描述闭合电路的特征,设计并改进简单的电路示意图	☆☆☆	☆☆☆
		能在教师的引导下,连接简单电路,并根据学习单上电路中灯泡的亮灭,尝试用简单电路对暗盒里的电路连接情况进行推理判断	能自行连接简单电路,并能在教师的引导下,根据学习单上电路中灯泡的亮灭,用简单电路对暗盒里的电路连接情况进行合理的推断	能自行连接简单电路,并根据学习单上电路中灯泡的亮灭,用简单电路对暗盒里的电路连接情况进行合理推断	☆☆☆	☆☆☆
	分析材料的导电性	能在教师的引导下,比较常见材料的导电性	能在教师的引导下,分析常见材料的导电性,并了解其主要用途	能根据学习单提供的实验记录,分析常见材料的导电性,并认识其主要用途	☆☆☆	☆☆☆
探究实践	运用电路模型	能在教师的引导下,运用所学知识和解暗盒的方法,探究电路暗盒的连接情况	能在教师的引导下,运用所学知识和解暗盒的方法,探究电路暗盒的秘密	能根据所提供的电路元件,自主运用所学知识和解暗盒的方法,探究电路暗盒的秘密	☆☆☆	☆☆☆
	检测材料的导电性	在检测材料的导电性前,经常需要教师提醒才会对电路检测器进行自检并对待检物体进行重复检测	在每次检测材料的导电性前,偶尔需要教师提醒才会对电路检测器进行自检并对待检物体进行重复检测	在每次检测材料的导电性前,都能对电路检测器进行自检,确认正常后再进行检测;对所有待检物体都能做到重复检测 2~3 次	☆☆☆	☆☆☆

续表

核心素养	评价指标	评价等级			同伴互评	教师评价
		★	★★	★★★		
态度责任	安全用电	了解雷电、高压电、家庭电路中的交流电会对人体产生伤害;了解安全用电的常识,意识到安全用电的重要性	能举出1~2个例子说明电的重要用途;知道雷电、高压电、家庭电路中的交流电会对人体产生伤害;知道安全用电常识,领悟安全用电的重要性	能举出3个以上的例子说明电的重要用途;知道雷电、高压电、家庭电路中的交流电会对人体产生伤害;知道安全用电常识,形成安全用电的意识	☆☆☆	☆☆☆

单元学习评价设计二

“电路”实验能力检测单

实验材料:电池盒、灯座、导线、电池、灯泡、电路暗盒。

1. 制作电路检测器

电路检测器可以用来检测接线柱之间是通路还是断路。请你用所准备的材料做一个电路检测器,并画出简易电路图。

2. 使用电路检测器时,要先碰一下______________,如果灯泡______________,说明电路检测器可以使用。

3. 试着用电路检测器检测电路暗盒,把检测结果记录下来。

电路状态	1-2	1-3	1-4	2-3	2-4	3-4
通路						
断路						

4. 你觉得暗盒内部是怎样连接的？把你检测的连接方法画下来。

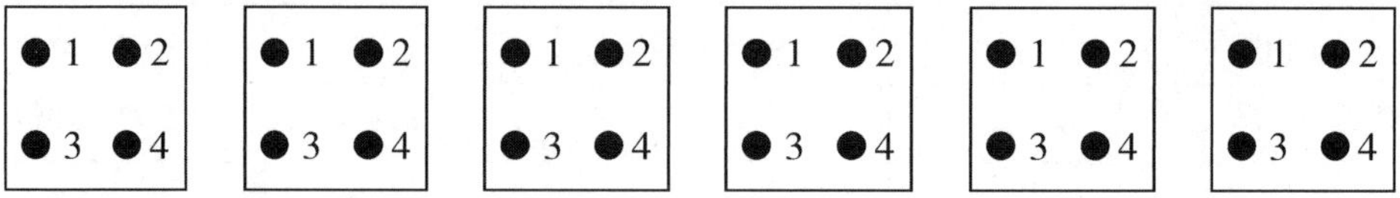

学生情况分析

四年级的学生对电的认识已经有了一定的生活基础，如掌握了基本的安全用电常识，知道用电器要接上电源才会工作，能用开关控制照明电路，会使用部分家用电器。但碍于用电安全的考虑，学生平时对电的研究又是比较有限的，且对于生活中的电来自哪里、通电后的电器如何工作等问题认识不足。因此在本单元学习中，学生对研究电路、模拟安装照明电路充满好奇，具有强烈的探究欲望。

学生在过去的观察、记录、实验、交流等一系列科学探究活动中，已经掌握了基本的科学方法，具有初步的探究实践能力。结合学生的生活经验，选择他们比较熟悉的简易电路作为探究对象，可以激发学生的学习兴趣，同时也能帮助学生基于现有的概念水平，丰富他们对电路的认识。在电路的教学中，教师要继续坚持引导学生亲历科学探究的过程，引导他们逐渐养成尊重事实、注重证据、大胆质疑的科学品质和思维方式。

单元学习进程设计

单元主要概念	学习进阶	学习问题链	主要学习活动	思维型教学原理	课时建议
物质的运动与相互作用	记忆理解	你对电、电器有哪些了解呢？	情境创设：创设问题情境，归纳、整理形成有关电的知识框架，注意用电安全。	概念初始水平（动机激发）（自主建构）	1课时
	理解运用	你能让小灯泡发光吗？	提出问题：认识小灯泡的结构，指导学生利用所给的材料让小灯泡亮起来，知道形成电路的条件。	概念具体化（认知冲突）（自我监控）	1课时
		你能组装一个简易电路吗？	自主探究：组装一个电路，画电路连接图，用箭头在电路连接图上表示出电流动的路径，建构简易电路的概念。		1课时
		你能利用简易电路找到和排除电路的故障吗？	自主探究：分析、汇总电路故障原因，预设排除故障的方法，用简易电路做一个电路检测器，找出故障原因并排除。	概念深度理解（自主建构）（自我监控）	1课时
		你能利用简易电路探测并推断接线盒内部是怎样连接的吗？	自主探究：组织学生用电路检测器探测接线盒中电路连接情况，引导学生建构“解暗盒”的科学思维。		1课时
		你能利用简易电路区分导体和绝缘体吗？	自主探究：组织学生用电路检测器来检测物体的导电性，建构导体和绝缘体的概念，加强安全用电的意识。		1课时
		你能利用导体和绝缘体制作一个开关吗？	自主探究：分析简易电路中开关所使用的材料，选择合适的材料做一个开关。		1课时
	评价创造	你能用简易电路的知识，模拟安装一个房间的照明电路吗？	应用迁移：设计一个房间的照明电路，画出电路图并检验修改，按照电路图安装房间的照明电路并检测电路。	概念迁移创造（应用迁移）	1课时

第1课时 电和我们的生活

核心问题:你对电、电器有哪些了解呢?

【教学目标】

1. 通过观察认识电是由电源提供的,电是我们生产和生活的重要能源。了解电源分为直流电和交流电,它能驱动用电器做很多工作。

2. 通过归纳将本课所学电的知识整理成知识框架。

3. 用调查的方法了解家中常见的用电器,了解它们的用途和所用电源类别。

4. 意识到电在人们生活中应用的广泛性和重要性,感受到电带给我们的方便,懂得节约用电。

【教学重难点】

重点:知道电是我们生产和生活的重要能源。

难点:了解家中常见的用电器,了解它们的用途和所用电源类别。

【教学准备】

教师准备:多媒体课件、“关于电的知识”班级记录表、“家用电器记录”班级记录表。

学生准备:课前依据学习单上的“家用电器记录”表调查家中的用电器。

【教学过程】

一、谈话导入新课

1. 讲述:很久以前,人们就开始了对电的探索。1879 年,爱迪生点亮了世界上第一盏电灯。从此,各种不同用途的电器就陆续出现了。

教师播放电的相关视频。

2. 电给我们的生活带来了极大的便利,这节课我们就来学习电和我们的生活。揭示课题:电和我们的生活(板书)。

【设计意图】引导学生观察身边的用电器,知道家用电器需要用电才能正常工作。

二、电的认识

活动一:关于电的已有知识

1. 同学们对电了解吗？知道哪些有关电的知识？小组讨论，并将结果记录在学习单上“关于电的知识”表格中。

2. 交流汇报

分组展示记录表，向同学们做简单介绍。教师适时补充完成“关于电的知识”班级记录表。

活动二：了解学生对电的思考

提问：关于电，你们还想知道什么？

活动三：调查家里的用电器

讲述：生活中使用的电器，像电灯、电视机等是由发电厂的发电机供电；而手机、石英钟等则是由电池来供电。我们把这些为用电器提供电的装置叫作电源。

1. 出示电视机、台灯、电吹风等图片。

提问：说说你们对它们的了解。

2. 课前，老师请同学们调查了家中的用电器。这些用电器分别是用哪种电源来供电的？这些用电器的功能是什么？下面请同学们以小组为单位，把调查结果记录在学习单上“家用电器记录”表中。

3. 小组汇报调查结果。教师适时补充完成“家用电器记录”班级记录表。

【设计意图】本环节的设计从易到难，通过教师的引导，促使学生关注身边的家用电器，学会将身边的家用电器进行分析比较，能对用电器的插头进行有效的观察，知道家用电器的电源种类。

三、电和我们的生活

1. 讲述：电可以分为直流电和交流电。像手机、石英钟等是由电池供的电，我们把这种电称为直流电。像电灯、电视机等都是由发电厂供的电，我们把这样的电称为交流电。

直流电：手电筒的电池、汽车的电池、手机电池等，提供的是直流电。

交流电：家庭使用的一般是220伏交流电，工业、农业使用的一般是220伏至380伏交流电。家庭电路和工农业电路电压高，任何动物触及交流电都非常危险，所以我们要注意用电安全。

2. 安全用电教育

(1)讲述:电不但能使物体发光、发热,还有很多其他的用途,它是我们生活和生产中重要的能源,我们应该节约用电。同时,电也具有危险性,我们更要安全用电。你知道哪些安全用电的知识?

(2)安全用电提示

①墙壁插座内的电,是发电厂通过电网输送到各家各户的,一旦触及会引发事故、致人死亡,所以千万不能触摸。

②不能用插座中的电做任何实验!在本单元的学习中,我们只用干电池做实验。

③不要靠近变压器以及断开或者裸露的电线,当看到断开或裸露的电线时,要马上报告家长、老师或者有关人员。

(3)教师出示用电行为不安全的图片。提问:这些用电行为安全吗?说说你的理由。

3. 提问:我们的生活中会用到很多电器,它们都需要电给它们提供能量。设想一下,如果没有电,我们的生活会变成什么样子?

【设计意图】利用电和我们的生活教学活动,联系生活实际,让学生能区分直流电和交流电,能意识到生活中哪些用电方式是安全的,引导学生形成安全用电的意识。

【精彩片段】——头脑风暴,激发学习动机,调动学习积极性

活动一:关于电的已有知识

师:同学们对电了解吗?知道哪些有关电的知识?请你们小组讨论,并将结果记录在学习单上"关于电的知识"表格中。

(学生讨论。)

师:哪位同学来说说你们的记录?

生1:摩擦能起电;不能随便触摸家里的电器;灯泡发光的时候会发热;被电了会有生命危险。

生2:可发电的能源主要分为传统能源和新能源;电可以分为直流电和交流电;湿手更容易触电。

……

活动二:了解学生对电的思考

师:关于电,你们还想知道什么?

生1:发电厂的电是怎样产生的呢?

生2:发电厂的电是怎么输送到千家万户的呢?

生3:电池里面的电是怎么储存的呢?

生4:为什么打开开关电器才能工作?

生5:为什么水果也可以发电?

生6:闪电能收集起来用吗?

……

活动三:调查家里的用电器

师:生活中使用的电器,像电灯、电视机等是由发电厂的发电机供电;而手机、石英钟等则是由电池来供电。我们把这些为用电器提供电的装置叫作电源。

(出示电视机、台灯、电吹风等图片。)

师:电视机、台灯、电吹风是常见的家用电器,谁来说说你们对它们的了解?

生1:电视机、电吹风是插电使用的,使用的是交流电。台灯可以插电使用,也可以用电池来供电。

生2:电视机、电吹风的功率大些,台灯的功率小些。

师:课前,同学们调查了家中的用电器。这些用电器分别是用哪种电源来供电的?这些用电器的功能是什么?下面请同学们以小组为单位,把调查结果记录在“家用电器记录”表中。

……

师:现在请派小组代表来说说你们的记录结果。

生1:电灯的电来自插座,照明用的。

生2:电视机的电来自插座,看新闻、动画片用的。

生3:手机的电来自电池,打电话、发信息、看视频用的。

……

【教学评析】

教学时采用“头脑风暴”的形式,了解学生对电的前概念。接着,让学生提出他们想知道的“关于电的问题”,激发学生的学习兴趣,为后面的学习打下基础。然后,通过调查家中的用电器来认识不同的电源,初步建立“电是生活中不可缺少的能源”的观念。教学中创设良好的教学情境,设置适当的问题情境,激发学生内在的学习动机,调动学生学习的积极性,提高学生的自我效能感,从而加深对电的认识和关注。

【学习单】

关于电的知识

我们已经知道的	我们还想知道的

家用电器记录

电器名称	电源	电器的作用

第2课时 点亮小灯泡

核心问题:你能让小灯泡发光吗?

【教学目标】

1. 通过观察小灯泡,知道小灯泡的结构,认识到只有电流流过灯丝时小灯泡才会发光;通过连接简单电路,知道点亮一只小灯泡需要一个完整的闭合回路,初步建立电路的概念。

2. 能用比较的方法,对亮的和不亮的电路进行分类汇总并进行分析。

3. 在实验中,能用电源、导线和小灯泡连接多种简单电路。能观察、描述和记录点亮小灯泡的实验现象,会根据实验现象对电流的流向做出大胆的想象与推测。

4. 在研究电路的过程中,能体会对周围事物进行有目的的、细致的观察的乐趣,有进一步探究电的兴趣。

【教学重难点】

重点:掌握小灯泡的各组成部分。

难点:探索电在装置中是怎样流动的,也就是电流过的路径。

【教学准备】

教师准备:多媒体课件、手电筒、小灯泡、1.5 伏的干电池、导线、电池和小灯泡的贴纸等。

学生准备:每组小灯泡 1 个、1.5 伏的干电池 1 节、导线 2 根、学习单 1 份。

【教学过程】

一、激发兴趣,聚焦问题

1. 教师出示一个没有电池的手电筒和 2 节电池。

提问:你们能让这个手电筒亮起来吗?

2. 讲述:刚才我们发现要想让手电筒亮起来,必须装上电池,然后打开开关。

3. 提问:为什么装入电池再打开手电筒开关,手电筒就会亮起来?

4. 提问:如果给你们提供灯泡、电池、导线,利用这些材料怎样点亮小灯泡?

5. 这节课我们就一起来想办法点亮小灯泡。(板书课题:点亮小灯泡。)

【设计意图】以学生熟悉的手电筒入手,让学生想办法使手电筒亮起来。本环节重点是要让学生知道,要使手电筒亮起来必须要有电,要能正确装上电池;让学生初步感知,当打开手电筒的开关时,电池的电就能流过小灯泡的灯丝,小灯泡就会亮起来,手电筒就亮了。

二、了解小灯泡,点亮小灯泡

活动一:了解小灯泡的结构

1. 观察小灯泡。

讲述：同学们都认为，电从电池出发，要经过小灯泡才能发光。请同学们分组观察小灯泡的结构是怎样的，找一找小灯泡的哪一部分会发光，想一想小灯泡的各部分有什么作用，完成学习单上“小灯泡的结构”内容。

总结：小灯泡由玻璃泡、灯丝、金属架和两个连接点等组成。

(1)玻璃泡：玻璃泡是一个玻璃罩，它能够很好地保护灯丝，同时又不影响它的发光。一般，在玻璃泡里充有氮气、氩气等气体，用于延长灯丝的寿命。

(2)灯丝：小灯泡中能够发光、发亮的部分。它是一种耐高温的金属丝，在通电以后能够发光、发热。

(3)金属架：将灯丝架起来的部分。金属架是由耐高温并且导电的金属丝制成，它在固定灯丝的同时能够将电流导入灯丝。

(4)连接点：在金属架的外部安装了一个能够导电、带有螺纹的金属壳，用来保护、固定金属架，金属壳侧面和下端各有一个凸起的小圆点，这两个小圆点就是连接点。两个小圆点分别和不同的导线连接。

2. 学生交流反馈。

提问：谁来说一说你们的认识和发现？（适时板贴小灯泡各部分名称。）

活动二：让小灯泡发光

1. 连接电路并记录现象。

提问：同学们已经了解了小灯泡的结构，如果给你们提供导线、电池和灯泡，怎样连接可以使小灯泡发光？

2. 讲述：请小组长领取材料，按照你们的连接方式试一试，并将各种连接方法用示意图的方式画在学习单中，把不能点亮小灯泡的连接方法也画出来，用笔画线代替导线。实验前，请看安全注意事项。

安全注意事项：

干电池的金属铜帽端是正极，另一端是负极，当导线直接与电池的正、负极相连，而没有经过小灯泡时，会造成短路。短路时，电池中的电会很快消耗完，并且电池还会发热变烫，甚至可能爆炸。所以，在实验中要避免出现短路。

3. 学生分小组实验。

4. 分析交流：同学们，你们的哪些连接方法能使小灯泡亮起来呢？请每组讨论一下，把你们能点亮小灯泡的连接方式依次展示在黑板上（提供电池和小灯泡的贴纸材料，用粉笔画线代替导线）。

【设计意图】在本环节中，先让学生结合小灯泡结构图、实物小灯泡和学习单中的文字对小灯泡进行观察，重点是对两个连接点的观察，需要观察连接点和金属架的关系和作用，再让学生试着点亮小灯泡。充分发挥学生的主体地位，提高学生的动手能力。

三、研讨：实验发现

1. 讲述：我们发现，能够使小灯泡发光的是这几幅连接图的连接方法（出示能使小灯泡发光的连接图），不能使小灯泡发光的是这几幅（出示不能使小灯泡发光的连接图）。请大家仔细观察，找找每组图中连接方法的相同点。学生讨论并发言。

2. 整理学生的连接方法，有意识地分为通路、短路、断路三类。

归纳：电从电池的正极流出，通过导线流到小灯泡的一个连接点，经过与该连接点相连的金属架流到灯丝，再从金属架流到另一个连接点，通过连接这个连接点的导线流回电池的负极。电在这样一个闭合的路径里流动。电流通过的路径就是电路。

3. 出示短路和断路的连接图，进行辨别。

【设计意图】把大家的连接方法分类汇总展示在黑板上，便于学生寻找每类电路的相同点。通过学生的充分讨论，总结出能够使小灯泡发光的连接方法的共同之处，从而了解电路。

四、拓展：电路判断

提问：观察这些电路连接图（出示几幅电路连接图），请判断哪些会发光，哪些不会发光，并说一说理由。

【精彩片段】——点亮小灯泡，引起认知冲突，建构电路概念模型

活动二：让小灯泡发光

师：刚才老师看到很多小组经过不断的尝试终于成功点亮了小灯泡，还找到了多种点亮小灯泡的连接方法。老师想采访一些小组，起初为什么小灯泡没有亮，后来是做了怎样的调整小灯泡亮了？

生1：我们想着先把导线放在电池的两端，再放小灯泡，这样方便操作，结果小灯泡还没有摆上去,就发现导线很烫,摆上的小灯泡也是不亮的。于是,我们就尝试把电池的两端和灯泡的两个连接点连接起来,灯泡亮了。后来我们又尝试把电池倒过来,发现灯泡也亮了。

生2:我们一开始把电池的正极和小灯泡底部贴在一起,小灯泡不亮。我们认为是电池的正负极搞反了,接着把电池的负极和小灯泡底部贴在一起,还是没亮。又尝试把电池的一端和小灯泡侧面贴在一起,仍然不亮。后来我们经过多种连接方法的尝试,发现必须把小灯泡两个连接点都用上,电池的正负极都接上,才能使小灯泡亮起来。

生3:我们经过多次尝试,发现必须将电池和小灯泡串起来,才能点亮小灯泡。

师:好,现在请每组讨论一下,把你们能点亮小灯泡的连接方式依次展示在黑板上,不要重复。老师提供电池和小灯泡的贴纸材料。请大家用粉笔画线代替导线连接电路。

(学生展示。)

师:请完成的小组上台来讲讲你们的连接方式是怎样点亮小灯泡的。

(学生讲述。)

师:你们能清晰地表达出自己的思考过程,真的很棒!这是一些老师刚刚收集的不能点亮小灯泡的连接方式。你们觉得电池、导线和灯泡怎样连接才能成功点亮小灯泡?

生1:要连成一个完整的电路,电流必须从电池出发,流过灯泡,这样灯泡才会亮,而且灯泡里的电还要流回电池里才可以。

生2:我发现,不亮的连接都是电流没办法回到负极的,亮的连接都是电流可以回到负极的。

生3:我觉得需要把电池的正极和负极连起来。

生4:我觉得不对,短路的情况也是正极和负极连起来了,所以我觉得还要把导线的金属头和灯泡侧面的连接点连在一起,灯泡底部要和电池的正极或负极连起来。

师小结:将电池的正负极和灯泡的两个连接点用导线连起来,电流就能从正极出发,经过灯丝再从导线回到负极,灯泡就亮了。

【教学评析】

在本环节,教师引导学生思考、讨论、辨析“小灯泡是如何被点亮的”这一问题,激发学生的认知冲突。学生在分析、论辩过程中经历实验事实和已有经验的不断冲突与碰撞,从而逐渐辨析清楚小灯泡被点亮的原理。电在电路中的流动是看不见的,但我们可以通过一些现象来判断,如通过小灯泡的亮与不亮来判断电路中是否有电流通过,小灯泡亮就说明有电流流过小灯泡的灯丝。学生通过一系列的分析、研究,最终建构这样的认知:电流经过灯丝形成闭合回路时小灯泡才能亮起来。

【学习单】

1. 小灯泡的结构

我是小灯泡,我的核心就是我的发光部位——灯丝。我的很多结构都是为灯丝“服务”的。比如:外面的玻璃泡是来保护灯丝的;金属架是将灯丝架起来并将电流导入的;为了把里面的灯丝连接起来,我有两个连接点。

2. 先预测不同电路中小灯泡的发光情况,再进行检测,小灯泡亮的打“√”,不亮的打“×”。如果你有更多的连接方法,可以补充在表格中。

序号	1	2	3	4	5	6	7
连接方法							
预测							
实验结果							

(1)通过实验检验猜想:连接方法__________可以点亮小灯泡,连接方法__________不能点亮小灯泡。(填序号)

(2)电池与小灯泡怎样连接才能使小灯泡亮起来?

____

____

第3课时 简易电路

核心问题:你能组装一个简易电路吗?

【教学目标】

1. 通过将电池盒、灯座和开关连接到电路中,让小灯泡亮起来,认识到电从电池的一端经过导线和用电器返回到电池的另一端,就组成了一个完整的电路。

2. 用记录的方法,把简单电路画下来,使学生对电路的认识得到进一步发展。

3. 在实验中,能连接简单电路,并能用简易的方法来画电路连接图,用箭头标出电流动的路径,会提出感兴趣的问题。

4. 在连接简易电路的过程中,能对电路的探究产生兴趣,体会到运用科学知识解决问题的乐趣。

【教学重难点】

重点:将电池盒、灯座和开关连接到电路中,让小灯泡亮起来。

难点:用简易符号表示一个电路的不同部分,能画出简易电路图。

【教学准备】

教师准备:多媒体课件、小灯座、电池盒、电池、导线、开关、小灯泡。

学生准备:小灯座、电池盒、电池、导线、开关、小灯泡、小电动机、学习单。

【教学过程】

一、激发兴趣,聚焦问题

1. 讲述:上一节课,我们已经能顺利地点亮小灯泡。

提问:小灯泡和电池的连接点在哪里?电流是如何通过小灯泡的?

2. 讲述:我们将这种由电池、导线以及小灯泡所构成的电路称为简易电路。揭示课题:简易电路(板书)。

【设计意图】从上节课所学知识导入,以提问的形式回顾小灯泡和电池的连接点,并让学生说说电的流动路径,既复习了知识,又为本节课教学打下基础,有利于学生更好地学习。

二、利用器材组装新电路

活动一:组装一个电路

1. 提问:我们这样用手按着来点亮小灯泡,一松手小灯泡就不亮了。如何更方便地固定小灯泡和电池呢?回忆我们家里照明装置的安装,你有什么想法?

2. PPT 出示小灯座、电池盒。

3. 提问:它们可以帮助我们完成不用手按住就能点亮小灯泡的实验吗?

4. 请学生先观察新器材,思考它们的用处,再尝试利用这些器材完成一个简单电路的组装,点亮小灯泡。

(提示:电池盒内的两端分别装有铜片,并与外面的两个接线头相连。观察接头的弹簧夹、小灯座的螺口,以及旁边的两个接线头,思考这些构造的用途。)

①在电池盒的两端各连接好一根导线,把电池安装在电池盒里。②用连接电池的两根导线的另一端接触小灯泡,确定能使小灯泡发光。③把小灯泡安装在小灯座上,再连接上导线。

活动二:在电路中安装开关

1. 提问:小灯泡一直亮着浪费能源,有什么办法可以更方便地控制小灯泡亮和灭呢?

2. PPT 出示开关。

提问:观察开关的结构,想一想怎样把它连接在电路中。请各小组尝试把开关连接到电路中,控制小灯泡亮和灭。

活动三:画电路连接图

1. 学生画电路连接图并展示,说一说遇到的问题。

2. 讲述:很多同学都发现如果原模原样画下来会很浪费时间,所以引入一种简单的方法,即简易电路图。我们可以用一些特定的符号来代替电器元件。

3. 学生尝试在学习单上画简易电路图。

温馨提醒:

①导线用尺子画,拐弯处要成直角。

②元件位置安排要适当,分布要均匀。

③元件不要画在拐角处。

④整个电路图最好呈长方形,有棱有角,导线要横平竖直。(尺规作图)

⑤用线段连接各元件,线段相交处用小圆点标出连接点,用箭头画出电流方向。(科学规定:电流从电池的正极流出,回到负极。)

【设计意图】从仔细观察小灯座、电池盒这些元件的构造入手,在充分了解元件用途的基础上动手连接简单电路,培养学生的动手能力,加深学生对电路连接的进一步理解,也能更好地帮助学生画出正确的电路连接图。

三、研讨:实验发现

1. 讲述:在电路中,电是持续流动的,因为我们可以看到小灯泡在持续发光。

提问:在你画的电路图中电的流动路径是怎样的?请你画一画,说一说。

2. 提问:我们已经发现电路是一个闭合的回路,在电路中,哪些元件是必备的?

3. 提问:如果我们将小灯泡换成小风扇或小电动机,会有什么现象?请每个小组领取小电动机,并把它连接到电路上试一试。

【设计意图】通过研讨,对本课知识进行进一步梳理,通过更换用电器,使学生对电路的认识进一步深化。

四、拓展延伸

今天,我们学习了利用工具连接简易电路,在连接过程中,你遇到哪些问题,是怎么解决的?如果让你同时点亮两个小灯泡,怎么实现?请你试一试。

【精彩片段】——组装一个简易电路,自主建构电路实物模型

活动一:组装一个电路

师:我们这样用手按着来点亮小灯泡,一松手小灯泡就不亮了。如何更方便地固定小灯泡和电池呢?回忆我们家里照明装置的安装,你有什么想法?

生1:家里的灯都是固定在灯座上的,可以给小灯泡加一个灯座来将其固定。

生2:我房间的台灯是装电池的,电池有一个固定的盒子,在台灯的底座里面,我们可以给电池增加一个电池盒。

师:看,老师今天带来了新的工具——小灯座、电池盒。它们可以帮助我们完成不用手按住就能点亮小灯泡的实验吗?等会儿请你们先观察新器材,思考它们的用处,再尝试利用这些器材完成一个简单电路的组装,点亮小灯泡。

活动二:在电路中安装开关

师:我巡视时发现,电路一接通,小灯泡就亮了。小灯泡一直亮着浪费能源,有什么办法可以更方便地控制小灯泡亮和灭呢?

生:在电路中安装一个开关。

师:好想法,老师给每个小组提供一个小开关,请仔细观察小开关的结构,想一想怎样把它连接在电路中。

生:各取下电池盒和小灯座一端的导线,将它们分别连接在开关的两端。

师:请大家注意,开关连接到电路中之前要处于断开状态。请各小组尝试把开关连接到电路中,控制小灯泡亮和灭。

【教学评析】

通过前一节课的学习,学生已经掌握了使小灯泡亮起来的方法,但需要用手按着才能点亮小灯泡,独自操作不便利。对此,很多学生已经联系生活中点亮灯泡的方式,学会使用电池盒和小灯座固定电池和灯泡,提出使用开关来控制小灯泡的亮和灭的想法,这是一种很好的基于生活经验的自主建构过程。本节课顺势而为,创设适宜的学习情境,激发学习兴趣。在教师的引导下,学生自主学习使用电池盒、小灯座和开关,能够按照教材上的步骤,把电池盒、小灯座和开关连接到电路中,让小灯泡亮起来,并能用开关来控制电路的通与断,自主建构电路实物模型。

【学习单】

我们用导线、电池、小灯泡、小开关组成了一个电路。

1. 画一画电路连接图。

2. 用“-⊗-”表示小灯泡，“_o⁄ _”表示小开关，“-|├-”表示电池，“——”表示导线。

3. 在你绘制的电路连接图中用箭头标出电流动的路径。

电路连接图

第4课时 电路出故障了

核心问题：你能利用简易电路找到和排除电路的故障吗？

【教学目标】

1. 知道利用电来点亮小灯泡需要一个闭合的电路；认识到电路出故障会影响用电器的使用。

2. 运用分析与综合、推理与论证的科学思维找出并解决电路的故障。

3. 能通过探索制作出一个电路检测器；能根据实际情况应用电路检测器检测并排除电路中的故障。

4. 培养尊重他人意见、敢于提出不同见解、乐于合作与交流的精神；体验生活中的电现象，了解基本的安全用电知识。

【教学重难点】

重点：鼓励学生大胆猜测电路出故障的原因，并利用电路检测器找出故障。

难点：应用电路检测器检测并排除电路中的故障。

【教学准备】

教师准备:多媒体课件。

学生准备:小灯泡、导线、电池、电池盒、小灯座、坏的小灯泡、没有剥皮的导线、废电池、形成断路的电池盒、学习单。

【教学过程】

一、激发兴趣,聚焦问题

1. 播放电路出故障的视频。回顾上一节课,我们利用电池盒、灯座和小开关连接了简单电路,形成了一个完整的回路。

提问:小灯泡为什么不亮了?

2. 揭示课题:电路出故障了(板书)。

【设计意图】引导学生思考小灯泡为什么不亮,并试着把想法说出来与同学交流,培养学生发现问题的能力。

二、探讨电路出故障的原因

1. 提问:电路的故障可能有哪些?请你们小组讨论,把你们的想法都记录在学习单上。

2. 交流:引导学生相互交流,把所有可能的想法记录下来。

3. 小组总结:整理造成小灯泡不亮的各种原因。

4. 汇报交流

小灯泡不亮的原因:

①小灯泡坏了;

②电池没电了;

③导线断了;

④开关没连接好;

⑤灯座没连接好;

⑥电池盒没连接好;

……

【设计意图】给予学生充分的讨论时间,尽可能多地分析电路的可能故障,并做好记录,培养学生合作交流的能力。

三、探究解决电路故障的方法

1. 提问:这些故障大致可以分为连接问题和元件故障,怎样才能确切地找出电路中的故障呢?你们有什么好办法?

(预设:换一个小灯泡或电池,看能否点亮小灯泡;再次检查电路中的连接是否完好。)

2. 总结排除故障的一般方法

(1)检查法:检查电路中的连接是否完好,比如电池盒两端的导线是否夹紧,电池是否放好了,小灯泡是否拧紧等。

(2)替换法:用另外的小灯泡、电池、导线等来替换电路中的材料,看看小灯泡能否点亮。

(3)检测法:利用电路检测器检测电路故障。

【设计意图】让学生进行交流研讨,引导学生充分探讨解决问题的方法,培养学生解决问题的能力。

四、制作电路检测器

1. 教师指导制作电路检测器:将简单电路中的开关拆除,就形成了一个电路检测器,开关两边的两根导线是检测头。

2. 使用时,将故障电路的某一部分导线或某一元件连接到检测头之间,如果电路检测器的小灯泡亮了,说明这部分导线或元件没有故障;否则就说明有故障。

3. 总结电路检测器的检测步骤

(1)检测故障电路前切断电源。

(2)自检,将电路检测器的两个检测头相互接触,观察灯泡是否发光。

(3)用检测头连接需检测的电路元件,观察灯泡是否发光。

(4)重复(2)(3)两个步骤,检测两到三次。

(5)完成学习单。

(教师边讲解边演示电路检测器自检、检测的过程。)

4. 学生实验,利用电路检测器检测故障电路。

【设计意图】让学生探究实践,制作电路检测器,找出电路出故障的原因,找到解决问题的方法。

五、汇报交流

1. 提问:电路中的哪一部分出故障了?你是怎么知道的?又是怎么排除的?

2. 汇报交流:以小组为单位汇报电路中的故障和排除方法。

(预设:将检测出来的故障元件进行替换,重新连接电路,使小灯泡亮起来。)

【设计意图】让学生充分进行交流研讨,以小组为单位进行汇报交流,培养学生汇报交流的能力。

六、总结拓展

1. 提问:除了用电路检测器检测,你还有其他方法查找电路中的故障吗?(预设:电工常用电路万用表检测电路故障。)

2. 提醒:电路检测器只能在实验室中检测简单电路,不能用来检测220伏的家庭电路哦。

【设计意图】探索多种解决电路故障的途径与方法。

【精彩片段】——制作电路检测器,加强自我控制,解决电路故障

师:小灯泡不亮了,电路出故障了。请同学们思考一下,电路的故障可能有哪些?请你们小组讨论,把你们的想法都记录下来。

(学生讨论。)

师:现在请各小组来汇报你们预测的小灯泡不亮的故障原因。

生:①小灯泡坏了;②电池没电了;③导线断了;④开关没连接好;⑤灯座没连接好;⑥电池盒没连接好;……

师:这些故障大致可以分为连接问题和元件故障,怎样才能确切地找出电路中的故障呢?你们有什么好办法?

生1:我们可以先换一个小灯泡或电池试试,看小灯泡能否亮起来,排除小灯泡本身的原因和电池没电的原因。

生2:我觉得应该先检查电路中的连接是否完好,有时候导线没有和接头连接好,会导致接触不良。

生3:我觉得应该针对不同的问题,选择更换元件或者重新连接的方法来排查。

师:大家说得都有道理,我们来看看排除故障的一般方法。

（PPT 出示排除故障的一般方法。）

师：今天我们利用上节课组装的简易电路来做电路检测器，快速排查故障。将简单电路中的开关拆除，就形成了一个电路检测器，开关两边的两根导线是检测头，将故障电路中的电路元件一一用电路检测器检测。

师：使用时，将故障电路的某一部分电路或某一元件连接到检测头之间，如果电路检测器的小灯泡亮了，就说明这部分电路或元件没有故障；否则就说明有故障。下面我们来看看电路检测器的检测步骤。

（PPT 出示电路检测器的检测步骤。）

（教师边讲解边演示电路检测器自检、检测的过程。）

【教学评析】

本环节重点在于运用电路模型制作电路检测器解决实际问题。把故障电路的某一部分电路或某一个元件连接到电路检测器的两个接线头之间，如果小灯泡亮了，就说明这部分电路或这个元件是没有故障的，否则就说明这部分电路或这个元件有故障。让学生分析、讨论故障电路中小灯泡不亮的原因，经历发现问题、分析问题和解决问题的一系列实践活动，有利于培养学生分析推理的思维能力和解决问题的综合能力。

【学习单】

电路故障检测记录表

可能出现的故障	检测项目	无故障画“√” 有故障画“×”	排除故障的方法
小灯泡坏了	小灯泡		替换
小灯泡与灯座接触不良	灯座		重新连接

第5课时　里面是怎样连接的

核心问题：你能利用简易电路探测并推断接线盒内部是怎样连接的吗？

【教学目标】

1. 通过检测接线盒内部的电路连接情况，运用简易电路中闭合回路的特点，认识到在看不见的情况下可以使用专业的方法进行检测。

2. 能根据检测结果，运用比较、分析、推理等方法推测接线盒内部的连接方式。

3. 能使用电路检测器检测接线盒内电路的连接情况并记录。

4. 观察电器内部的多种电路连接方式，感知科学技术应用的复杂性；乐于与他人进行沟通并交流自己的观点，培养勇于挑战、严密推测的态度。

【教学重难点】

重点：能使用电路检测器检测接线盒内电路的连接情况。

难点：能根据检测结果，运用比较、分析、推理等方法推测接线盒内部的连接方式。

【教学准备】

教师准备：多媒体课件、有4个接线柱的接线盒。

学生准备：每组一个电路检测器、一个有4个接线柱的接线盒、学习单。

【教学过程】

一、情境导入，聚焦问题

1. 教师打开教室中的一组电灯。

提问：为什么不同的开关可以控制不同的电路？

2. 用课件出示开关与接线盒内部连接的图片。

提问：在真实的电路中，各个部件往往是以不同的方式连接的。如果看不到电路，我们能知道各个部件是怎样连接的吗？

3. 讲述：电器的电路一般由接线盒连接，接线盒不仅可以保护电路和连接导线，还方便维修。揭示课题：里面是怎样连接的（板书）。

【设计意图】引导学生观察接线盒，发现电器内部电路有多种连接方式。认识接线盒的作用，同时激发学生探究接线盒内电路的连接方式的兴趣。

二、检测接线盒内电路连接情况

1. 讨论

(1)如何检测

提问:结合本单元所学习的电路知识,我们可以借助什么工具来检测呢?

(2)检测的方法

提问:按照怎样的顺序检测能保证所有可能的连接方式都检测到?

教师引导,师生讨论,明确合理有序的检测顺序。

(3)师生讨论检测活动的注意事项

提问:检测活动中,除了要认真观察、及时记录之外,我们还要注意哪些问题?

(预设:学生介绍,教师辅助学生交流。①分小组活动,分工明确;②检测电路前,先将电路检测器的两个检测头接触一次,以检测它是否能正常工作;③为保证检测的准确性,需检测两次。)

2. 检测活动

教师巡视指导,学生分小组检测。

学生以小组为单位,自主进行检测活动。尽量使不同小组间的接线盒情况不同,从而让学生发现接线盒内电路的连接方式具有多样性。同时教师巡视指导,解决个别学生的问题,并拍摄各组检测接线盒的照片,以备研讨时辅助交流。

【设计意图】在自主检测开始前,引导学生交流检测的方法、检测的顺序、记录方法及注意事项,能有效提高学生使用电路检测器检测接线盒内电路连接情况的活动能力。在观察活动时,教师随时给予学生指导,为后续交流汇报时引导学生突破推测接线盒内部的连接方式这一难点做好铺垫。

三、研讨推测的依据

1. 思考如何推测接线盒内部的连接。

提问:请说一说你的接线盒里面电路可能的连接方式,你是怎么推断出来的?

(预设:学生上台展示自己画下来的连接方式。连接两个接线柱,如果小灯泡亮了,说明两个接线柱之间有导线相连接;如果小灯泡没有亮,则说明两个接线柱之间没有导线连接。)

2. 打开接线盒,校对一下正确连接方法。

3. 小结:任意连接两个接线柱,如果小灯泡亮了,说明两个接线柱之间有导线相连,是通路;如果小灯泡没有亮,则说明两个接线柱之间没有导线连接,是断路。

【设计意图】鼓励学生主动汇报,乐于进行沟通交流,培养勇于挑战、严密推测的态度。引导学生用自己的语言解释如何根据检测结果,运用比较、分析、推理等方法推测接线盒内部的连接方式,检验学生的理解程度。

四、拓展交流

如果是5个或者6个接线柱的接线盒,怎样才能毫无遗漏地检测任意两个接线柱之间的通断情况?

(预设:将接线柱按照顺序逐一排列,以1号开头,先逐个和2、3、4、5、6号结对检测,再以2号开头,依次和3、4、5、6号结对检测,以此类推。)

【设计意图】鼓励学生乐于与他人就科学想法上的分歧进行沟通交流和辩论,培养勇于挑战、严密推测的态度,激发学生继续探索有关电路连接知识的兴趣。

【精彩片段】——应用电路概念模型,解释暗盒里的电路连接情况

师:要想知道盒子里的连接情况,我们可以借助什么工具来检测呢?

生:用电路检测器检测。

师:怎样借助电路检测器检测接线盒的内部连接情况?

生:我们可以选择两个接线柱接入电路检测器,如果小灯泡亮,就说明接线柱之间有导线连接,是通路;如果小灯泡不亮,则说明接线柱之间没有导线连接,是断路。

师:这是一个有4个接线柱的接线盒,我们按照怎样的顺序去检测,才能做到把4个连接点之间所有可能的连接方式都检测到呢?

生:按顺序检测,先将检测器一端与接线柱1连接,另一端分别连接接线柱2、3、4;再将检测器一端与接线柱2连接,另一端分别连接接线柱3、4;接着再将检测器一端与接线柱3连接,另一端连接接线柱4,就可以检测所有的连接情况。

师:检测活动中,除了要认真观察、及时记录之外,我们还要注意哪些问题?

生:检测电路前,先将电路检测器的两个检测头接触一次,以检测它是否能正常工作。为保证检测的准确性,需检测两次。

师:猜测一下接线盒里面是怎样连接的,先在学习单上画线表示可能的连接情况,再根据检测结果在"接线柱通断检测记录表"中用"√"或"×"表示通断情况。

师:接下来请同学们开始检测。

(学生分小组检测。)

师:现在根据我们的检测结果,你们能对盒子里面的连接方式进行推测了吗?谁愿意上台说说你是怎么推断出来的?请带着你的接线盒一起上来。

生:连接两个接线柱,如果小灯泡亮了,说明两个接线柱之间有导线相连接,如果小灯泡没有亮,则说明两个接线柱之间没有导线连接。连接1、2接线柱时,灯泡亮了,其他连接情况下都不亮,说明1、2接线柱之间有导线连接。

师:好,现在打开接线盒,给大家看看里面的连接情况。1、2接线柱之间有导线连接吗?

生:1、2接线柱之间有导线连接。

【教学评析】

通过前面的学习,大部分学生已经建立了电路的概念,而闭合的通路是概念的核心。在本环节,学生用电路检测器探究接线盒内部的电路是怎样连接的,并学习科学的检测方法,培养使用科学的方法进行不遗漏、不重复、高效率、准确的测试,对学生思维能力和动手能力的提高具有重要作用。本环节既是单元目标达成的检验,也是运用电路概念解决问题、解释现象的实践,还有助于学生应用迁移能力的提升。

【学习单】

1. 推测接线盒内部可能存在的连接方式,并在下图中表示出来。

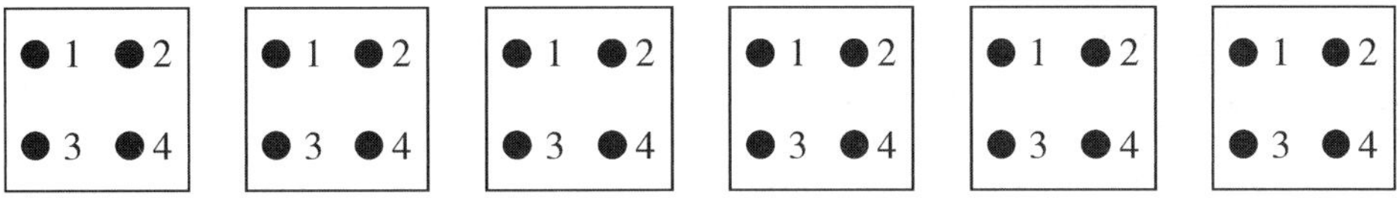

2. 检测接线盒 4 个接线柱之间是通路还是断路。

接线柱通断检测记录表

电路状态	接线盒内部连接方式					
	1－2	1－3	1－4	2－3	2－4	3－4
通路						
断路						

第6课时　导体和绝缘体

核心问题:你能利用简易电路区分导体和绝缘体吗?

【教学目标】

1. 通过观察实验现象,区分导体与绝缘体,并能够举例说出具体的材料名称,知道导电性是材料的基本属性之一。

2. 能够根据任务要求制订一个小组的研究计划,先预测后检测,按照是否容易导电将材料进行分类,知道导体与绝缘体。

3. 在实验计划中学会与别人合作,养成井然有序的实验操作习惯;在检测中尊重事实,认识到安全用电的重要性。

4. 有积极的探究兴趣,尝试多角度、多方式认识物体,形成细致、客观的观察态度。

【教学重难点】

重点:区分制成物体的不同材料,正确使用电路检测器检测材料的导电性。

难点:能够正确看待导体与绝缘体,明白它们在电路中是同样重要的组成部分。

【教学准备】

教师准备:多媒体课件。

学生准备：回形针、橡皮、钥匙、导线、木质铅笔、铁钉、粉笔、塑料尺、干树枝、金属纽扣、电路检测器、学习单。

【教学过程】

一、激发兴趣，聚焦引入

出示一根已经剥开塑料包皮的导线图片。

提问：在连接电路时，我们需要把导线两端的塑料包皮剥开的原因是什么？生活中哪些物体容易让电流通过，哪些不容易让电流通过？

【设计意图】引导学生观察身边物体，发现物体是由一种或多种材料制成的，且导电性能也不同。

二、设计实验，检测导电性

1. 检测物体的导电性

提问：我们可以用什么方法来判断它们的导电性？

（预设：使用电路检测器。）

2. 复习电路检测器的使用方法

提问：谁来给大家演示电路检测器的使用方法，并说明注意事项？

3. 学生在教师引导下演示并说明：在检测前，要对电路检测器进行自检。用电路检测器检测头的两端接触物体，小灯泡发光，则说明是导体，每个物体至少检测两次。

4. 归纳总结实验计划

提问：现在实验篮里面有很多物体，哪些容易让电流通过，哪些不容易让电流通过？我们需要用电路检测器进行检测。

PPT 出示要求：

（1）自检：检查电路检测器能否正常工作。

（2）预测：猜测待测物体是否能点亮小灯泡，记录在学习单中。

（3）检测：每种材料要检测两遍，并记录检测结果。

（4）对比：将能点亮小灯泡和不能点亮小灯泡的物体进行分类，比较有什么异同。

5. 学生实验，教师巡视指导

教师引导介绍：仔细观察物体是由哪些材料制成的，检测头是否都与同一材料接触,同一材料检测两次。

6. 学生交流汇报

各组汇报实验结果,并完成学习单中的评价表。

提问:根据检测,能让小灯泡发光的物体和不能让小灯泡发光的物体分别有什么特点?针对预测和实测结果不同的情况,说说预测时是怎么想的,通过检测后,有什么新的认识。

教师引导介绍:我们把容易导电的物质叫作导体,不易导电的物质叫作绝缘体。

揭示课题:导体和绝缘体(板书)。

【设计意图】通过教师的引导,学习设计实验方案,先预测后检测,在实验中学会与别人合作,养成井然有序的实验操作习惯,尊重事实的实证。

三、解释与应用

1. 出示一些简单电器,让学生观察这些物品的哪些部分使用了导体材料,哪些部分使用了绝缘材料。

提问:电器元件为什么这样选用材料?

2. 小结:我们通常利用绝缘体阻止电流到人们不需要的地方,而用导体使电流流过,在电路中导体与绝缘体是同样重要的组成部分。

【设计意图】利用这节课所学知识,解释电器元件设计意图,正确认识导体与绝缘体的重要性。

四、拓展延伸

了解导体和绝缘体并不是绝对的,在不同的环境下,绝缘体也可能变成导体。

提问:当绝缘体变成导体时会产生怎样的不良后果?

教师引导介绍:我们要好好保护电器设备上的绝缘部分,注意用电安全。

【设计意图】在所学知识的基础上开阔视野,了解特殊的导体是如何形成的,借此对学生进行用电安全教育,增强学生的自我保护意识。

【精彩片段】——应用迁移,自主建构导体和绝缘体的科学概念

师:同学们列举的物体容不容易让电流通过?我们可以用什么方法来判断它们的导电性?

生 1:利用电路检测器检测,如果导电,小灯泡会亮,不导电,小灯泡则不亮。

师:嗯,这个办法不错。谁来给大家演示电路检测器的使用方法,并说明注意事项?

生 2:(边演示边说明)在检测前,要对电路检测器进行自检。用电路检测器检测头接触物体的两端,小灯泡发光,则说明是导体,每个物体至少检测两次。

师:同学们了解了正确的检测方法,现在实验篮里面有很多物体,哪些容易让电流通过,哪些不容易让电流通过?我们需要用电路检测器进行检测。这里是实验要求。

(PPT 出示要求。)

师:请各小组派代表上台,汇报一下实验结果。

生 1:我们预测橡皮、木质铅笔、粉笔、塑料尺、干树枝不导电,经过电路检测器检测发现,橡皮、粉笔、塑料尺、干树枝不导电,但是两端都削尖的木质铅笔的笔芯是导电的。

生 2:我们的结果跟他们大致一样,但是我们把检测器两端接触木质铅笔的外部,也就是木头包裹的部分时是不导电的。

生 3:我们发现金属类材料导电,铅笔芯导电。

师:根据检测,能让小灯泡发光的物体和不能让小灯泡发光的物体分别有什么特点?针对预测和实测结果不同的情况,说说预测时是怎么想的,通过检测后,有什么新的认识。

生 1:能让小灯泡发光的物体都是由金属制作的,不能让小灯泡发光的物体由橡胶、塑料、木头等非金属材料制作。

生 2:我们组预测时认为铅笔不导电,检测后发现铅笔外壳是由木头做的,确实不导电,但是铅笔的笔芯是导电的。

师:根据大家的实验结果,我们发现金属类的材料导电性比较好,我们可以把它称为导体。塑料、干木头、橡胶等材料不易导电,我们可以把它们称为绝缘体。

师:木头一定不导电吗?

生:湿木头会导电。

(学生检测湿木头是否导电。)

师:那么生活中我们应该注意什么呢?

生1:雷雨天不可以在树下避雨。

生2:不能用湿手拔插头、按开关……

【教学评析】

在本环节,教师主要围绕"如何区分导体与绝缘体"这一问题,带领学生利用电路检测器对多种物体的导电性进行探究,注重培养学生的实证意识。导体是容易让电流通过的物质,绝缘体是不容易让电流通过的物质。学生发现将身边的物体连接到电路中时,情况是不一样的,让学生发展对身边物质性质的认识,同时加深对电的理解。通过引导学生仔细观察、分析物体是否导电的汇总分类结果,帮助他们自主建构导体和绝缘体的科学概念。学生自主分析生活中电器各部分所使用材料的导电性,明白导体和绝缘体在电路中是同样重要的组成部分,并通过案例了解导体与绝缘体并不是绝对的,普及安全用电注意事项。

【学习单】

一、预测、检测常见物体的导电性,并在相应的位置打"√"。

物体	预测		第1次检测		第2次检测		检测表明	
	亮	不亮	亮	不亮	亮	不亮	容易导电	不容易导电
回形针								
橡皮								
钥匙								
导线								
木质铅笔								
铁钉								
粉笔								
塑料尺								
干树枝								
金属纽扣								

二、根据自己的检测操作情况由同伴填写评价表。

评价指标	评价等级			同伴评价(姓名：)
	★★★	★★	★	
自检	每次检测之前都能对电路检测器进行自检,确认正常后再进行检测	检测之前偶尔会忘记对电路检测器进行自检,需教师提醒1、2次才进行自检	检测之前多次忘记对电路检测器进行自检,需教师提醒3次或3次以上才进行自检	☆☆☆
重复检测	对所有待检物体都能做到重复检测2、3次	对待检物体偶尔忘记重复检测,需教师提醒1、2次才进行重复检测	多次忘记对待检物体进行重复检测,需教师提醒3次或3次以上才进行重复检测	☆☆☆
规范检测	每次检测时,手不触碰导线的接触头	检测时手偶尔触碰导线的接触头,需教师提醒1、2次才会注意	检测时手多次触碰导线的接触头,需教师提醒3次或3次以上才会注意	☆☆☆

第7课时 电路中的开关

核心问题:你能利用导体和绝缘体制作一个开关吗?

【教学目标】

1. 通过观察和使用小开关,知道开关有的地方需要用导体来做,而有的地方必须用绝缘体来做;知道开关可以控制电流的通断。

2. 通过观察和比较,了解生活中常见的开关结构和类型,理解开关的基本原理。

3. 在制作开关活动中,能利用身边的材料设计制作一个简单的开关,并用它来控制电路。

4. 通过观察和制作开关活动,培养动手实践能力和创新意识,养成与同学交流分享的习惯。

【教学重难点】

重点：观察小开关如何控制电路中电流的通与断。

难点：设计并制作一个简单的开关，用它来控制电路。

【教学准备】

教师准备：多媒体课件。

学生准备：每组软木块（橡皮）1 块、图钉 2 个、回形针若干个、小灯泡 1 个、小灯座 3 个、带电池的电池盒 1 个、导线若干、红绿黄灯各 1 个、学习单。

【教学过程】

一、激发兴趣，聚焦问题

1. 教师出示材料。

布置任务：利用材料，小组合作，组装一个能控制小灯泡亮和灭的简易电路。

2. 出示组装好的简易电路。

提问：控制灯泡亮和灭的电器元件是什么？

3. 讲述：开关能控制电路中电流的通与断，这节课我们一起来学习电路中的开关。

揭示课题：电路中的开关（板书）。

【设计意图】基于学生学习基础，提供材料让学生组装简易电路，既复习了前面所学知识，激发学习兴趣，又让学生感受开关能控制电流通与断的作用，更好地聚焦到电路中的开关怎样控制电流的通与断。

二、实验探究

1. 观察小开关

（1）教师出示小开关，引导学生仔细观察小开关，并完成学习单。

提问：这个小开关使用了哪些材料，这些材料是导体还是绝缘体？分别有什么作用？

（2）引导学生使用小开关控制电路中电流的通与断。

提问：电路中的开关怎样控制电流的通与断？

（3）师生交流。

（4）小结：原来开关能控制电路中电流的通和断与它本身的结构和组成材料有关系。开关上既有导体又有绝缘体。小开关的底座和手柄是用绝缘体做的，能断开电流；闸刀和接线柱是用导体做的，能接通电流。

2. 观察生活中常见的开关

(1)出示各种开关图片，学生根据开关特点进行分类，并观察各类开关剖面结构。

提问：它们是怎样控制电路中电流的通与断的？

(2)学生讨论交流：分类结果、各类开关的结构和控制电器中电流通与断的原理。

(3)小结：按压开关、旋钮开关、声控开关、拉线开关等开关的内部有着同样的材料结构特点，都由导体和绝缘体制成。

(4)提示：在连接电路时，一般将开关接在靠近电池正极的一侧，在连接过程中，开关一定要处于断开状态。

3. 做个回形针开关

(1)课件出示材料和制作要求，设计并制作一个回形针小开关。

(2)组内讨论交流并用图文结合的方式将开关设计图画在学习单上。

(3)小组上台展示交流。

(4)二次修改设计图，根据设计图制作开关，并将开关接入电路，看它是否能控制电路的通与断。

(5)完善自己的开关。

【设计意图】从容易观察的闸刀开关入手，了解开关的结构，理解开关如何控制电流的通与断。观察生活中常见开关的结构，强化开关由导体和绝缘体制成这一概念。通过制作回形针开关的实践，加深对导体和绝缘体的理解。

三、交流研讨

1. 用图片或实物展示学生制作的回形针开关。

提问：回形针开关是怎样控制电流的通与断的？

小结：回形针和图钉的两端都接触时，电流可以在电路中流通，形成闭合回路，小灯泡亮（教师示意电流路径）；回形针和图钉不接触时，电流不能在电路中流通，没有形成闭合回路，小灯泡就不亮。

2. 讨论：你还能用其他的材料和方法做一个小开关吗？你打算制作哪种类型的小开关？

【设计意图】巩固本节课聚焦的核心问题：开关是怎么控制电流的通与断的。鼓励学生对开关进行大胆创新。

四、拓展延伸

1. 课件出示拓展任务

要求：小组合作制作一个开关并组装一个能交叉控制红绿灯的电路。

提问：什么时候红灯亮？什么时候绿灯亮？

2. 教师再出示一盏黄灯

提问：如果想在红灯变绿灯或者绿灯变红灯的中间，先亮起一盏黄灯，那该怎么做呢？

【设计意图】引导学生利用开关来控制红绿灯，先是一个开关控制两盏灯，再到控制三盏灯，不断让学生感受到开关的神奇之处，激发学生的探究欲望，培养学生的创新意识。

【精彩片段】——设计、制作小开关，加强知识的实际综合应用

师：看，这个小开关使用了哪些材料，这些材料是导体还是绝缘体？请你在学习单上完成。

生1：除了底座和手柄是塑料做的，是绝缘体之外，其他部分都是金属做的，是导体。

生2：接线柱上的旋钮是绝缘体，以防触电。

师：电路中的开关怎样控制电流的通与断？现在请说一说你的判断结果吧。

（学生讨论交流。）

师：原来开关能控制电路中电流的通和断与它本身的结构和组成材料有关系。开关上既有导体又有绝缘体。小开关的底座和手柄是用绝缘体做的，能断开电流；闸刀和接线柱是用导体做的，能接通电流。

师：（展示各种开关图片）看，生活中有很多开关，它们是怎样控制电器中电流的通与断的？

生：开关可以通电的部分是用金属制作的，其他部分是用塑料制作的。

师：你观察得真仔细，开关其实就是导体和绝缘体的组合。按压开关、旋钮开关、声控开关、拉线开关等开关的内部有着同样的材料结构特点，都是由导体和绝缘体制成的。

师：提示一下，在连接电路时，一般将开关接在靠近电池正极的一侧，在连接过程中，开关一定要处于断开状态。

师：知道了开关的构造之后，我们要学习制作一个开关。老师会给你们提供这些材料，请设计并制作一个回形针小开关。各组讨论交流并用图文结合的方式将开关设计图画在学习单上。

（学生动手操作。）

师：请各组来说说你们是如何设计小开关的。

生1：小木块是绝缘体，作为开关的底座，图钉是导体，作为接线柱，回形针是导体，相当于闸刀。

生2：我们利用导体和绝缘体的特性，将两枚图钉分别钉在小木块的两端作为接线柱，相隔的间距稍小于回形针的长度，然后将回形针扣在一枚图钉上，这样通过回形针与另一端的图钉接触，连通电路。

生3：我们跟他们的想法一样，但是将回形针的形状改造成了S形，方便控制电路的通断。

师：你们都是这样设计的吗？请各小组修改设计图，并根据设计图制作开关，将开关接入电路，看它是否能控制电路的通与断。

（学生修改设计图并动手操作。）

师：都成功了吗？回形针开关是怎样控制电流的通与断的？

生：回形针和图钉的两端都接触时，电流可以在电路中流通，形成闭合回路，小灯泡亮。回形针和图钉不接触时，电流不能在电路中流通，没有形成闭合回路，小灯泡就不亮。

师：看，这是回形针开关闭合时电流动的路径，是一条闭合回路。

【教学评析】

开关是所有电路的重要组成部分，学生每天都在使用各种各样的开关控制着电路。本环节，学生首先观察小开关是用什么材料制作的，它们都起到什么作用，从而知道小开关如何控制电路中电流的通与断，形成统一的认识：开关由导体和绝缘体两类材料制成。进而从导体和绝缘体的角度来理解开关如何控制电路中电流的通与断。在制作小开关的过程中，学生把已形成的电路概念进一步发展为一个“可以控制的电路”。同时,应用知识迁移,将导体和绝缘体的概念应用到开关设计中,渗透结构与功能的核心概念,深化对导体和绝缘体的认识,提升学生的创新能力。

【学习单】

1. 观察小开关。

开关部位	材料	类型（在符合的□内打“√”）
手柄		□导体
		□绝缘体
闸刀		□导体
		□绝缘体
接触杆		□导体
		□绝缘体
接线柱		□导体
		□绝缘体

2. 在下面的方框中画出开关设计图,并标注每部分所使用的材料。

3. 制作小开关过程中我遇到的问题及解决办法。

第8课时　模拟安装照明电路

核心问题:你能用简易电路的知识,模拟安装一个房间的照明电路吗?

【教学目标】

1. 通过设计并安装一个房间的照明电路,知道一个简单电路的构成需要电池、导线、灯泡等元件,选择不同的材料可以连接出不同的电路。

2. 通过建造家庭照明电路模型,分析电路的形成条件及电流路径。

3. 能通过选择不同的材料建造模型来测试、评价设计，再反思和完善，进行有针对性的改进。

4. 发现科学知识来源于生活并服务于生活，乐于将所学的电路知识应用到实践中；培养乐于倾听、善于表达、勇于挑战的科学态度。

【教学重难点】

重点：经历设计的全过程，明确问题、确定方案、设计制作、改进完善；将在平面图上的设计转变成在模拟房间内的实际“施工”。

难点：能将所学的电路知识应用到实践中，解决现实生活中的实际问题。

【教学准备】

教师准备：多媒体课件，平板电脑，验电球，画设计图的房间平面图打印纸（过塑），电器元件贴纸，记号笔，模拟房间的透明塑料盒，书桌、床、窗户模型，导线、小灯泡、小灯座、电池、电池盒、小开关各若干，透明胶带。

学生准备：学习单。

【教学过程】

一、激趣导入

1. 游戏激趣，复习回顾。

教师出示验电球，请两名同学上台牵手点亮。

提问：我们这个装置是怎样被点亮的呢？

学生自由表达观点。（预设：里面是简易电路，两名同学和验电球形成闭合回路。）

教师在黑板上展示简易电路实物图。

2. 问题引入，提出任务。

以简易电路为基础，提出给教师房间安装照明电路的任务。（PPT 播放音频：胡老师的新房最近要装修，需要设计并安装房间的照明电路，房间需要安装两盏电灯，具体是一盏床头灯和一盏书桌上的阅读灯，由两个开关分别控制。）（板书：模拟安装照明电路。）

【设计意图】游戏引入，体现知识的衔接、迁移与运用。以真实任务驱动学生应用电路知识进行工程设计活动，一方面引导学生明确设计原理，另一方面激发学生探索兴趣。

二、明确任务，设计并检验、修改电路，完成电路的安装

活动一：明确任务

提问：老师房间照明电路的要求到底是怎样的？任务的核心问题是什么呢？

（板书：明确任务。）

学生自由发表观点。（预设：需要两盏灯，并且两个开关分别控制两盏灯。）

提问：在这个简易电路中，一个开关是控制一盏灯的，怎样在此基础上实现两个开关分别控制两盏灯呢？（板书：两个开关分别控制两盏灯。）

【设计意图】本活动是让学生明确任务要求，并引导学生知晓明确任务是完成任务的重要环节。

活动二：设计电路

教师提供电路元器件的贴纸材料和记号笔，引导学生在房间的平面图上把开关、灯泡、电源的位置确定下来，用记号笔画线代替导线连接电路。设计的标准：方便、合理。

提问：开关、灯泡、电源应该分别设计在什么位置才是方便、合理的？

学生分组讨论，自由论述观点。（预设：灯泡分别安装在床头和书桌上；开关要安装在方便我们控制的地方；电源贴地或贴墙壁安装。）

视频演示电路图设计步骤及要求。（PPT 视频演示：三步“贴—连—查”。）

学生分组活动，在规定的时间内设计电路，并标出电流流向。（板书：设计电路。）

教师巡视指导，用手机拍下各小组设计的电路图。

【设计意图】1. 选用贴纸材料有利于帮助学生联系实际电路中的元器件，这样学生设计电路图时更有逻辑性和条理性，不至于无从下手。2. 利用学生生活经验和前概念展开教学，激发学生探索欲望，让其在思维碰撞中抽丝剥茧，逐步分析与明确各电器元件的位置。3. 标出电流流向有利于后续讨论时更加清晰地确定电路图的设计核心。

活动三：检验修改

教师给学生提供平板电脑，利用 PPT 视频讲解电路模拟软件使用方法。

各小组对照设计的电路图进行检验，确认能否实现一个开关控制一盏灯。（板书：检验修改。）

教师巡视指导学生使用软件。

教师根据检验结果，选择符合要求和不符合要求的电路，手机投屏电路图，请学生评价。

学生自由发表观点。（预设：这个电路图实现了一个开关控制一盏灯，达到要求；这个电路图需要两个开关同时闭合才能点亮灯泡，不符合要求。）

追问：这两个电路图电流流向有什么不同？分别有几条电流回路？

学生自由表达观点。（预设：符合要求的电路有两条电流回路，不符合要求的电路只有一条电流回路。）（板书：一条电流回路；两条电流回路。）

追问：那我们今天设计的电路需要有几条电流回路才能达到任务要求？

学生齐声回答。（预设：两条电流回路。）

小结：模拟安装照明电路，实现两个开关分别控制两盏灯，需要形成两条电流回路。

学生自主修改电路图。（有问题的小组先修改电路图，完成以后举手示意教师，教师查看后再用软件检验。没有问题的小组可以用软件验证未满足要求的电路图，仔细领会两者的差别。）

【设计意图】使用信息化的手段，有利于激发学生学习积极性，学生在此过程中手、脑、眼并用，充分地唤起学习的兴趣，从而达到优化教学内容、提高教学效率、激发创造性思维的良好教学效果。

活动四：安装电路

教师出示房间模型，明确安装标准：美观。

提问：要想使房间的照明电路看起来美观，我们的导线应该如何布置？

学生分组讨论，发表自己的观点。（预设：布线不能杂乱，要美观、整齐；导线不能悬空，需贴墙或贴地，并用胶带固定。）

PPT 出示安装注意事项：两电池盒间不接线；开关在连接电路的过程中应该处于断开状态；设计的电路与实际安装的电路保持一致。

①学生分组活动,根据电路图安装电路并进行测试和调整。(板书:安装电路。)

②小组展示交流。

③小组评价与建议。评价标准:模拟安装的照明电路能否实现两个开关分别控制两盏灯;房间电路是否达到了美观的标准。

小组上台展示作品。(近景拍摄,手机投屏同步直播。)

小结:恭喜大家完成挑战!你们今天已经学会了模拟安装房间的照明电路,以后可以给自己的房间设计电路啦!

【设计意图】根据平面设计图安装实际电路的过程中,最困难的就是从电路图到实际电路的安装,学生联系生活实际讨论安装要求,可以明确电源、灯泡和开关的安装位置以及导线的布置要求。

三、总结

整节课经历了明确任务、设计电路、检验修改、安装电路四个过程,这就是我们工程技术领域要经历的几个主要环节。通过本单元的学习,同学们已经掌握了关于电路的知识,能根据学到的电路知识设计房间的简易电路并完成安装。电可以为我们做很多事,关于电的探索我们才刚刚开始。

【设计意图】总结本次探究实践活动解决问题所用到的思路和科学方法。

四、拓展

在今天设计的电路基础上,再增加一个开关,方便老师出门时直接通过断开这个开关,将房间所有的灯都熄灭。课下学生自主设计电路图,完成挑战。

【设计意图】通过该活动,学生将知识与生活联系起来,学以致用,培养了科学思维和知识迁移能力,明白了科学对生活的重要意义。

【精彩片段】——电路概念模型应用迁移,解决实际问题

师:我们用贴纸材料设计电路,具体怎么做呢?请大家仔细看。(视频演示:三步“贴—连—查”。)

师:明白怎么做了吗?好的,接下来请在5分钟时间内完成电路图的设计,并标出电流流向。小组长在抽屉中拿取1号材料包和1号图纸。

(学生分小组设计电路图。)

师：我们知道，一般设计图出来之后，为了验证它的合理性，设计师们会用电脑软件来进行检验。今天我们也需要用到电路模拟软件来进行检验并修改。请看这个使用视频。（动画讲解电路模拟软件使用方法。）

师：大家学会了吗？接下来请对照你们设计的电路图进行检验。

（学生检验。）

师：老师在巡视的时候，看到有几个小组检验后发现他们设计的电路图不满足任务要求，不能实现两个开关分别控制两盏灯。我把能满足任务要求的电路图和不能满足任务要求的电路图一起上传到电脑给大家看看。

师：请你们比较一下，哪一种达到了设计要求？为什么呀？

生：左边这种达到了设计要求，右边的没有达到设计要求，不能实现一个开关控制一盏灯。

师：这两个电路图电流流向有什么不同？分别有几条电流回路？

生：左边的电路有两条电流回路，右边的只有一条电流回路。

师：那我们今天设计的电路需要有几条电流回路才能达到任务要求？

生：两条电流回路。

师：接下来，请有问题的小组先修改电路图，完成以后举手示意老师，老师帮助你们查看后再用软件检验。没有问题的小组可以用软件验证一下未满足要求的电路图，仔细领会一下两者的差别。

（学生修改、验证。）

师：接下来，我们需要根据设计的电路图来完成实际电路的安装。老师给每个小组带来了房间的模型。请小组长领取。安装的标准：美观。请你们思考一下，要想使房间的照明电路看起来美观，我们的导线应该如何布置？

生：布线不能杂乱，要美观、整齐，导线不能悬空，需贴墙或贴地。

师：你观察生活很仔细，说得好。我们可以用胶带固定导线。

【教学评析】

本环节要求学生运用所学电路知识小组分工合作，设计方案，反思、完善设计，最终完成一个房间照明电路的安装。把知识应用于实践，让学生认识科学与技术的密切联系，体验科技创造中运用科学知识的重要性。从本单元的结构和内容来看，这一课是本单元学习的总结与拓展课，也是典型的科学、技术与工程结合的实践课。只有通过反复实践和积极思考，才能深度理解知识、系统掌握方法、内化稳定态度，促进核心素养的有效发展。

【学习单】

一、设计一个房间的照明电路。

在房间平面图上把开关、灯泡、电源的位置确定下来，用记号笔画线代替导线连接电路，并标出电流流向。

贴纸材料	
	房间电源
	灯泡(两个)
	开关(两个)

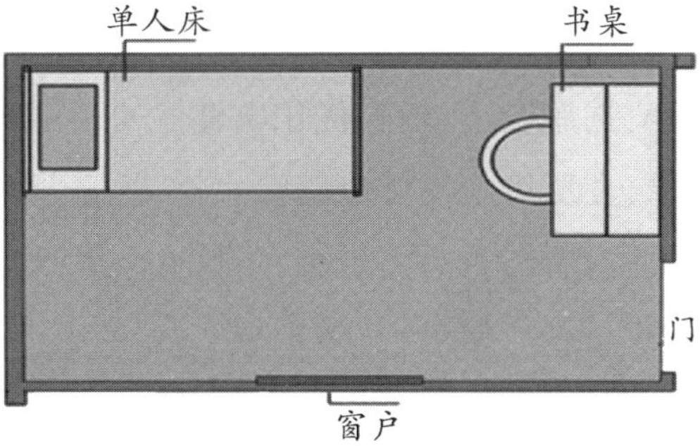

二、电路软件模拟电路，检验并修改。

1. 我们组设计的电路图______实现一个开关控制一盏灯，有________条电流回路。

2. 如果不能实现一个开关控制一盏灯，请你分析出现问题的原因并说说如何修改。

____

____

____

三、模拟安装照明电路。

我们组模拟安装房间的照明电路成功了吗？安装过程中出现了什么问题？怎么改进的呢？

____

____

____

持续反馈与应用设计

项目式作业 点亮班牌项目

【背景及要求】

1. 秋冬季节每天放学临近天黑，家长接孩子心切，都会聚集在校门口。为了让家长清楚地看清班牌，可以借助电路知识，实施点亮班牌项目。

2. 自主选材，设计并制作一款美观并具有吸引力的产品，点亮班牌。

【实施步骤】

1. 自主选材，降低成本。

2. 根据设计需求，画出电路图。

3. 根据班牌大小，选用合适材料，优化电路。

4. 根据设计图纸，在班牌上安装电路。

5. 打开电路开关，看看能否点亮班牌，班牌在无灯光状态下是否清晰可见，控制灯亮灭的方式是否方便可行，并根据实际情况进行调整。

6. 展示交流你的班牌作品。

【展示电路设计图】

请将点亮班牌电路设计图画在下面方框中。

单元教学反思

为了更好地确立本单元的素养目标与实施单元教学,我们首先对学生的现有学习情况进行了分析。发现学生对电的认识已经有了一定的生活经验,如掌握了基本的安全用电常识,知道用电器要接上电源才会工作,但对于生活中的电来自哪里、通电后的电器如何工作等问题认识不足。此外,学生在过去的观察、实验、记录、交流等一系列科学探究活动中已经掌握了基本的科学方法,具有初步的探究实践能力。因此,结合学生的生活经验,选择他们比较熟悉的简单电路作为探究对象贯穿全单元,可以激发学生的学习兴趣,同时也能帮助学生基于现有的概念水平丰富对简单电路的认识。

教学设计根据单元学习进程进行,按照学习进阶设计促进学生自主探究、科学思维、良好合作的教学活动。关注知识间的内在联系,促进知识的结构化和系统化,改变碎片化的教学模式。同时注重核心概念的进阶,强化学段内容间的递进关系,提升学生核心素养。

每一课中,笔者设计了学习单来指导实验,使其成为探究的指南针和实验的方向盘,帮助学生建构知识框架。学习单不仅记录了学生科学思维发展的轨迹,也是教师评价学生学习效果的重要依据。学生根据学习单分析问题、解决问题、归纳总结,有利于培养科学素养,综合提升核心素养。

整个单元的安排结构严密,课与课之间有着学生认识发展上的逻辑关系。从认识电路、电流、开关、电路检测器、导体、绝缘体等这一系列的探究活动最终指向对电的认识。单元学习的总结课突出核心概念在真实情境中的有效应用,加强知识学习与现实生活、社会实践间的联系,注重知识的有效迁移,实现学生对核心概念的深度理解、有效建构和灵活运用。我们要继续坚持引导学生亲身经历科学探究的过程,学会善于观察身边的事物,引导他们逐渐养成尊重事实、注重证据、大胆质疑的科学品质和思维方式。

案例提供者:胡二莉,武汉市青山区钢城第一小学
指 导 教 师:马　晋,武汉市青山区教育局教科研中心

能的转化与能量守恒

案例4　热胀冷缩

单元教学内容规划

（一）本单元学习指向的核心概念及学习进阶路线

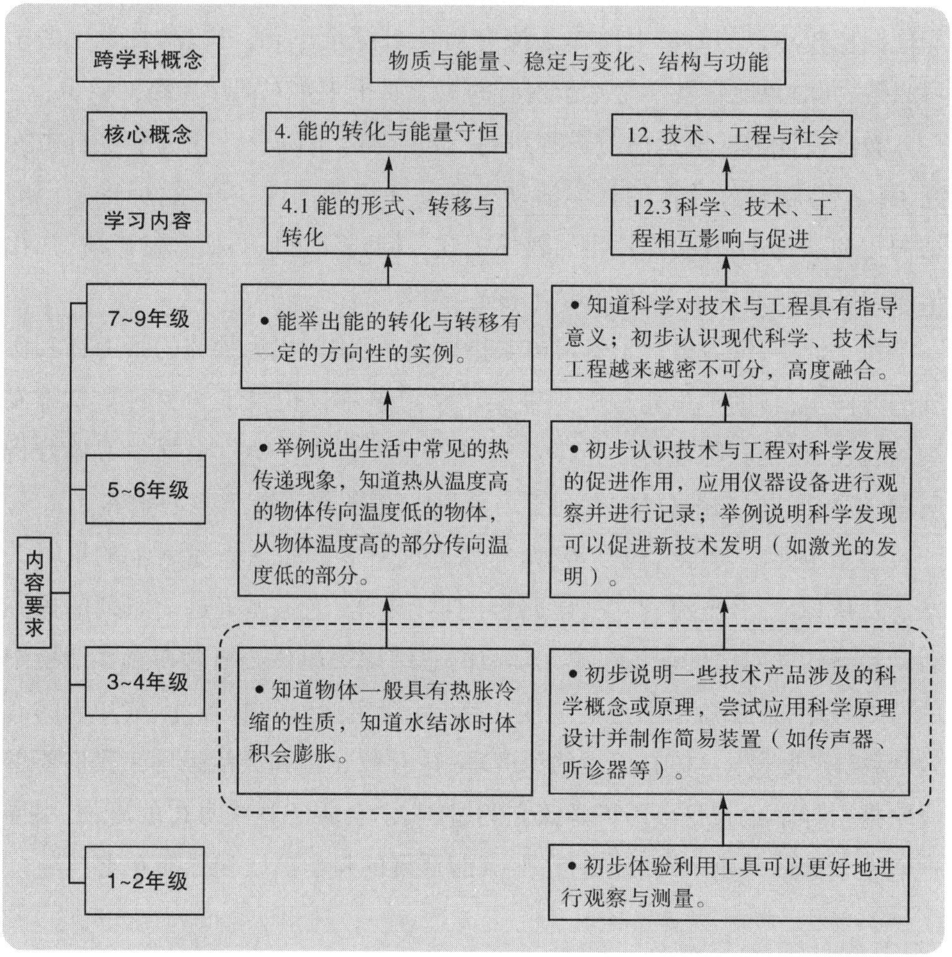

本单元聚焦“能的转化与能量守恒”和“技术、工程与社会”核心概念，落实课标中“能的形式、转移与转化”“科学、技术、工程相互影响与促进”的内容要求。

在物质的一切属性中,运动是最基本的属性。对应物质的各种运动形式,能量有各种不同的形式。能量是一切运动着的物质的共同特性,也是各种运动的统一量度。人类在与自然界打交道的过程中,为了适应自然、改善生存条件而产生了技术。现代技术、工程和科学相互影响与相互促进,越来越密不可分,共同推动了社会进步。

1~2年级学生初步体验利用工具可以更好地进行观察与测量。

3~4年级学生开始知道物体具有能量,知道温度是物体冷热程度的一种表现,并在这个基础上知道物体一般具有热胀冷缩的性质,知道水结冰时体积会膨胀。能初步说明一些温度计应用的科学原理,尝试设计并制作简易温度计。

5~6年级学生能举例说出生活中常见的热传递现象,以及传递方向和伴随的现象。初步认识技术与工程对科学发展的促进作用,能应用仪器设备进行观察并进行记录。

7~9年级学生能举出能的转化与转移有一定的方向性的实例。知道科学技术与工程具有指导意义。初步认识现代科学、技术与工程越来越密不可分,高度融合。

在不断深入和拓展的学习过程中,建构能的转化与能量守恒和技术、工程与社会的概念有助于形成物质与能量、稳定与变化以及结构与功能的跨学科概念。

(二)本单元学习内容的组织线索

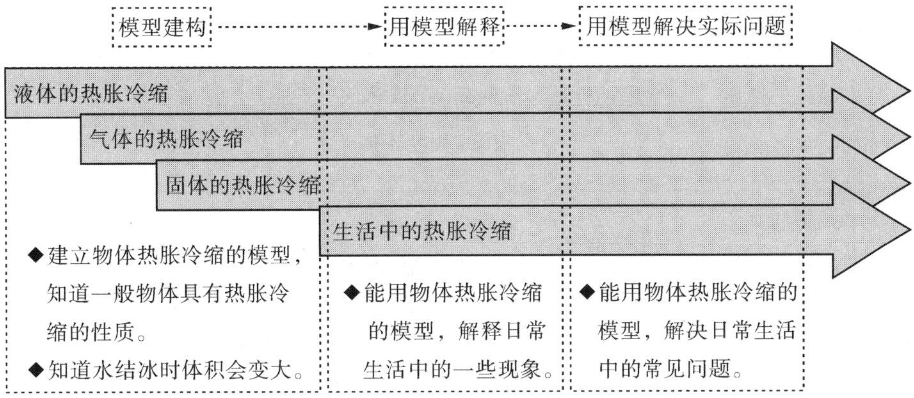

单元学习目标设计

科学观念	1. 知道物体一般具有热胀冷缩的性质,知道水结冰时体积会变大。 2. 知道普通温度计的结构和功能,能说出它的工作原理
科学思维	1. 能用归纳的思维方法概括出物体一般具有热胀冷缩的性质。 2. 能用类比的思维方法,用物体热胀冷缩的性质解释身边的现象。 3. 能用比较的思维方法,探究观察物体热胀冷缩的性质
探究实践	1. 能通过观察发现物体温度变化时体积的变化,并用图文结合的方法记录自己的发现。 2. 能在教师的指导下进行热胀冷缩的验证性实验,并能通过自己的观察,描述出物体热胀冷缩的现象。 3. 能发现日常生活中的热胀冷缩现象,并能应用物体热胀冷缩的原理解决生活中的问题
态度责任	在研究物体热胀冷缩的实践中,激发运用科学的观察方法探究物体性质的兴趣

单元学习评价设计

"热胀冷缩"评价量表

核心素养	评价指标	评价等级			同伴互评	教师评价
		★	★★	★★★		
科学观念	知道物体一般具有热胀冷缩的性质	知道生活中常见的物体有热胀冷缩的性质	知道气体、液体、固体一般具有热胀冷缩的性质,并且热胀冷缩程度不同	知道气体、液体、固体一般具有热胀冷缩的性质,能用物体的热胀冷缩性质解释生活中的现象	☆☆☆	☆☆☆
	知道普通温度计的结构和功能,能说出它的工作原理	知道普通温度计是利用物体的热胀冷缩原理制成的	能说出普通温度计的结构和功能	能说出普通温度计是怎样利用热胀冷缩原理测量温度的	☆☆☆	☆☆☆

续表

核心素养	评价指标	评价等级			同伴互评	教师评价
		★	★★	★★★		
科学思维	能用归纳的思维方法概括出物体一般具有热胀冷缩的性质	能说出多个物体热胀冷缩的现象，证明物体具有热胀冷缩的性质	能说出多个同属性物体(如固体)的热胀冷缩现象，证明该类物体具有热胀冷缩的性质	能说出多个不同属性物体的热胀冷缩现象，并分类说明该类物体具有热胀冷缩的性质	☆☆☆	☆☆☆
	能用类比的思维方法，用物体热胀冷缩的性质解释身边的现象	能用物体的热胀冷缩性质解释身边的现象	能用同种物体在其他方面的热胀冷缩性质解释身边的现象	能用同类别物体的热胀冷缩性质解释身边的现象	☆☆☆	☆☆☆
	能用比较的思维方法，探究观察物体热胀冷缩的性质	能说出物体受冷或受热后，体积发生了变化	能说出物体受冷或受热的现象，并能说明物体的体积发生的变化	能用数据或其他记录描述物体受冷或受热后，体积发生的变化	☆☆☆	☆☆☆
探究实践	能在教师的指导下进行热胀冷缩的验证性实验，并能通过自己的观察，描述出物体热胀冷缩的现象	能在教师的指导下完成物体热胀冷缩的验证性实验，并指出实验现象	能独立完成物体热胀冷缩的验证性实验，并指出实验现象	能独立完成物体热胀冷缩的验证性实验，并记录所需要的数据或现象	☆☆☆	☆☆☆
	能发现日常生活中的热胀冷缩现象，并能应用物体热胀冷缩原理解决生活中的问题	能在教师的引导下发现生活中的热胀冷缩现象	能发现生活中的热胀冷缩现象，并能应用物体热胀冷缩原理进行分析	能发现生活中的热胀冷缩现象，并能应用物体热胀冷缩原理解决问题或进行优化	☆☆☆	☆☆☆

续表

核心素养	评价指标	评价等级			同伴互评	教师评价
		★	★★	★★★		
态度责任	在研究物体热胀冷缩的实践中,激发运用科学的观察方法探究物体性质的兴趣	课堂学习过程中,能积极参与探究过程	课堂学习过程中,能积极参与探究过程,并在课后继续探讨	课堂学习过程中积极参与探究过程,并在课后自主完成拓展学习	☆☆☆	☆☆☆

学生情况分析

本单元是在学生已经对“热”这一概念有所了解的情况下进行学习的。对于四年级的学生来说,他们对热的认识就是能够感觉到烫的物体就是热的,热的物体温度高。在日常生活中学生已经建立起了初步的热的概念,并且知道物体的冷热程度可以用温度来衡量。在这个基础上,和学生一起思考并探讨“物体受热以后有什么变化”这一问题,是可以落实的。学生能够接受物体受热以后,除了温度变高以外,体积也会发生变化。一般是物体受热,体积膨胀;物体受冷,体积缩小。

结合课标要求,本单元需要帮助学生解决“物体受热以后可能会有什么变化”“怎样才能观察到物体受热后的体积变化”“物体的热胀冷缩对我们有什么影响”等问题。学生对气体、液体受热以后体积变大很容易接受,因为实验现象很明显,而对固体受热以后体积会变大却缺少直观的认识。因此需要引导学生把固体受热后体积变化的现象放大,使其变化得更明显,完成经验和知识的相互转化,发展思维能力,在潜移默化中养成综合应用所学的各方面知识解决问题的习惯,体验“学以致用”的成功和乐趣。

单元学习进程设计

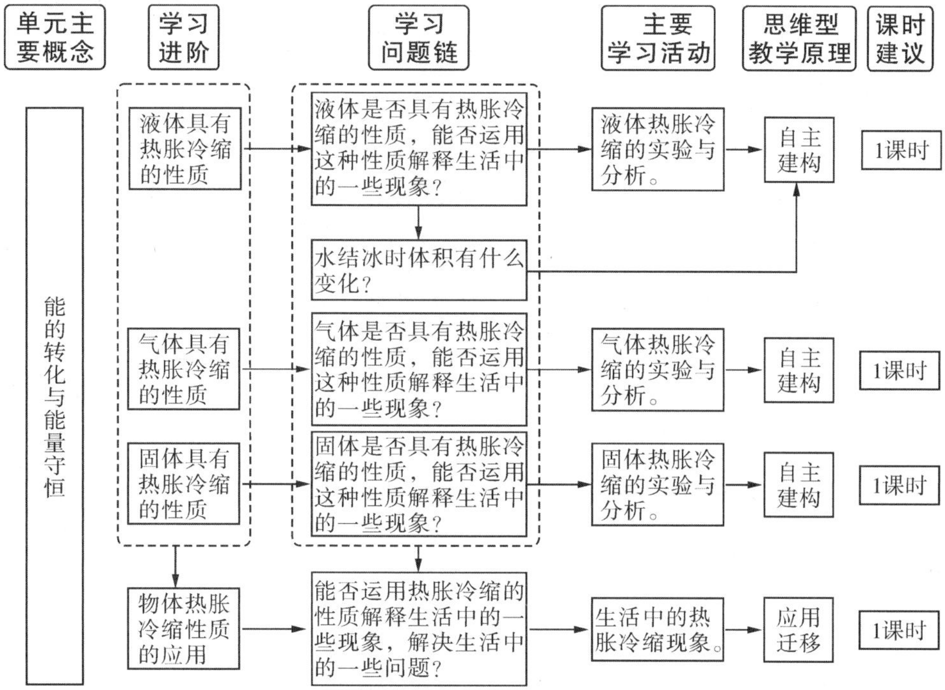

第1课时　液体的热胀冷缩

核心问题：液体是否具有热胀冷缩的性质，能否运用这种性质解释生活中的一些现象？

【教学目标】

1. 能通过实验与分析，知道液体具有热胀冷缩的性质。

2. 能运用液体热胀冷缩的性质解释生活中的一些现象，对知识进行迁移运用。

【教学重难点】

重点：认识到液体具有热胀冷缩的性质。

难点：设计实验验证液体具有热胀冷缩的性质。

【教学准备】

教师准备：多媒体课件、温度计、烧杯、水槽、中间插有细玻璃管的胶塞和配套的烧瓶、高锰酸钾溶液、热水、冷水、板书贴等。

学生准备:烧杯、温度计、热水、冷水、中间插有细玻璃管的胶塞和配套的烧瓶、高锰酸钾溶液、醋、酱油、牛奶、黄酒、学习单等。

【教学过程】

一、创设情境,激发探究液体热胀冷缩的兴趣

1. 创设情境:出示生活中常见画面的视频。(烧一壶水,水烧开后,壶盖被不断顶起,大量"白气"冒出来,水持续往外溢。)

2. 学生对现象进行猜测。(预设:学生提及水变多了,体积变大了。)

3. 教师引导,将学生的探究思路聚焦至液体的体积变化上。

【设计意图】紧贴生活场景,自然导入本课重点,引导学生猜测液体的热胀冷缩现象可能是由温度不同引起的。

二、探究液体的热胀冷缩

活动一:测量两杯水的温度

1. 复习旧知:如何测量一杯水的温度?

2. 出示温度计,让学生回顾使用温度计的注意事项。

3. 引发学生思考:为什么温度计放在热水中液柱会上升,放在冷水中液柱会下降?

4. 简单实验:测量两杯水的温度,并在学习单中填写两杯水的温度。

5. 交流:温度计显示不同示数时,温度计内部的液体呈现出何种变化?

【设计意图】利用简单的实验复习旧知,并由此确定需从液体体积变化入手探究液体热胀冷缩现象的思路。此时的探讨允许学生出现各种猜想,实现对抽象概念的自我认知理解进阶,为探究实验做好铺垫。

活动二:研究水受冷和受热时体积的变化

1. 出示实验装置,小组设计探究水受热和受冷时体积变化的实验,制订实验方案并讨论实验中应该注意的问题。

(学生可根据已有经验做出假设。)

2. 学生自主进行实验探究,记录实验现象,得出实验结论,完成学习单。

(将实验装置放入热水中的现象是__________,将实验装置放入冷水中的实验现象是__________。)

3. 反馈实验结果,全班讨论:水受冷和受热时体积会发生变化吗?是如何变化的？玻璃管是细一点好，还是粗一点好？

4. 总结：通过实验，明确水受热时体积膨胀，遇冷时体积缩小，细玻璃管能够放大体积变化的现象，有利于实验的进行。

【设计意图】学生通过设计实验、自主实验、分享讨论等环节，并根据学习单对液体热胀冷缩的抽象概念进行深入探究。

三、迁移运用，解释常见现象

1. 拓展活动：让学生对自带液体进行液体热胀冷缩实验。

2. 思考并尝试解释：为什么生活中的瓶装饮料都不装满？

【设计意图】对更多液体进行实验，拓宽学生对液体具有热胀冷缩性质的理解。学生尝试迁移运用液体热胀冷缩的性质，对生活中常见的现象进行解释。

【精彩片段】——交流实验方案，引导自我监控，激发思维碰撞

出示实验装置：中间插有细玻璃管的胶塞和配套的烧瓶、高锰酸钾溶液、水槽、热水、冷水。

师：老师今天给大家带来了一套装置，大家刚刚都猜测水受冷和受热时体积会发生变化，那么接下来请各小组开动脑筋，对实验方案和步骤进行设计。

学生分组展开讨论，教师巡回了解学生的活动并做适当的指导。

师：哪个小组愿意来展示你们的实验方案？说说你们是怎么做的。

生1：我们小组觉得可以在细玻璃管中倒入冷水，然后把插有这个细玻璃管的胶塞和烧瓶组装好，先后放到热水、冷水中。（有的学生马上举手了。）

生2：我觉得他们的方法不行，细玻璃管里的水很快就流出来了。

师：你考虑得不错，老师也觉得这个实验方案存在问题。另外，烧瓶里不装水，但里面有什么？

生：空气。

师：对，那就很难分清楚我们看到的现象是细玻璃管里的水受热后产生的变化还是空气受热后产生的变化，你们同意吗？

生：同意。

师：还有小组来分享吗？

生：把有颜色的高锰酸钾溶液放入烧瓶中，观察更方便。然后把插有细玻璃管的胶塞和烧瓶组装好,把装置先后放到盛有热水、冷水的水槽里,观察实验现象。

师:根据你们的猜测,可能会出现什么实验现象?

生:放入热水中,有颜色的高锰酸钾溶液会沿着细玻璃管上升;放入冷水中,溶液会沿着细玻璃管下降。

师:你们小组给大家解释了高锰酸钾的用途,非常好。那等会儿你们试试行不行。还有没有小组有要补充的?

生:我们觉得这个细玻璃管能再细一点就更好了。

师:为什么?

生:越细的话,液面变化得就会越明显,我们看得越清楚。

师:你们同意吗?

生:同意!

师:非常好!你们小组想要改进老师目前的装置了!还有要补充的吗?

生1:我们觉得胶塞要固定得紧一点,不然会漏气。

生2:将烧瓶放入热水中时注意不要烫到手。

师:大家的讨论非常热烈,接下来的实验过程中请一定注意安全、轻声讨论。

【教学评析】

在这个片段中,学生通过小组讨论、全班分享交流等方式,对实验方案、实验步骤、注意事项等进行研讨。给出既定的实验装置后,留给学生一些问题,例如高锰酸钾溶液的作用、细玻璃管的直径大小的讨论等。学生在生生互动中,不断打磨实验方案,改进实验装置,认识到设计是一个不断修正、不断完善的过程。实验前充足的研讨交流可以避免简单错误操作带来的影响,提高实验的效率,也给了学生更多空间进行观察和思考。

【学习单】

活动一:测量两杯水的温度

热水的温度/℃	冷水的温度/℃

活动二:研究水受冷和受热时体积的变化

问题		
实验现象	放入热水中	
	放入冷水中	
实验结论		

第2课时　气体的热胀冷缩

核心问题:气体是否具有热胀冷缩的性质,能否运用这种性质解释生活中的一些现象?

【教学目标】

1. 知道气体具有热胀冷缩的性质,并能设计实验进行验证。

2. 能运用气体热胀冷缩的性质解释生活中的一些现象,对知识进行迁移运用。

3. 初步形成物质世界的概念,能理解世界是物质的,物质是运动和变化的。

【教学重难点】

重点:用多种方法观察空气的热胀冷缩现象。

难点:观察空气体积变化的实验方法的设计。

【教学准备】

教师准备:多媒体课件、板书(板贴)、学生实验材料一套、"鸡蛋钻瓶子"材料一组、滴管、冷水、热水、瘪乒乓球。

学生准备:瓶口套了气球的烧瓶、水槽、热水、温水、学习单。

【教学过程】

一、创设情境,激发探究气体热胀冷缩的兴趣

1. 出示课前小魔术:鸡蛋钻瓶子。

(找一只刚好能塞住瓶口的熟鸡蛋,剥皮后备用。先向瓶内倒入少量热水,振荡后倒掉,赶出部分空气,然后马上将鸡蛋塞在瓶口,随着瓶内空气的冷缩，鸡蛋钻入瓶中。）

2. 这个小魔术到底是怎么回事？你认为鸡蛋钻入瓶中最有可能的原因是什么？

3. 学生讨论。（预设：学生提及空气的热胀冷缩。）

4. 学完今天这一节课，就可以解开谜团。

【设计意图】由简单且现象明显的小魔术出发，激发学生的学习兴趣，聚焦本节课的研究主体：空气。学生基于液体热胀冷缩的学习，对抽象的热胀冷缩概念有初步的认识和理解，螺旋进阶思维提示本节课的立足点可略高于液体的热胀冷缩一课。

二、探究气体的热胀冷缩并解释其本质

活动一：实验方案的设计与完善

1. 小组讨论：学生以小组为单位，利用出示的实验材料设计实验方案。

2. 组内交流：在实际操作时需要注意什么？

3. 全班分享：小组分别汇报，并进行实验方案的完善。

【设计意图】本部分可以结合学情由学生开放完成。鼓励学生基于探究液体热胀冷缩的经验，独立完成实验方案的设计、实验操作注意事项的归纳总结。

活动二：研究气体受热和受冷时体积的变化

1. 小组实验探究：把瓶口套了气球的烧瓶依次放入热水、冷水中，观察气球的变化并画图记录。

2. 师生交流实验现象，得出结论，并完成学习单。

3. 师出示空气和液体热胀冷缩的事例，提问：与液体相比，空气的热胀冷缩有什么特别的地方？（预设：空气比液体的热胀冷缩现象更明显。）

【设计意图】学生进行气体受热和受冷时体积变化的探究实验，得出气体具有热胀冷缩现象。对比液体、气体的热胀冷缩，引导学生得出气体的热胀冷缩现象更明显。

活动三：解释热胀冷缩现象

1. 游戏：模拟“空气微粒”运动的游戏。一部分同学扮作空气微粒，站在中间，另一部分同学手拉手围成一个圈扮作气球。“空气微粒”或安静或手舞足蹈剧烈运动,观察扮作气球的同学们需要围成的圈有何不同。

2. 在学习单中,用图画的形式记录解释热胀冷缩现象。

3. 师生交流。

4. 师做总结。

【设计意图】学生学习了一些关于物体热胀冷缩的知识,对物体的热胀冷缩现象有一定的了解,但依据实验现象对抽象概念进行解释仍然是十分困难的一步。本环节设计模拟游戏,学生可以具象感受微粒层面的物质运动,便于画图记录解释热胀冷缩现象。

三、迁移应用,解释常见现象

1. 运用热胀冷缩现象解决问题:一个被踩瘪但还未漏气的乒乓球,如何修复它,让它完好如初?说出方法并说明道理。

2. 知识迁移应用:解释孔明灯、热气球为什么能上天。

【设计意图】学生观察和描述现象的能力有待提高,提供更丰富的类似实验对象可培养学生的迁移能力。学生运用所学知识解释实验现象的能力较弱,充足的研讨有利于思维的发散。

【精彩片段】——组织模拟游戏,立足学生特点,促进自主建构

师:温度变化,液体和空气的体积都会发生变化,这是怎么回事?

师引导:我们紧挨着站在教室的中间和每个人都在教室里活动时,哪种情况占据的空间大?

生(预测):每个人都在教室里活动时占据的空间大。

师:那让我们做一个模拟“空气微粒”运动的游戏。请一部分同学扮作空气微粒,站在中间,另一部分同学则手拉手绕着“微粒”围成一个圈,扮作气球。当“空气微粒”安静地挨个站在中间时,拉手的同学围成一个圈,在地面上做好记号。当“空气微粒”手舞足蹈或剧烈运动时,拉手的同学围成另一个圈,在地面上做好记号。

生做游戏。

生1:我发现大家开始剧烈运动时,气球圈就变大了。这说明空气的热胀冷缩和空气的体积变化有关。

生2:这种体积的变化可能和空气微粒的运动有关。

师：两位同学分析得很到位。通过这个游戏，我们能解释物体的热胀冷缩了吗？请大家在学习单中，用图画的形式记录解释。

生1：气体和液体都是由很小的微粒组成的，温度低的时候，它们安静，占据的空间小，温度高的时候，它们剧烈运动，占据的空间大。

生2：安静或者剧烈运动时，微粒本身的大小不变，应该是它们之间的距离不一样了。

师：是的，物体都是由微粒组成的，而微粒总在不停地运动着。物体的热胀冷缩和微粒运动有关：当物体吸热升温时，微粒加快了运动，微粒之间的距离增大，物体就膨胀了；当物体受冷时，微粒的运动减慢，微粒之间的距离减小，物体就收缩了。

【教学评析】

本环节通过游戏和画图的方式来对热胀冷缩的原因进行解释，表达方式更简单，学生理解更充分，对抽象概念的解释更清晰。学生通过简单的活动，可以初步建立物质世界的观念，理解世界是物质的，物质是运动和变化的。

【学习单】

活动二：研究气体受热和受冷时体积的变化

问题：空气在受热和受冷时，体积会有什么变化？

实验设计：

1. 用气球嘴套住烧瓶瓶口。
2. 将烧瓶放入热水中，观察气球的变化并画图记录。
3. 将烧瓶放入冷水中，观察气球的变化并画图记录。

放入热水中	放入冷水中

实验结论：______________________________。

活动三：解释热胀冷缩现象

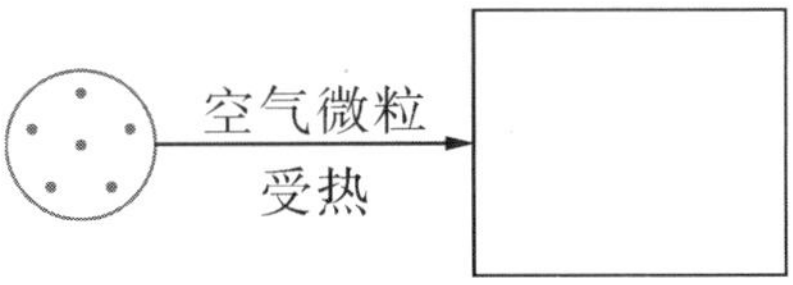

第3课时　固体的热胀冷缩

核心问题：固体是否具有热胀冷缩的性质，能否运用这种性质解释生活中的一些现象？

【教学目标】

1. 能通过实验与分析，知道固体具有热胀冷缩的性质。

2. 能运用固体热胀冷缩的性质解释生活中的一些现象，对知识进行迁移运用。

【教学重难点】

重点：用多种方法观察固体的热胀冷缩现象。

难点：观察固体热胀冷缩时体积变化的实验方法的设计。

【教学准备】

教师准备：水、酒精灯、烧杯、铜球、金属环、圆铁片、钢条、有槽的木板、三脚架、酒精灯、大头针、小铁钉、火柴等。

学生准备：水、酒精灯、烧杯、铜球、金属环、圆铁片、钢条、有槽的木板、三脚架、酒精灯、大头针、小铁钉、火柴、学习单等。

【教学过程】

一、事例导入，聚焦学习内容

1825年，英国铺设的第一条铁路在铁轨间没有留缝隙。结果到了夏天，铁轨有的歪歪扭扭，有的朝上拱起；到了冬天，铁轨则发生了断裂。是什么原因使英国的第一条铁轨发生了扭曲和断裂呢？人们为了解决这个问题，在铁轨间留缝隙又是什么道理？同学们，你们想不想知道答案呢？好，这节课我们就带着这些问题，用实验的方法来研究固体的热胀冷缩。

【设计意图】从真实事例出发,锻炼学生解决实际问题的思维能力,引导学生聚焦本课的学习内容,引出本课的研究对象——固体,帮助学生提出问题,激发学生参与本课后续学习的动机,创设思维碰撞的情境。

二、探索固体是否具有热胀冷缩的性质

1. 问题引领,实验探究

(1)我们知道液体、气体具有热胀冷缩的性质,那么固体会不会热胀冷缩呢?有没有实验可以证明一下?

(学生观察,交流讨论,确定实验方法。)

(2)教师出示实验材料:这里有一个铜球,还有一个金属环,铜球刚好能通过金属环。想一想我们怎样利用这些实验材料来证明我们的猜想。(通过分析材料引导学生思考实验的方法。)

(3)你们认为这个实验应该怎样做?根据什么现象知道金属球有没有热胀冷缩的性质?请大家交流讨论,汇报实验方法。

(学生交流讨论,汇报实验方法。)

(4)先按学生汇报的方法演示实验,再让学生自己动手实验并完成学习单。(学生自己选择实验材料,让学生真正成为实验的组织者,从探究中体验实验现象,对科学结论的提出加深理解。)

(5)小结:通过实验,我们发现铜球具有热胀冷缩的性质。(汇报实验结果时,给学生留出探索空间,让学生进行自主的探索与交流。)

【设计意图】通过直接明确的实验指向证明本课的重点科学观念——固体具有热胀冷缩的性质。在学习的过程中把重点放在对实验材料的解读和实验结果的观测、分析上,锻炼学生的实验设计、实验分析能力,同时锻炼学生思维的严密性。

2. 深入思考,自主探究

(1)刚才我们用实验证明了铜的热胀冷缩,那是不是就可以说金属具有热胀冷缩的性质呢?

(2)学生交流讨论。

(3)如何来验证金属具有热胀冷缩的性质呢?(给学生提供大胆表达和相互交流学习的空间。)

(4)出示实验材料：圆铁片、钢条、有槽的木板、三脚架、酒精灯、大头针、小铁钉等。

(5)引导学生根据材料设计一个实验装置，猜想根据什么现象知道圆铁片或钢条有没有热胀冷缩的性质。学生讨论设计实验方法，分组实验，交流观察到的现象。(学生自己动手实验，培养学生的探究能力及团结合作精神。)

(6)小结：我们发现圆铁片和钢条也具有热胀冷缩的性质。

【设计意图】通过探究更多金属的热胀冷缩现象，帮助学生树立科学的探究态度，知道科学的探究和思维不能以偏概全，在进行归纳的时候，不能只依据一个证据就得出结论。

3. 分析概括，迁移思考

(1)铜球、圆铁片和钢条都有热胀冷缩的性质，那么是不是所有的金属都会热胀冷缩呢？

(2)阅读介绍各种金属热胀冷缩现象的资料。

(3)总结：通过前面的学习，我们知道了许多金属都有热胀冷缩的现象。但也有少数金属是热缩冷胀的，如锑和铋。(让学生认识到热缩冷胀现象的存在，而且这种特殊性质也被运用到人类生产生活中了。)

(4)应用结论，解答课前问题。

师：同学们，我们的实验已经做完了。你想到“是什么原因使英国的第一条铁轨发生了扭曲和断裂”了吗？

生回答。

师：同学们太聪明了！一个小铜球受热时只增大了一点点，如果是很长的铁轨，变化可就大了。有实验得出：温度每升高1摄氏度，1千米长的铁轨会伸长1厘米，同时产生巨大的力量。那怎么预防铁轨发生这种现象呢？请同学们帮忙出出主意。

生观看铁轨的图片和设计原理的介绍资料，思考回答。

【设计意图】学习是为了应用，在帮助学生建立固体能热胀冷缩的概念后，引导学生尝试利用这个科学观念解释相关的典型现象，在锻炼思维能力的同时让学生感受到学习成果得到真实应用的成就感。

三、拓展思考热胀冷缩的利弊

师:同学们亲手做实验,在共同学习的基础上我们得出了结论——固体、液体和气体都有热胀冷缩的性质。这种性质对我们的生活有什么影响?凡是这样的问题在思考时都要从有利和不利两方面去收集信息,这叫作辩证地看问题。

师:第1组和第2组汇报热胀冷缩对生活有利的影响,第3组和第4组汇报热胀冷缩对生活不利的影响。注意,不要重复汇报。

学生收集信息,交流并汇报。

教师总结:我们通过实验得知,固体、液体和气体都有热胀冷缩的性质。这种性质对我们的生活有一定的影响,我们平时要留心观察生活中的热胀冷缩现象,学会利用热胀冷缩为我们的生活服务。

【设计意图】帮助学生理解技术与工程对人们生活生产和社会的影响,以及科学、技术、工程的相互影响,帮助学生树立辩证思维。

【精彩片段】——开展探究研讨,寻找实验证据,实现自主建构

师:我们知道液体、气体具有热胀冷缩的性质,那么固体会不会热胀冷缩呢?有没有实验可以证明一下?

(学生交流讨论。)

生1:我们觉得固体会热胀冷缩。可以找一个钉子,先测量出它的长度,再把它放到热水里加热后,再测量它的长度,看看有没有变化。

生2:我觉得可以把钉子放在火上烧一下。

师:为什么呢?

生2:因为我觉得热水的温度太低了,可能变化不明显。

生1:放在火上烧太烫了,不能测量加热后的长度。

生2:小心一点就是了。

生3:直接放到钢尺上,就可以量出长度了。

师:那我们两种方法都试试,这两种方法分别需要什么器材?

(学生领取器材,进行实验。)

师:有什么发现?

生1:钉子的长度没有变化。

生2:钉子没有热胀冷缩。

师:大家同意这位同学得出的“钉子没有热胀冷缩”这个结论吗?

生:不同意,应该是钉子膨胀的幅度太小了,我们的尺子测量不出来。

师:我们需要更精确的实验器材,是吗?(出示配套材料)我们用这套材料试试,你能通过观察知道它的实验方法吗?

……

(逐步引导学生得出“铜球能热胀冷缩”。)

【教学评析】

在上面的教学片段中,教师充分调动了学生的自主建构意识:自己设计实验、寻找证据,自己对收集到的证据进行评价分析,总结结论。同时在寻找证据的过程中,教师还预设了一个认知冲突——观察到的实验现象不明显,不能得到支持实验前猜测的证据。基于这个结果,学生自然意识到,必须改进实验的方法,使实验现象更明显。在这个氛围中,教师再拿出金属环这一有结构的材料,引导学生深入探究思考,帮助学生树立实事求是的意识,承认前面设计的实验中收集到的证据不能得到想要的结论,要么接受实验的结论,要么改进实验的方法和器材。通过改进实验方法和实验器材,真正直观明确地观察到金属的热胀冷缩现象,在此基础上引导学生自主建构出“铜球能热胀冷缩”的概念。

在整个学习活动过程中,教师只是对学生的观察进行引导,学生自己从实验的现象中一步步分析、思考、迁移、应用,最终为自主建构“固体能热胀冷缩”概念找到了依据。

【学习单】

活动指导:

1. 在常温下确认铜球恰好可以通过金属环。

2. 准备一杯冷水,点燃酒精灯。

3. 将铜球放在酒精灯上,用外焰加热一段时间。

4. 将加热的铜球放入金属环,观察铜球是否可以通过,记录实验结果。

5. 将铜球放入冷水中1分钟后拿出来,将其放入金属环,观察铜球是否可以通过,记录实验结果。

6. 还原实验器材。

观察到的实验现象：________________。

实验结论：________________。

第4课时 生活中的热胀冷缩

核心问题：能否运用热胀冷缩的性质解释生活中的一些现象，解决生活中的一些问题？

【教学目标】

1. 了解生活中的热胀冷缩现象，并能用物体的热胀冷缩性质解释一些生活中的现象。

2. 能初步运用物体的热胀冷缩性质解决一些简单的生活问题。

3. 培养学生应用科学技术为人类服务的意识和科学创造的本领。

【教学重难点】

重点：了解生活中的热胀冷缩现象，并能用物体的热胀冷缩性质解释一些生活中的现象。

难点：能初步运用物体的热胀冷缩性质解决一些简单的生活问题。

【教学准备】

教师准备：加热垫子、瓶口套了气球的瓶子、三个瘪乒乓球（其中一个是破的）、盖紧盖子的瓶子、热水、温度计等。

学生准备：热水、温度计、学习单等。

【教学过程】

一、聚焦

师：今天老师给你们带来一个小魔术，请同学们仔细观察。

（魔术演示：将瓶口套了气球的瓶子放在加热垫子上，气球渐渐鼓起来。）

提问：你们知道这是为什么吗？

【设计意图】用学生能够理解的小魔术聚焦本课的学习内容——物体的热胀冷缩，锻炼学生观察分析的思维能力，同时向学生展示科学知识的趣味性，激发学生的学习兴趣。

二、探究

出示三个瘪乒乓球,提问:你有什么办法让这三个乒乓球重新鼓起来?

学生思考、讨论、尝试解释。

引导学生用物体的热胀冷缩性质来解释,并要求详细说明。

师:你知道为什么物体受热会膨胀,受冷会缩小吗?

学生思考,个别回答。

师:其实,物体是由很多很多粒子组成的,而物体内粒子的运动会随温度改变。当温度上升时,粒子运动的剧烈程度加大,使物体膨胀;当温度下降时,粒子运动的剧烈程度便会减小,使物体收缩。

师:你能用这一现象解释乒乓球鼓起来的原因了吗?

学生独立思考,解释原因:瘪了的乒乓球遇到热水,里面的空气膨胀,因此乒乓球恢复原状。

师:同学们真棒,能够用所学的知识解释生活中的现象。

【设计意图】通过让学生自己应用所学的科学观念解决日常生活中的问题、解释日常生活中看到的现象,提升学生利用科学观念、科学思维解决实际问题的能力。

三、拓展

出示生活中热胀冷缩现象的图片,引导学生思考其原理。

(1)夏天,自行车的轮胎气不能打太足;

(2)刚煮熟的鸡蛋用冷水浸一会儿,蛋壳更容易剥掉;

(3)立交桥路面上会留缝隙;

(4)罐头的瓶盖很难打开,用开水烫后容易打开。

学生独立思考,然后小组交流讨论,完成学习单。

全班交流汇报,教师适时引导(从温度方面去考虑)。

归纳原理:现在你能解释图片中的原理了吗?

(1)夏天,自行车不能打太足的气是因为车胎里面的气体受热膨胀,气打太足了容易爆胎。

(2)把煮熟的鸡蛋放在冷水中浸一浸,就很容易剥开,这是因为蛋壳和蛋白的收缩程度不一样。

(3)水泥路面隔一段就要开一条槽,就是为了防止路面热胀冷缩发生扭曲和断裂影响通行。

(4)罐头很难打开,是因为工厂生产时放进去的食物是热的,气体膨胀,冷却后里面气体体积减小,外面大气压大于内部的气压,所以难打开;而用开水烫罐头可以使里面的气体膨胀,这样就很容易打开了。

师:热胀冷缩的现象在生活中很常见,你能再举个例子吗?

生:体温计就是利用水银热胀冷缩的性质制作而成,温度高了水银柱上升,温度低了水银柱下降。

将开水倒入冷玻璃杯中,玻璃杯受热膨胀容易破碎。

铁轨对接、桥梁对接要留有伸缩缝。

……

师:同学们真会观察,真会发现,老师希望你们做一个爱观察、爱思考的孩子!

【设计意图】发散学生思维,引导学生发现更多日常生活中热胀冷缩现象和原理的应用,培养学生科学观察和科学思维的能力,使学生体验科学学习的乐趣。

【精彩片段】——设置认知冲突,转换思维角度,实现应用迁移

师:(出示三个瘪了的乒乓球)谁能帮忙让这三个球鼓起来?

生:我能。

师:用什么办法?你先说一说。

生:我先把瘪乒乓球放入杯子里,然后倒入热水,乒乓球被热水一泡就会鼓起来。

师:真行吗?请你上台试试看。

(把两个鼓起来的球拿给老师。)

师:还有一个呢?

生:鼓不起来了。

师:它为什么鼓不起来呢?

生:(仔细观察后)剩下的这一个,因为有了裂缝,乒乓球里受热的气体从裂缝处跑出去了,所以鼓不起来了。

师:真的是这样吗?你怎么知道乒乓球里受热的气体从裂缝处跑出来了?

生:刚才有小气泡从乒乓球里跑出来。

师:同学们觉得他刚才的实验和说法能证明乒乓球恢复形状是利用了气体受热后体积膨胀的原理吗?

生:能。

师:那么,关于剩下的这个乒乓球没有鼓起来的原因,他的解释你们接受吗?

生:接受。

师:你们看到小气泡了吗?就算看到小气泡,到底是乒乓球里面的空气受热膨胀,还是水进去了把空气挤出来了呢?

生1:看看那个乒乓球里有没有水。

生2:放到冷水里看看有没有气泡就可以了。

(学生上台,先把乒乓球放到冷水里,没有气泡出现,乒乓球里面并没有水,再把乒乓球放到热水里,有气泡出现,乒乓球里也没有水。)

师:你们能试试解释刚才看到的现象吗?小组里互相说说。

【教学评析】

以上的教学片段中,教师让学生自己利用物体热胀冷缩的原理把瘪了的乒乓球恢复原状,在学生尝试的过程中,又设置了“破的乒乓球”这一看似失败的尝试,引发学生的认知冲突,在冲突中引导学生观察、思考:不仅仅是重新鼓起来的乒乓球证明了空气受热会膨胀,破的乒乓球也证明了空气的这一性质。在这个过程中,充分展示了思维型教学原理中的认知冲突和应用迁移在学生学习过程中的强大作用。学生把自己课堂上学到的空气具有热胀冷缩的性质应用到日常生活情境中去解决问题,能认识到课堂和生活是紧密联系的,突破课堂和日常生活的壁垒,形成应用课堂学习内容解决日常生活问题的意识;另外,在迁移应用的过程中,会出现新的问题,形成新的认知冲突,在解决新问题的过程中,学生的学习活动更深入、认知更深刻。

【学习单】

序号	生活中的问题或现象	谁在热胀冷缩

持续反馈与应用设计

项目式作业一 寻找生活中的热胀冷缩现象

【任务】

热胀冷缩是日常生活中常见的现象。我们有时候会利用物体的热胀冷缩现象来帮助我们,有时候要避免热胀冷缩现象造成的不好的结果。请留意观察生活中的现象,利用现代技术查阅相关资料,做好记录,并分享给自己的小伙伴们。

【要求】

留意观察生活中的现象,了解生活中热胀冷缩给我们带来的影响及解决办法。

生活中的现象	谁在热胀冷缩	给我们的帮助或可能造成的后果	我们的办法

项目式作业二 制作温度计

【任务】

物体的热胀冷缩现象是物体对温度高低的一个反映,我们已经知道了常见的物体具有热胀冷缩的性质,那么我们能不能根据物体的这个性质做一个温度计呢?

【要求】

根据物体的热胀冷缩性质，制作一个有刻度的温度计，并能用制作的温度计测量温度。

【材料】

水、红色染料、玻璃瓶、细玻璃管、橡胶塞、记号笔、卡纸、胶带。

【制作方法】

1. 把染红的水装到玻璃瓶中，尽量装满。

2. 按照细玻璃管的粗细，在橡胶塞中间打个孔，把细玻璃管插入，将细玻璃管与橡胶塞接触部位密封好。

3. 用带有细玻璃管的橡胶塞把玻璃瓶塞紧，调整水量，使红色液柱在细玻璃管的中间偏下位置。

4. 把卡纸裁成和细玻璃管长度一致的长条，粘在细玻璃管上。

5. 把玻璃瓶浸没在冰水混合物中，液柱不再下降后画出 0 ℃，把玻璃瓶浸没在沸水中，液柱不再上升后画出 100 ℃。

6. 把 0 ℃和 100 ℃之间的部分平均分成 10 格，每一格再平均分成 10 小格。

【注意】

1. 橡胶塞不能漏水。

2. 细玻璃管要长一点，不然红色水容易溢出。

3. 寻找 0 ℃位置时，冰要多一点，保证装有红水的玻璃瓶始终都浸没在冰水混合物中。

【评价】

“自制温度计”评价标准

评价内容	A	B	C
结构	结构完整、美观	结构完整，制作粗糙	结构不完整或制作有缺陷
功能	能较准确地显示温度变化	能显示温度变化，但准确性不足	不能显示温度变化

单元教学反思

本单元的教学根据四年级学生思维发展水平，在学生的学习过程中进行组织、引导和激发。通过创设学习情境，产生认知冲突，激发学习动机。通过有层次的教学帮助学生进行自主建构，引导学生进行实验设计、预测分析，实现自主监控。教学过程中，联系生活中的现象并结合常用工具的分析，帮助学生实现知识的应用迁移。

在这个单元的学习中，学生在研究了铜有热胀冷缩的性质后，还研究了其他金属是否具有这种性质。根据学生学习状态的不同，教师可以两次实验采用同一种方法，降低学习难度，也可以鼓励学生创造性地用其他方法证明。教师提供多种实验器材，并且让学生自由选择，不仅可以激发学生的动机冲突，体现研究方法的多样化，还能使学生的主体性体现得更加突出，学生的探究兴趣也会更加高昂。

本单元的探究内容属于同类型的实验，因此教师完全可以鼓励学生进行自主建构，并在小组内尝试自主监控，让学生自己思考能不能有更多的证据可以证明物体具有热胀冷缩的性质。可以引导学生对自己的实验设计进行分析，猜测实验可能出现哪些现象，根据这些现象分别可以得到什么结论，需要用到哪些材料和工具，哪些是可以完成的，哪些还不能完成。同时提醒学生，也可以对其他人的设计进行分析，并且把能完成的实验罗列出来，有选择地做做看。这样一个开放性的问题，就可以调动学生所有的知识经验，加上教师恰到好处的引导，就能完成一个高效高质的单元学习。

案例提供者：林　波，杭州市钱塘区听涛小学
雷丽丹，杭州市钱塘区新湾小学
言金平，杭州市钱塘区新湾小学
指导教师：李　霞，杭州市基础教育研究室附属学校

生命系统的构成层次

案例5　动物大家族

单元教学内容规划

（一）本单元学习指向的核心概念及学习进阶路线

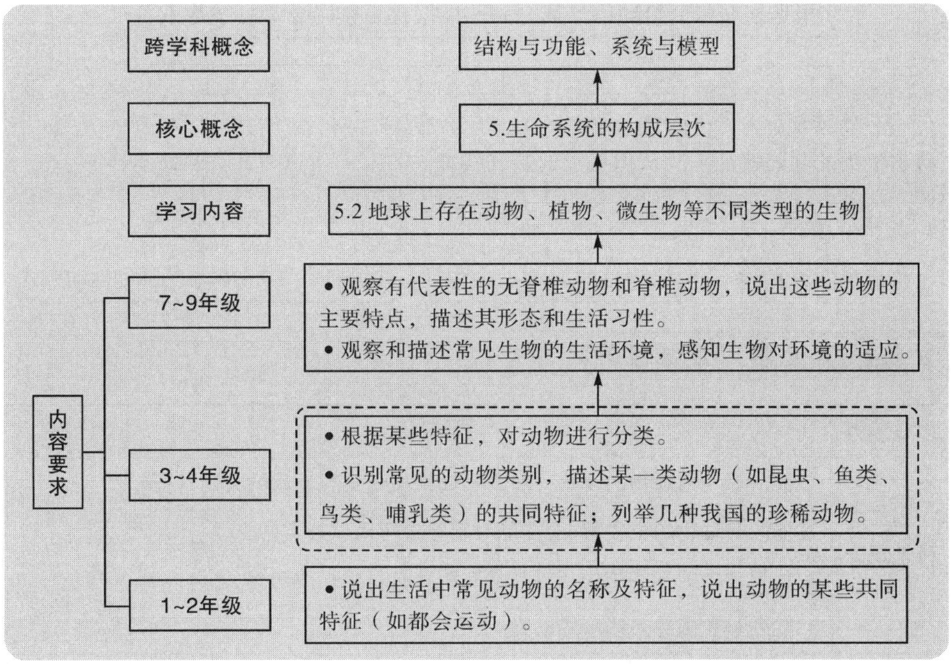

本单元聚焦“生命系统的构成层次”核心概念，落实课标中“地球上存在动物、植物、微生物等不同类型的生物”的学习内容要求。

生命系统是一种复杂的开放系统，与其他物质系统一样具有层次性，遵循自然界的共同规律。

1～2年级通过观察认识生活中常见动物的外部形态特征，概括动物的某些共同特征。

3～4年级通过观察和分析，对常见动物进行识别和分类，并描述分类依据，能描述某一类动物的共同特征。

7～9 年级阐明生物分类的方法和分类等级，观察描述动物的主要特点及其形态和生活习性。关注生物圈的保护，感知生命的复杂性、开放性和层次性。

在层层深入的学习过程中，建构了生命系统具有层次性的概念，也有助于学生形成结构与功能、系统与模型等跨学科概念。

（二）本单元学习内容的组织线索

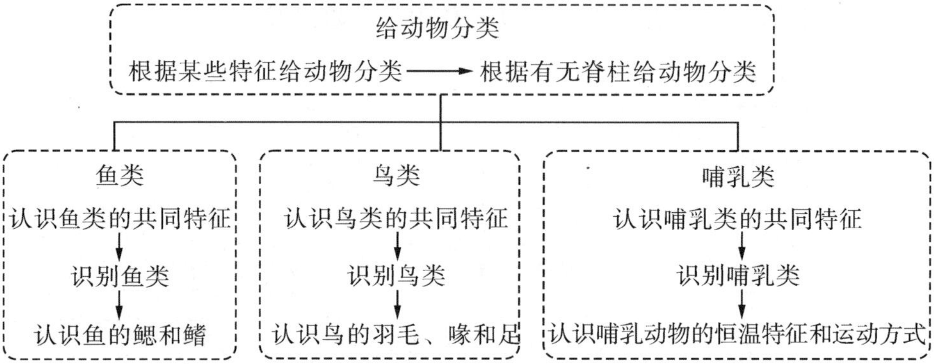

单元学习目标设计

核心素养	学习目标
科学观念	1. 能从对一组动物的观察、比较中，归纳概括某类动物的共同特征。 2. 能区分动物的主要特征，并能对动物进行简单分类。 3. 认识动物的某些结构与行为具有维持自身生存的功能。 4. 能列举我国的一些珍稀动物
科学思维	1. 根据某些特征给动物分类，能够识别常见的动物类别。 2. 观察并描述具体事物的构成要素，分析并表达要素之间的关系，找到它们之间的共同特征。 3. 利用模型解释简单的科学现象
探究实践	1. 乐于观察小动物，举例说出动物通过皮肤、四肢、翼、鳍、鳃等器官接触和感知环境。 2. 运用感官或选择恰当的工具、仪器，观察并描述对象（动物）的外部形态特征和现象，用比较科学的词汇、统计图表等记录和整理信息，并运用分析、比较、推理、概括等方法，分析结果，得出结论

续表

核心素养	学习目标
态度责任	1. 善于合作,乐于分享,形成热爱动物、保护动物的意识。 2. 能如实记录和报告观察与实验的信息,具有基于事实表达观点的意识。 3. 能有依据地质疑别人的观点,尝试运用不同的思路和方法完成探究和实践。 4. 愿意分享自己的想法,乐于倾听他人观点,改进和完善探究活动

单元学习评价设计

单元学习评价设计一

“动物大家族”评价量表

核心素养	评价指标	评价等级			同伴互评	教师评价
		★	★★	★★★		
科学观念	区分动物特征,有分类意识	在教师的引导下,认识常见动物的某些特征,体会动物分类的必要性	在教师的引导下,了解常见动物的某些特征,初步分析动物的某些结构与功能的作用,体会动物分类的必要性	能独立分析动物的某些结构具有维持自身生存的功能,体会动物分类的必要性	☆☆☆	☆☆☆
科学思维	比较动物共同特征,进行分类	能在教师的引导下,比较动物的某些共同特征	能在教师的引导下,比较动物的某些共同特征,根据不同方法进行分类	能独立比较动物的某些共同特征,根据不同方法进行分类,基于动物之间的功能相似性进行类比	☆☆☆	☆☆☆

续表

核心素养	评价指标	评价等级			同伴互评	教师评价
		★	★★	★★★		
探究实践	选择恰当工具观察动物特征，记录整理信息，得出结论	能在教师的引导下，运用感官或选择恰当工具、仪器观察动物外部形态特征	运用感官或选择恰当工具、仪器观察并概括动物外部形态特征，简单记录和整理信息	运用感官或选择恰当工具、仪器观察并概括动物外部形态特征，用较准确的科学词汇、统计图表等记录和整理信息，分析结果，得出结论	☆☆☆	☆☆☆
态度责任	乐于探究，分享科学心得	对研究动物的分类、共同特征表现出探究兴趣	能在好奇心的驱使下，表现出对动物某些特征的探究兴趣，并能运用一定的方法探究科学问题	乐于合作交流，运用一定的方法探究科学问题；如实记录和报告观察与实验的信息；愿意分享自己的科学想法	☆☆☆	☆☆☆

单元学习评价设计二

探究“脊柱的作用”检测单

将脊柱模型（如下图）立在桌面上，先让上面的线轴向一侧倾斜，再让上面的线轴向不同的方向倾斜。

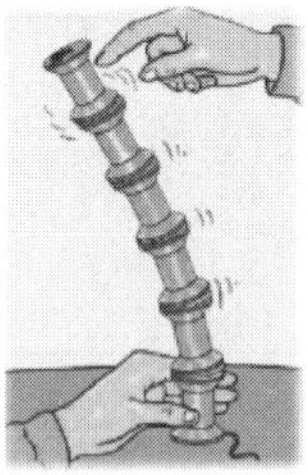

（1）实验发现：____。

(2)如果脊柱不是一节一节的,而是一整根,那我们的身体会出现什么情况?

____。

学生情况分析

学生在低年段的学习中认识了常见的动物并观察其特征,形成了有关动物的初步概念。他们已具备一定的观察能力,探究能力也有了很大的提高,对周围世界有着强烈的好奇心和探究欲望,乐于动手操作具体形象的物体。本单元对动物的研究从重点关注动物个体的外部形态特征过渡到关注动物类别的共同特征,引导学生识别常见动物的类别,描述某类动物的共同特征,了解与某类动物本质特征相关的器官的结构和功能。培养学生自主获取知识和自主进行科学探究的能力,也为学生在高年级段研究生物与环境的关系等打下基础。

单元学习进程设计

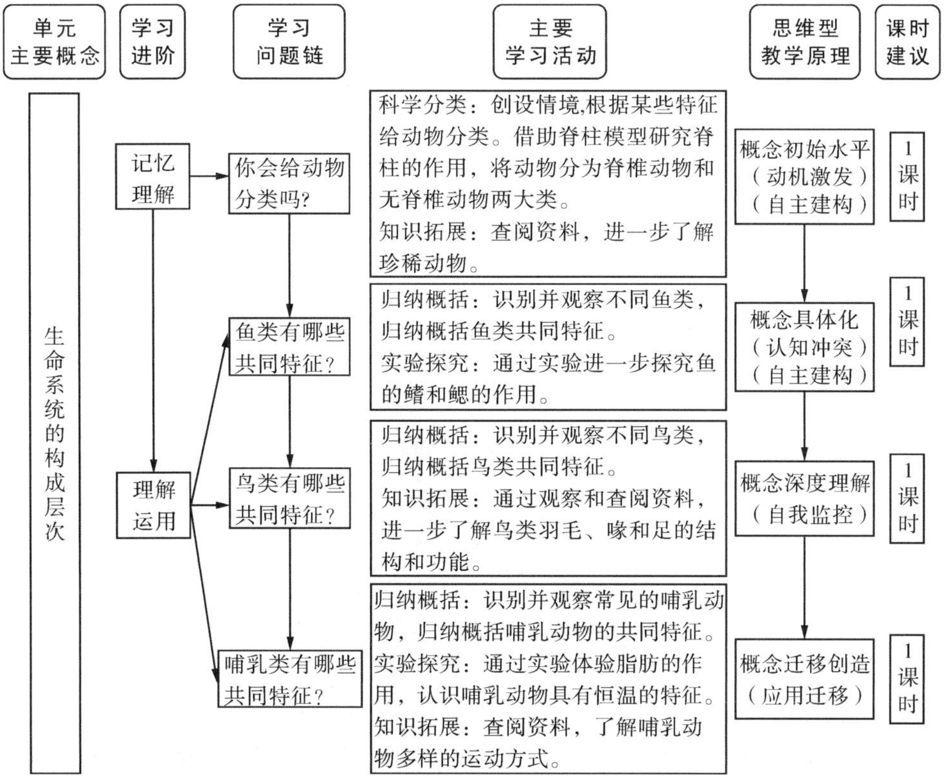

第1课时 给动物分类

核心问题：你会给动物分类吗？

【教学目标】

1. 通过模拟动物园的情境，体会给动物分类的必要性。

2. 学会根据某些特征给动物分类，知道生物学家将动物分为脊椎动物和无脊椎动物两大类。

3. 通过摸脊椎骨、做脊柱模型、找某些动物的脊柱等活动，认识脊柱的结构和功能。

4. 乐于亲近小动物，能列举我国的一些珍稀动物。

【教学重难点】

重点：根据不同特征给动物分类。

难点：通过多种活动认识脊柱的结构和功能。

【教学准备】

教师准备：多媒体课件、一些动物的图片、脊柱模型等。

学生准备：线轴、圆纸片、棉线、胶带、剪刀等。

【教学过程】

一、创设情境，导入新课

1. 教师播放《动物世界》片头视频并提问：你们认识哪些动物？

2. 教师出示动物园分区示意图，并进一步提问：你去过动物园吗？你喜欢的动物可能住在哪个区？

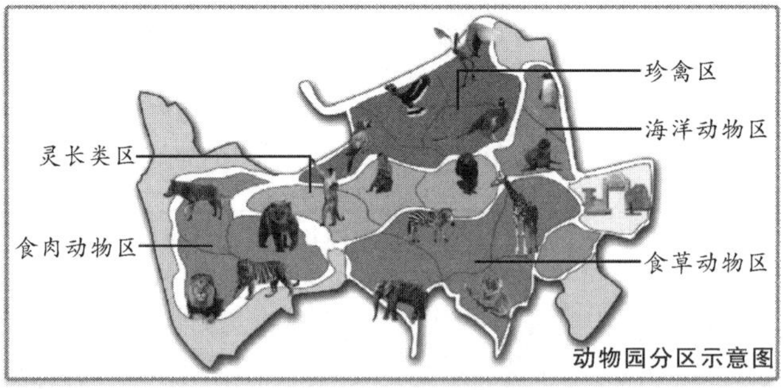

动物园分区示意图

3. 教师引导学生思考：动物园里的动物是怎么分区的？全班交流，

归纳。

【设计意图】用动物园话题谈话导入，激起学生的兴趣。在讨论动物园分区的过程中，学生已经不知不觉对动物进行了分类，初步体会到了动物分类的必要性，顺利导入课题。

二、明确问题，认知冲突

1. 教师出示不同的动物图片，并提出问题：你会给这些动物分类吗？要想给这些动物分类，首先要确定分类标准，那你的分类标准是什么呢？

2. 学生尝试给这些动物分类，并把分类情况记录下来。

3. 教师引导学生思考：生物学家是怎样给动物分类的？

明确：生物学家根据动物是否有脊柱，将它们分为脊椎动物和无脊椎动物两大类。具有脊柱的动物叫脊椎动物；没有脊柱的动物叫无脊椎动物。

4. 教师通过多媒体课件展示脊柱图片，让学生辨认脊柱。教师进一步引导学生思考：常见的脊椎动物有哪些？常见的无脊椎动物有哪些？

【设计意图】对于一些常见动物，学生已经具备了一定的前概念，他们能根据自己的已有经验对动物进行分类。教师通过指出分类要有依据，引出生物学家的分类方法，打破学生固有认识，进一步引导学生认识脊椎动物与无脊椎动物。

三、合作探究，体验交流

活动一：摸脊柱

1. 教师提出活动要求：两位同学互相合作，摸一摸对方的脊柱。每人体验一次。

2. 学生体验交流：脊柱是高等动物的特征。脊柱摸上去是一节一节的。

3. 教师展示脊柱模型，组织学生观察人体脊柱模型。

4. 教师引导学生思考：脊椎连接起来有什么作用？

活动二:做脊柱模型,研究脊柱作用

1. 准备材料:线轴 6 个、圆纸片 5 张、棉线、胶带、剪刀。

2. 制作步骤:

(1)在圆纸片的中心位置打孔。

(2)在相邻线轴之间垫一张圆纸片,用棉线把这些线轴和圆纸片穿起来。

(3)拉直棉线,用胶带将两端的线头固定住。

3. 试一试:

(1)将脊柱模型立在桌面上,让上面的线轴向一侧倾斜。

(2)让上面的线轴向不同的方向倾斜。

4. 通过探究实验,教师引导学生研讨:

(1)脊柱有什么作用?

明确:脊柱在支撑身体、保护内脏的同时,还能让身体在一定范围内运动。

(2)如果脊柱不是一节一节的,而是一整根,那我们的身体会出现什么情况?

明确:身体不能自由活动。

【设计意图】引导学生认识建模的全过程,通过制作脊柱模型,学生能更深刻地了解脊柱的结构,利用自己制作的脊柱模型进行研究并亲身体会,更容易唤起学生探究的欲望,使学生体会到脊柱的重要作用。

四、总结反思,应用迁移

1. 拓展:我国自然环境多样,动物资源丰富,是世界上拥有野生动物种类最多的国家之一。其中,闻名世界的珍稀动物有几百种,如大熊猫、东北虎、扬子鳄等。教师提问:它们都是脊椎动物吗?

2. 课堂总结,教师提问:通过本课学习,你有哪些收获?

明确:知道脊柱是高等动物的特征,它能使身体自由活动。生物学家根据动物是否有脊柱,把动物分为脊椎动物和无脊椎动物两大类。动物是人类的朋友,我们需要爱护它。

【设计意图】列举我国的珍稀动物,让学生明确保护环境、保护动物的重要性。

【精彩片段】——触摸同伴脊柱，引起认知冲突，激发探究兴趣

师：同学们，你们知道身边有哪些动物是脊椎动物吗？

生：人、猫、狗等。

师：你是怎么判断它们是脊椎动物的，有什么依据吗？

生：背后都有一条长长的骨头。

师：我们立刻来感受一下吧！请你和小伙伴合作，互相摸一摸对方的后背。

学生触摸小伙伴后背脊柱，亲身感受脊椎动物的特点。

师：你是在什么位置摸到了它？

生：从脖子开始到屁股结束。

师：它是什么形状的？

生1：长方形。

生2：圆柱形。

生3：像一根棍子。

师：大家再仔细摸一摸小伙伴的脊柱，想象一下它应该是什么样子的？

生：它应该是直直的一条，像圆柱形，有点凹凸不平……

师：看，老师带来了什么？（拿出脊柱模型）请同学们仔细观察，告诉老师，模型和你想的有什么不同？

生：我发现脊柱是一块一块拼起来的，每一块之间不是无缝连接的，每一块之间还有一块小骨头……

【教学评析】

本活动利用模型解释脊柱结构，设计摸脊柱、猜脊柱、看脊柱模型一系列的活动，充分激发了学生的学习动机，让整个学习活动变得生动有趣，学生由"跟着学"变成"主动探索"，充分体现了学生在学习过程中的主体位置。学生通过摸脊柱的活动，猜脊柱的形状和结构，感知脊柱在人体的位置，在学生的想象与人体脊柱模型进行比较的过程中去发现脊柱独特的结构特点。继而激发了学生探究脊柱作用的兴趣，接下来的学习活动将在学生的主动探索中自然发生。

【学习单】

找出这些动物的脊柱,用彩色笔描绘出来。

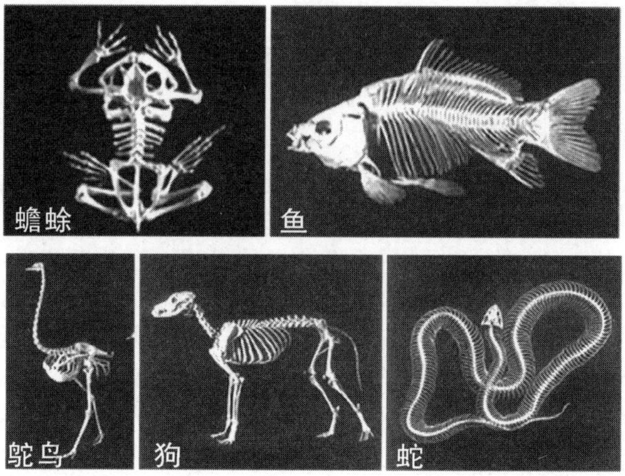

第2课时 鱼类

核心问题:鱼类有哪些共同特征?

【教学目标】

1. 认识到鱼的种类非常多,识别一些常见的鱼,知道鱼是脊椎动物。

2. 用各种感官观察鱼,归纳概括鱼类的共同特征。

3. 通过观察鱼在水中游动的情况,描述鳍的作用;通过观察水进出鱼身体的情况,知道鱼鳃的作用。

4. 积极参与小组合作探究,乐于表达自己的发现。

【教学重难点】

重点:观察概括鱼类的共同特征。

难点:通过观察鱼的游动和呼吸,了解鱼鳍和鱼鳃的作用。

【教学准备】

教师准备:多媒体课件、鱼类图片、水槽、红色食用色素、滴管、鲫鱼、小烧杯等。

学生准备:实验记录单、学生活动手册等。

【教学过程】

一、创设情境,激发兴趣

1. 教师展示实物并谈话:同学们,看看桌子上,老师今天给每个小组带来了什么?(每个小组桌上放了一个鱼缸,里面装有一条鲫鱼)。

2. 学生交流讨论见过的鱼。

3. 教师小结:水里生活着各种各样的鱼,鱼类占了脊椎动物种类的一半以上。

【设计意图】教师以实物导入新课,激发学生的学习兴趣。学生交流自己见过的鱼,初步感知鱼的多样性,为课中交流鱼的共同特征做好铺垫。

二、提出问题,自主探究

活动一:认识各种各样的鱼

1. 教师出示鱼类图片引导学生观察并交流几种鱼的相关特征。

2. 教师引导学生在学生活动手册中填写相关内容。

明确:鱼类身体呈梭形、有鳃、有鳍、体表有鳞片、有脊柱、眼睛长在头部两侧……

3. 教师出示三种外形比较奇特的鱼(如海鳗、鳐、河豚等)的图片,引导学生了解这三种鱼的外形特点。

4. 教师小结:虽然海鳗、鳐、河豚这三种鱼长得比较奇特,但是它们也属于鱼类,并且都是脊椎动物。

活动二:认识鱼鳃和鱼鳍

1. 教师谈话:鱼有鳃和鳍,它们是鱼类的重要器官。鳃和鳍是鱼类区别于其他动物的本质特征。引导学生在学生活动手册中画出观察到的鱼的外形,并标出鳃和鳍。

2. 学生汇报交流鱼鳃的特点以及鱼鳍生长的部位。

明确:鱼鳃呈丝状、红色(充满毛细血管);鱼鳍通常分布在躯体和尾部上。

3. 教师引导学生猜测鱼鳃和鱼鳍的作用。

【设计意图】通过观察,发现鱼鳃和鱼鳍的生长位置以及鱼鳃、鱼鳍的特点,激发学生进一步探索鱼鳃、鱼鳍作用的兴趣。

三、合作探究,自主建构

活动三:观察鱼是怎么游动的

1. 学生按要求仔细观察鱼缸里鱼的游动。

要求：观察鱼游动时各部位的鳍是怎样运动的。如鱼前进时是哪些鳍在动？转弯时是哪些鳍在动？

2. 全班交流讨论观察发现。

3. 教师小结：鳍是鱼的运动器官。鱼游动时多部位的鳍相互作用，前进时尾鳍摆动，转弯时胸鳍摆动。

活动四：研究水进出鱼身体的情况

1. 实验材料：水槽、鲫鱼、小烧杯、红色食用色素、滴管、水。

2. 实验步骤和方法：

(1)把鱼放在一个狭小的水槽里。

(2)在一个小烧杯里装上清水，用红色食用色素把清水调成红色液体。

(3)用滴管吸取少量红色液体，并滴到鱼嘴前方。

(4)观察红色液体是从鱼的什么部位流出来的。

3. 温馨提示：

(1)鱼停在水中不动时实验现象比较明显，要尽量将鱼控制在比较狭窄的空间里。

(2)使用颜色较深的红色液体，能达到比较理想的实验效果。

4. 学生分组进行实验操作，完成实验报告。

5. 全班交流观察到的现象。

6. 教师引导学生归纳总结鱼是怎样呼吸的。

小结：鱼是靠鳃呼吸的。水流由口进入经过鳃后流出的过程中，进行气体交换，从而完成呼吸。

【设计意图】采用分组实验，让学生亲历探究过程。观察实物，先提供具体事实，再引导学生从形象到抽象，认识鱼的呼吸器官，建构鱼用鳃呼吸这一重要概念。培养学生团结协作、共同探究的意识。该教学过程不仅符合学生认知规律，更有助于激发学生的学习兴趣。

四、交流总结，应用迁移

1. 教师提出问题：通过这节课的学习，你知道了鱼有哪些特征？

2. 学生归纳总结，发言交流。

3. 教师小结：今天这节课，我们还认识了鱼鳃和鱼鳍，了解了鱼鳃和鱼鳍的主要作用，知道了鱼是靠鱼鳃呼吸、靠鱼鳍运动的。课后请大家继续认真观察鱼，进一步了解鱼身体的秘密！

4. 教师布置拓展作业，学生课下查找并了解章鱼的秘密。

【设计意图】自我总结，交流表达，分享所得。延伸课外知识，开拓学生的视野，提高学生探索鱼类的兴趣。

【精彩片段】——现场观察鲫鱼，激发探索兴趣，提升学习质效

师：同学们，看看桌子上，老师今天给每个小组带来了什么呀？（每个小组桌子上放了一个鱼缸，里面装有一条鲫鱼）

生：鱼。

师：这种鱼你认识吗？

生：好像是鲫鱼。

师：没错，这就是我们特别熟悉的鲫鱼。鲫鱼是杂食性鱼，喜群居生活，肉质细嫩，营养价值很高。除此之外，你们还见过哪些鱼呢？

生1：我见过鲈鱼、金鱼、草鱼、带鱼……

师：你真是见多识广！

生2：我知道秋刀鱼，烧烤吃过。

师：你的生活经验很丰富！

生3：我还见过鲳鱼、小黄鱼、泥鳅、鲤鱼、石斑鱼……

师：同学们真棒，认识这么多种鱼！鱼的种类特别多，占了脊椎动物种类的一半以上。今天我们就来研究各种各样的鱼。

【教学评析】

本节课将鲜活的鲫鱼带到课堂上，激起了学生极大的好奇心，教师再认同学生分享“鱼”的相关知识时，学生内心便获得了极大的满足感。接下来所学的鱼类的共同特征、鳃和鳍的作用等一系列知识都将成为学生主动探寻的对象。

【学习单】

1. 在下图的圆圈中写出鱼的外形的共同特征。

2. 在下图中标注出鱼的鳃和鳍。

第3课时 鸟类

核心问题:鸟类有哪些共同特征?

【教学目标】

1. 认识并观察一些常见的鸟,归纳概括鸟类的共同特征,知道鸟类也属于脊椎动物。

2. 通过实验探究鸽子羽毛的特点,知道羽毛的这些特点对鸽子所起的作用。

3. 探究羽毛特点对鸟类飞行的作用,探究环境对鸟类喙和足的影响。

4. 根据自己的观察和发现,如实陈述观察到的现象;能以事实为依据,面对有说服力的证据,调整自己的观点。体验动物的多样性对人类生活和社会发展的影响,引导学生能自觉保护鸟类。

【教学重难点】

重点:识别鸟类,了解鸟类的共同特征。

难点:研究鸽子的羽毛,了解羽毛的功能。用科学的语言描述羽毛对鸟类飞行的作用。

【教学准备】

教师准备:多媒体课件、各种鸟的图片等。

学生准备:鸽子的羽毛、剪刀、滴管、水、放大镜、学生活动手册等。

【教学过程】

一、创设情境,导入新课

1. 教师出示不同鸟类的视频和图片,引导学生说出这些鸟的名称并谈谈观看后的感受。

2. 学生分享交流自己的感受。

【设计意图】通过直观生动、视觉冲击力强的视频导入，激发学生的学习兴趣，引起学生的注意。同时拓展学生知识面，为后续探究做好准备。

二、明确问题，认知冲突

1. 教师出示几种鸟类图片，引导学生初步思考判断这几种鸟属于鸟类的依据。

2. 学生找共同特征，并分享交流。

3. 教师出示三张图片（企鹅、鸭子和母鸡），引导学生观察并判断它们分别是什么动物，它们也是鸟类吗？

4. 教师引导：企鹅生活在南极，鸭子和母鸡是我们生活中常见的两种动物。虽然企鹅、鸭子、母鸡都不会飞，但也属于鸟类，并且都是脊椎动物。

5. 教师追问：是不是会飞的都是鸟类？

6. 教师引导学生得出结论，有翅膀、能飞行是鸟的重要特征，但能“飞”的动物不一定都是鸟，不能“飞”的动物也可能是鸟类。

7. 师生共同总结鸟类的共同特征。

【设计意图】引导学生在观察几种常见的鸟，并描述这些鸟共同特征的基础上，归纳概括鸟类的共同特征。

三、观察、探究鸽子的羽毛

1. 教师引导学生仔细观察，鸽子的羽毛有什么不同？它们主要分布在哪里？

2. 学生观察后汇报，再通过阅读鸽子羽毛的资料了解其羽毛特点。

3. 教师小结：鸽子的体表覆盖着羽毛，羽毛主要分为正羽和绒羽两种。正羽是覆盖在鸟身体上的大型羽片，鸽子的翅膀和尾部都长有正羽，正羽的羽根深插入皮肤中。绒羽生长在正羽下方，细小而柔软。

4. 教师追问：你们认为这两种羽毛各有什么作用呢？可以使用什么方法来验证呢？

5. 学生交流自己的实验方法。

6. 教师出示实验方法，小组合作完成实验。

（1）观察正羽；（2）剪断正羽羽根；（3）在正羽上滴一滴水；（4）用放大镜

观察绒羽。

7. 学生分组汇报实验结果,全班交流分享。

8. 师生共同总结实验现象:正羽坚硬挺直,羽毛排列紧密,中间有粗壮的正羽管,表面光滑;用滴管给正羽滴水,羽毛不易沾水;用剪刀剪开正羽羽根,中间是空的。用放大镜观察绒羽,绒羽细软蓬松,有利于保温。

9. 教师小结:通过观察鸽子的羽毛,我们发现,鸽子的正羽比较宽大,适于飞行;鸽子的绒羽比较细软,有利于保温。不同特点的羽毛,作用也不相同。

【设计意图】通过观察和实验,让学生直观感知鸟类的羽毛适于飞行的特点。

四、探究鸟类的喙和足

1. 教师引导学生观察鸟类的喙的图片并思考:为什么不同的鸟的喙是不一样的?这些鸟适宜吃什么食物?

2. 教师引导学生仔细观察并交流,这几幅图片上鸟的足各有什么特点?并猜测一下,这些鸟适宜在什么环境中生存?

3. 学生对比、交流。

4. 教师小结:不管鸟是什么样的喙、足,都是为了适应生存环境的一种需要。

【设计意图】在这一活动中,教师引导学生将喙和足的形态与鸟类的生存环境建立联系,为高年级继续学习生命科学领域的相关内容打下基础。

五、总结反思,应用迁移

1. 学生谈学习收获。

2. 拓展:结合所学知识,从鸟类的生存与其生活环境密切相关的角度,绘制"保护鸟类"的宣传小报。

【设计意图】通过这一活动,增强学生保护环境、爱护动物的意识。

【精彩片段】——观察鸽子羽毛,引起认知冲突,激发学习兴趣

活动一:观察正羽

师:请你们仔细观察鸽子的正羽(可以看、摸、闻),说说有什么发现。

生:正羽比较大,中间有一根坚硬的梗。

师:粗壮的部分我们称之羽轴。

生1:正羽摸上去比较光滑。

生2:正羽外形优美,自然弯曲,呈流线型。

师:大家发现没有,正羽看上去比较大,但是用手去掂一掂,发现它又比较……

生:轻。

师:我们将正羽的羽根剪断,观察一下里面是什么样的,请各小组开始操作,操作过程中注意剪刀的使用安全。

生:将正羽的羽根剪断,会发现里面是空的。

师:为什么里面是空心的,不是实心的呢?

生:因为鸽子要在空中飞,羽毛太沉,身体就会有负担。

师:为了便于在空中飞行,正羽还要具有哪些特点?请各小组交流讨论。

学生交流讨论。

师:在正羽上滴一滴水,水会被吸收吗?请同学们试一试。

生1:在正羽的羽片上滴一滴水,水滴会从正羽上滑下,不会被吸收。

生2:通过再次观察我发现,鸽子的正羽分布在身体表面,好像一层防风的外壳,展开后像两把扇子。这样更有利于飞行。

师:这位同学从鸽子正羽在身体的分布方面,提供了正羽有利于鸽子飞行的证据。

师:刚才我们通过观察实验知道了鸽子正羽的什么特点?

生1:鸽子的正羽宽大中空,适于飞行。

生2:鸽子的正羽分布在身体表面,形成一层防风的外壳,并且能够使其身体呈流线型,而且鸽子最大的正羽分布在翅膀和尾部,这样有利于鸽子的飞行和掌握身体的平衡。

活动二:观察绒羽

师:用放大镜观察鸽子的绒羽,说一说鸽子的绒羽是什么样子的?有什么特点?

生1:鸽子的绒羽看上去比较细小。

生2:鸽子的绒羽摸在手上比较柔软,像棉花一样蓬松,感觉很温暖。

师:同学们,你们有没有想到冬天我们穿的羽绒服,偶尔钻出的羽绒就是这样的。鸽子的绒羽对于鸽子又起到怎样的作用呢?

生:起到保暖的作用。

【教学评析】

本次实验的目标和重点是通过“羽毛的观察实验”探究鸽子羽毛的特点,了解不同生长部位的羽毛结构上的差别,知道羽毛的这些特点对鸟类所起的作用。研究“为了便于在空中飞行,正羽还要具有哪些特点?”很有深意,促使学生进一步思考,发展了学生的逻辑思维能力和思考方式。

【学习单】

研究鸽子的羽毛,并填写下表内容。

项目	我的发现	对鸽子的作用
观察正羽		
剪断正羽羽根后		
在正羽上滴水后		
用放大镜观察绒羽		

第4课时 哺乳类

核心问题:哺乳类有哪些共同特征?

【教学目标】

1. 知道自然界中的哺乳类也存在共同特征,它们也属于脊椎动物。

2. 识别并观察一些常见的哺乳动物,归纳概括哺乳类的共同特征。

3. 通过观察与实验,认识脂肪有保持体温的功能。

4. 关注哺乳动物和人类生活的关系。具有参与环境保护的意识,愿意采取行动保护环境、保护动物。

【教学重难点】

重点:描述哺乳类的共同特征。

难点:认识脂肪有保持体温的功能。

【教学准备】

教师准备:多媒体课件等。

学生准备:动物脂肪、冰水、胶带、杯子等。

【教学过程】

一、复习旧知,导入新课

教师谈话:同学们,前几节课我们学习给动物分类,知道了鱼类和鸟类的共同特征。在多姿多彩的自然界中,还有一类动物与我们人类生活关系密切,让我们来认识一下它们吧!

【设计意图】知识回顾助力学生对本单元内容的回忆与梳理。同时,可以更自然地衔接本节课的内容。

二、认识哺乳动物

1. 教师出示有关哺乳动物的图片。引导学生观察并说出这些动物的名字。

2. 全班交流这些哺乳动物的共同点。

(1)它们身体表面有什么?

(2)它们的宝宝是怎么出生的?

(3)它们的宝宝是怎样长大的?

(4)它们属于脊椎动物还是无脊椎动物?

3. 教师补充:鲸,我们常常称为“鲸鱼”,虽然看上去很像鱼,但是它并不属于鱼类。因为它是用肺呼吸,也是胎生,小鲸鱼宝宝也是吃妈妈的奶长大的。鲸在长期的进化过程中,它的被毛已经不存在了,只有少数在嘴边有一些毛须。所以说,体表有被毛不是这类动物的主要特征。

4. 教师引导学生总结:身上有毛、胎生、用肺呼吸、吃妈妈的奶长大……是这类动物所具有的共同特征,我们把这类动物叫作哺乳动物。

5. 教师引导学生阅读资料,进一步了解哺乳动物。

6. 学生举例说一说在我们身边还有哪些动物也有这样的特点。

【设计意图】归纳概括哺乳动物的共同特征，建构哺乳动物的概念，使学生了解哺乳动物在繁殖和喂养后代方面的特点，加深对哺乳动物的理解。

三、合作探究，体验交流

活动一：哺乳动物是恒温脊椎动物

1. 教师引导学生初步了解哺乳动物是一类恒温脊椎动物。当环境温度发生变化时，它们的体温始终保持相对稳定。

2. 教师引导学生进一步体会恒温特点。引导学生猜测：北极的冬季最低气温在零下 40℃，即使夏天也很少在 10℃ 以上。在这样极其寒冷的环境中，北极熊是怎样保持体温的呢？

3. 教师引导学生做实验。

活动二：体验脂肪的作用

1. 教师出示实验步骤：

(1) 把一块动物油脂绑在一只手的食指上。

(2) 将两只手的食指同时浸入一杯冰水中。

2. 学生进行实验操作。

3. 全班交流讨论：通过实验你有什么发现？能得出怎样的结论？

明确：绑有动物油脂的食指不感到冷，没绑动物油脂的食指感到冰冷。因此，哺乳动物的脂肪有保温的作用。

4. 教师提醒学生注意：哺乳动物的体温能够保持相对稳定，是复杂而系统的生命现象。脂肪具有保持体温的作用只是其中一个方面。

【设计意图】恒温动物的出现是动物演化史上一个极为重要的进步性事件。哺乳动物的皮毛和皮下脂肪层在其保持体温相对稳定中起到了重要作用。因此，这一环节从北极熊如何保持体温引入思考，并通过实验体会脂肪的作用。

活动三：哺乳动物的运动方式

1. 教师展示图片，引导学生认识哺乳动物的运动方式。

2. 教师提问：它们的运动方式有什么不同？还有哪些哺乳动物的运动方式和它们一样？

3. 教师补充相关材料：

猎豹是动物中奔跑速度最快的，在追捕猎物时，速度可达每小时110千米。

4. 拓展提高：

哺乳动物中有一种特殊的运动方式——滑翔，如鼯鼠、鼯猴等的运动方式。

【设计意图】运动快速且运动方式多样是哺乳动物的重要特征。这一环节的设计是为了引导学生对这一特征有更为深刻的认识。

四、总结反思，应用迁移

1. 教师小结：通过这节课的学习，我们认识了很多哺乳动物。了解了它们的共同特点，知道了哺乳动物是恒温的脊椎动物，探究了脂肪的作用，同时也交流了哺乳动物的各种运动方式。课后，有兴趣的同学可以进一步查阅资料，了解更多有关哺乳动物的知识，以及哺乳动物和人类生活的关系。

2. 拓展：查阅资料，探究不同动物的运动方式有什么不同。

【设计意图】总结交流，表达分享，让学生体会学习的快乐。延伸课外知识，开拓学生的视野，提高学生保护动物的意识。

【精彩片段】——观察不同动物，讨论共同特点，激发探究兴趣

师：说到哺乳动物，它们种类繁多，形态各异，生活环境差异也很大——有空中的、水中的和陆地上的。同学们看看屏幕上出现的这些动物，你认识吗？

生：鲸、猫、牛、猪……

师：仔细观察，想一想，和同桌讨论讨论，它们都有什么共同特点？你想从哪些方面分析它们的共同特点呢？

生：身体表面有毛。

师：同学们，你们同意他说的吗？

生1：同意。

生2：不同意。

师：为什么不同意？

生：鲸身上没有毛。

师:你观察得很仔细。鲸在长期的进化过程中,它的被毛已经不存在了,只有少数在嘴边有一些毛须。看来,身体表面有毛是这些动物的共同特点,但不是主要特征。

师:让我们再一次仔细观察这些图片,每幅图片上除了有妈妈,还有什么?

生:它们的小宝宝。

师:你知道宝宝是怎样出生的,又是怎样长大的吗?

生1:是从妈妈肚子里生出来的。

生2:是喝妈妈的奶长大的。

师:宝宝从妈妈肚子里生出来的方式叫"胎生",喝妈妈的奶长大叫"哺乳"。

【教学评析】

课标的教学建议中指出"科学教学要以促进学生核心素养发展为宗旨,以学生认知水平和已有知识经验为基础"。四年级孩子对常见的哺乳动物并不陌生,但很少细致地去观察它们有什么共同特征。此教学环节旨在引导学生观察空中、水中和陆地上不同的动物,在已有知识经验的基础上寻找共同特征,建构"哺乳"概念。通过运用归纳和演绎的逻辑思维方法,引导学生认识哺乳动物是全身表面有毛、恒温、胎生和哺乳的高等脊椎动物,体现知识学习与现实生活之间的密切联系。

【学习单】

1. 研究哺乳动物的主要特点

主要特点	
体温	
皮毛的作用	
脂肪的作用	

2. 写出下面动物的运动方式，以及有相同运动方式的哺乳动物名称。

动物	运动方式	有相同运动方式的哺乳动物（1～2 种）

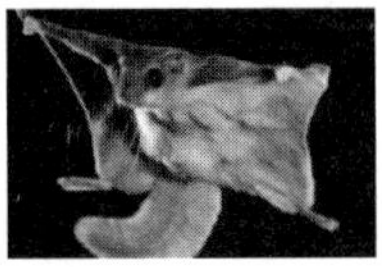		

持续反馈与应用设计

项目式作业　我和动物交朋友

【任务】

动物世界是我们这颗星球上最为珍贵和美妙的资源之一。它包含了各种不同种类的动物，从小到大，从简单到复杂。动物拥有着丰富多样的生命形式和行为特征，呈现出一幅壮丽画卷。让我们继续去探索这个神奇而多彩的世界，和更多动物交朋友，发现更多的动物奥秘吧！

【要求】

（一）绘制小能手

根据本单元所学内容和自己的亲身探究实践，绘制某类动物共同特征的思维导图。

（二）我是观察员

1. 在家中或学校周围寻找一些常见的动物，观察它们的特征，并尝试进行分类。写出你的分类方法和分类结果。

2. 和父母一起参观动物园，了解动物的种类、生活习性等情况，完成观察记录表，分小组撰写调查报告。

动物名称	是否是脊椎动物	运动方式	生活习性

（三）小小设计师

1. 以动物为主题制作一份图文并茂的手抄报。

2. 制作一份自己喜欢的与动物相关的手工作品（如动物书签、头饰等）。

单元教学反思

本单元的教学目标是学生能区分动物的主要特征，确定动物分类的标准，准确地给动物分类。能从鱼类、鸟类和哺乳类的丰富实例中，归纳概括各个动物类群的共同特征，认识到动物的某些结构与行为具有维持自身生存的功能。教学中，教师应把握以下几点：

1. 在新课标引领下，培养学生实践探究能力

科学实践是培养学生创新思维和实践能力的重要途径之一。科学实践能力的培养需要注重培养学生的观察能力和实验能力。教师通过展示实物、模型、图片或视频等方式，引导学生观察和思考，培养学生的实证意识、逻辑思维和质疑精神。

2. 结合单元目标，落实每课的课堂教学

在第 1 课时教学中，教师设计“摸脊柱、猜脊柱、看脊柱”一系列的活动，充分激发了学生的学习动机，让整个学习活动变得生动有趣。学生由“跟着

学”变成“主动探索”，充分体现了学生在学习过程中的主体地位。学生通过摸脊柱的活动猜脊柱的形状和结构，感知脊柱在人体的位置，在学生的想象与人体脊柱模型进行比较的过程中，去发现脊柱独特的结构特点。在第2课时教学中，教师将鲜活的鱼带到课堂上，设计了辨认课堂现场的鱼，回忆自己认识的鱼，认识教材中的鱼这一系列的活动，让学生对鱼类的共同特征有了清晰明确的认识；学生小组内共同观察鱼的游动，实验探究水进出鱼身体的情况，在观察、实验、讨论中清晰明确地认识了鱼鳃和鱼鳍的作用。在第3课时教学中，学生借助鸽子的标本进行观察，同学们通过用剪刀剪一剪正羽根部，用放大镜观察绒羽等探究实践活动观察正羽和绒羽的外部形态特征，再填写活动记录单，比较正羽和绒羽的不同，从而了解正羽和绒羽对于鸽子有飞行和保温的作用。在第4课时教学中，教师出示有关哺乳动物的图片，引导学生发现诸多动物的不同特征，并思考其共同特征，建构“哺乳”概念。借助图片、视频资源，展示种类繁多的哺乳动物运动方式，让学生感受动物运动方式的多样性。

3. 注重课堂教学问题的积累，反思有效解决措施

问题是思维的发源地，没有问题就不会引发思考。在提出问题阶段，学生需要观察与分析现实中的情境，展开联想，激活已有认知，在发散思维与集中思维的基础上，分析、比较问题的可行性与可操作性，进一步明确研究的问题。

案例提供者：刘素梅，葫芦岛市教师进修学院
龙伟男，葫芦岛市龙港区教师进修学校
栗　丹，葫芦岛市第二实验小学
陈佳美，葫芦岛市第二实验小学
苏　新，葫芦岛市第二实验小学
指导教师：刘天成，辽宁教育学院

生物体的稳态与调节

案例6 植物的一生

单元教学内容规划

(一)本单元学习指向的核心概念及学习进阶路线

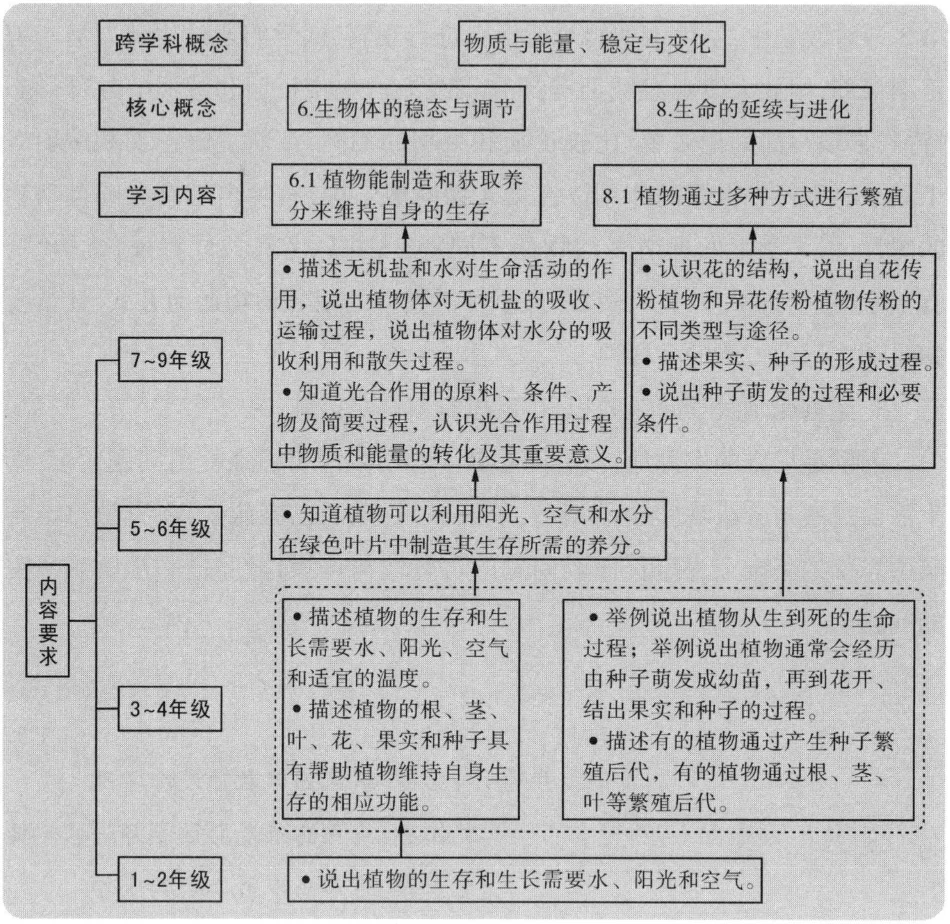

本单元聚焦“生物体的稳态与调节”核心概念，落实课标中“植物能制造和获取养分来维持自身的生存”的学习内容要求。

生物体是一个在内部和外部不断进行物质循环、能量流动和信息交流与反馈的开放系统，能通过自我调节机制维持稳态。

1～2年级初步认识植物的生存和生长需要水、阳光和空气。

3～4年级通过初步探究能描述植物的生存和生长需要水、阳光、空气和适宜的温度，并能说出植物的根、茎、叶、花、果实和种子具有帮助植物维持自身生存的相应功能。

5～6年级通过实验探究，知道植物可以利用阳光、空气和水在绿色叶片中制造其生存所需的养分，并认识到这一过程就是植物的光合作用。

7～9年级通过实验探究，能描述无机盐和水对生命活动的作用，并能说出植物体对无机盐的吸收、运输过程，以及对水分的吸收利用和散失过程。知道光合作用的原料、条件、产物及简要过程，并认识光合作用过程中物质和能量的转化及其重要意义。

在层层深入的学习过程中，建构了生物体的稳态与调节概念，有助于学生形成物质与能量、稳定与变化等跨学科概念。

（二）本单元学习内容的组织线索

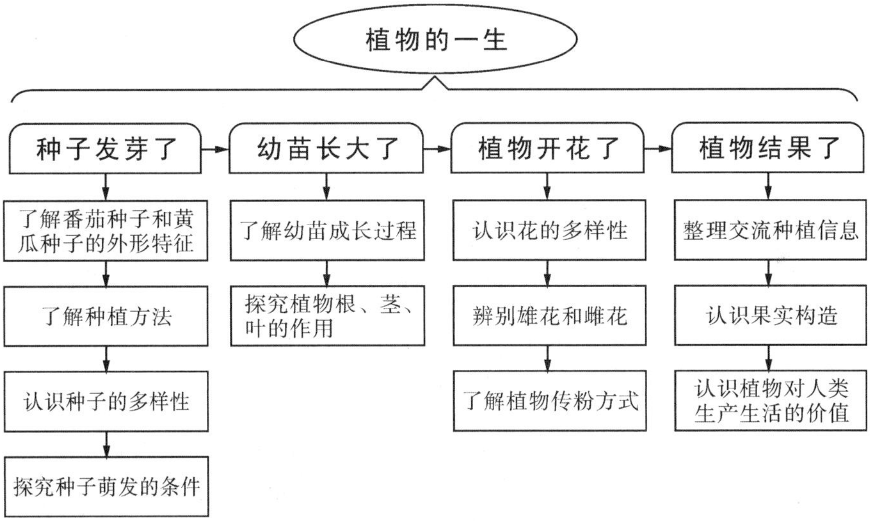

单元学习目标设计

核心素养	学习目标
科学观念	1. 能通过种植、观察、记录与探究，认识植物的生长过程。 2. 能够用恰当的语言描述植物各部分的形态与功能。 3. 能说出植物的生命周期和六大器官

续表

核心素养	学习目标
科学思维	1. 能抽象概括出植物生长过程的共同特征。 2. 能够辨别果实和非果实，辨别常见蔬菜和水果的可食用部分是植物的哪个部分
探究实践	1. 能用图画、文字、数据记录植物的生长过程。 2. 通过做种子萌发的对比实验，初步认识种子萌发的条件。 3. 通过观察、实验，了解植物根、茎的作用，叶的构造及作用。 4. 通过对比观察，知道番茄花与黄瓜花的种类不同
态度责任	1. 乐于探究植物的奥秘，乐于长期照料植物，坚持对植物进行照料、观察、记录与探究。 2. 愿意分工协作并分享彼此的想法

单元学习评价设计

单元学习评价设计一

“植物的一生”评价量表

核心素养	评价指标	评价等级			同伴互评	教师评价
		★	★★	★★★		
科学观念	认识植物各部分的形态与功能	能在教师的引导下，举例说出植物各部分的形态与功能	能在教师的引导下，举例说出植物的根、茎、叶、花、果实和种子具有帮助植物维持自身生存的相应功能	自主举例并总结说出植物各部分的形态，并解释植物各部分的功能	☆☆☆	☆☆☆
	认识植物的生长过程	能在教师的引导下，举例说出植物的生长过程	能在教师的引导下，举例说出植物会经历由种子萌发成幼苗，再到结出果实和种子的过程	自主举例说出植物的生长过程，解释植物从播种到发芽、长大、开花、结果的生长过程	☆☆☆	☆☆☆

续表

核心素养	评价指标	评价等级			同伴互评	教师评价
		★	★★	★★★		
科学思维	理解植物各部分的形态与功能	能在教师的引导下，简单归纳描述出植物各部分的形态与功能	能在教师的引导下，自己归纳描述出植物各部分的形态与功能	能自己归纳描述出植物各部分的形态与功能	☆☆☆	☆☆☆
	理解植物的生长过程	能在教师的引导下，简单概括出植物生长过程的共同特征	能在教师的引导下，简单概括出植物生长过程的共同特征，理解植物的生命周期	能通过种植、观察、记录与探究，自主归纳概括出植物生长过程的共同特征，解释植物的生命周期	☆☆☆	☆☆☆
探究实践	掌握植物各部分的形态与功能	能在教师的引导下，通过实验探究，简单认识植物各部分的形态与功能	能在教师的引导下，通过实验探究，认识植物各部分的形态，掌握种子萌发的条件和植物根、茎、叶的作用	自主通过实验探究，认识植物各部分的形态，掌握种子萌发的条件和植物根、茎、叶的作用	☆☆☆	☆☆☆
	种植并记录植物的生长过程	能在教师的引导下种植植物，简单记录植物的生长过程	能在教师的引导下种植植物，观察、记录、照料植物从播种到结果的生长过程	自主种植植物，并观察、记录、照料植物从播种到结果的生长过程	☆☆☆	☆☆☆
态度责任	照料植物并进行观察记录	能在教师的引导下，对植物进行观察与记录	能在教师的引导下，对植物进行观察、记录及简单的日常照料	乐于探究植物的奥秘，自主坚持对植物进行精心照料、观察、记录与探究	☆☆☆	☆☆☆

单元学习评价设计二

一、实验探究

1. 取一株有茎有叶的植物，插入红色的水中，过一段时间后，观察茎和叶的变化，发现：____。

2. 用小刀把植物的茎斜切开，发现：____。

二、理解应用

1. 你知道我们吃的是植物的哪个部分吗？

甘蔗________ 花生________ 胡萝卜________

香蕉________ 芹菜________ 西红柿________

2. 如果把幼苗的叶子都摘光，植物还能成活吗？请说出你的理由。

____

____

三、实践拓展

自然界中，各种植物的花五彩缤纷，各种植物的叶也是形状各异。请你收集不同植物的花瓣和叶片，根据它们的颜色、形状先摆一摆，再贴一贴，创作出一幅美丽的花叶画。比比看谁的作品最具有创造性和观赏性！

学生情况分析

学生对植物的认识已经有了一定的生活经验，初步了解了植物、动物和人之间的关系。通过观察并记录小葱每天的喝水情况，也初步了解盆栽植物的生长有不一样的需求。学生在过去的栽种、观察、记录、交流等一系列科学探究活动中已经掌握了基本的科学方法，具有初步的探究实践能力。结合学生的生活经验，让学生通过亲手种植番茄或黄瓜，观察并记录植物的生长过程，了解植物的生命周期，认识植物的构造和各部分的功能，注重学生动手实践能力、观察记录能力、实验探究能力及抽象概括能力的培养，为后续学习打下基础。

单元学习进程设计

单元主要概念	学习进阶	学习问题链	主要学习活动	思维型教学原理	课时建议
生物体的稳态与调节	记忆理解	你知道种子是怎么发芽的吗？	现象分析：创设问题情境，认识种子的外形特征和种子萌发的条件。	概念初始水平（动机激发）（自主建构）	1课时
	理解运用	如果把幼苗的叶子都摘光，植物还能成活吗？	案例探究：以番茄和黄瓜的幼苗为研究对象，了解植物根、茎的作用和叶的构造。	概念具体化（认知冲突）（自主建构）	1课时
	理解运用	你知道番茄花和黄瓜花有何不同吗？	对比观察：知道番茄花和黄瓜花的类型不同。	概念深度理解（自主建构）（自我监控）	1课时
	评价创造	你会辨别果实与非果实吗？	问题解决：应用获得的知识进一步分析新的问题，认识植物的价值。	概念迁移创造（应用迁移）	1课时

第1课时 种子发芽了

核心问题：你知道种子是怎么发芽的吗？

【教学目标】

1. 能够用语言描述番茄种子和黄瓜种子的外形特征。

2. 能够按照正确的方法播种番茄种子或黄瓜种子，并设计栽种记录，乐于长期观察记录。

3. 通过做种子萌发对比实验，初步认识种子萌发的条件。通过收集五种植物的种子，扩展对种子形态多样性的认识。

4. 珍爱生命，意识到植物种子的价值。

【教学重难点】

重点：正确播种番茄种子或黄瓜种子，并做好记录。

难点：做好探究种子萌发条件的实验。

【教学准备】

教师准备:多媒体课件、不同植物的种子、4 个瓶子等。

学生准备:花盆、土壤、水壶、小铲子等。

【教学过程】

一、谈话导入,揭示课题

1. 教师出示番茄种子和黄瓜种子,并提出问题:同学们,老师这有两种植物的种子,请你们观察一下它们的样子,并猜一猜它们是什么植物的种子?

2. 学生初步观察、描述并进行猜测。

3. 教师解释:它们是番茄的种子和黄瓜的种子,你们猜对了吗?

【设计意图】通过观察、猜测等活动,充分调动学生的探究热情,激发学生的探究兴趣,并明确本节所学内容。

二、实验探究,获取新知

活动一:观察并描述黄瓜种子和番茄种子

1. 观察并描述黄瓜种子。

教师提问:同学们准备从哪些方面来观察黄瓜的种子?

(提示:形状、颜色、大小等。)

2. 观察并描述番茄种子。

学生观察番茄种子,讨论与黄瓜种子相比,它们有哪些相同点和不同点。

3. 汇报交流。

师生小结:这两种植物的种子作用相同,但形状、大小各不相同。

活动二:播种番茄种子或黄瓜种子

1. 过渡:同学们,想不想亲手种下你们手中的种子,观察它们生根发芽呢?

2. 教师提问:你们准备怎样播种呢?

3. 学生讨论交流播种方法。

4. 教师小结:(1)在花盆中挖一个小坑,在里面放两粒种子;(2)盖上一层薄土,浇水。

5. 各小组将番茄种子或黄瓜种子种在花盆里。

活动三：讨论种好番茄或黄瓜的相关问题

1. 小组讨论，明确问题。

(1)种好番茄或黄瓜需要注意什么？

(2)怎样获得更多的有关种植番茄或黄瓜的知识？

(3)栽种记录要记录哪些方面的内容？

2. 学生交流讨论。

3. 教师根据学生的汇报进行小结：要从光照、水分、施肥、除草等方面去考虑如何照料好自己播种的植物，例如，番茄喜欢生长在温暖且有点潮湿的地方，我们要按照它的习性来照料它，所以将它放到温暖的阳光下，定期浇水，保持土壤潮湿。同学们可以通过查阅资料，也可以向有经验的人请教如何种植番茄和黄瓜。栽种记录的内容包括日期、植株高度、植株形态的变化，记录方式包括数据、文字、图画等。

【设计意图】学会认识和分辨两种不同植物的种子，通过对比观察、小组讨论等方式，培养学生的观察能力和语言表达、概括能力。

三、认识种子的多样性

1. 教师提问：老师之前让大家带来一些其他植物的种子，你们带来了哪些种子呢？

2. 学生介绍带来的种子。

3. 教师提问：老师这也有很多不同植物的种子，你们认识它们吗？

4. 学生回答：它们是蚕豆、苹果种子、红松籽、冬瓜种子和枣核。

5. 教师提问：植物的种子有很多种，它们各有什么特点呢？

6. 学生交流讨论，总结：蚕豆，类似人脚的扁平状、表面平整、前端有小黑点；苹果种子，扁水滴形、前端尖细、黑褐色、表面平整；红松籽，一头大一头小、种皮坚硬；冬瓜种子，扁平卵形、白色或淡黄色；红枣种子，两头尖、中间大、黄色、种皮坚硬、凹凸起伏大。

7. 教师提问：你们还知道哪些植物的种子，它们有哪些特点？

【设计意图】通过课前布置学生收集种子，课上展示、交流不同植物种子的特点，拓宽学生对植物种子形态多样性的认识。

四、探究种子萌发的条件

1. 教师提问：我们认识了这么多的种子，你们知道种下去的种子，想要萌发需要哪些条件吗？

2. 学生猜测需要水、空气、适宜的温度。

3. 教师提问：我们如何做实验来验证一下呢？

4. 学生小组讨论实验的方案，师生共同总结，确定最终方案：

(1)在 4 个瓶里各放入两张纸巾，撒上同样多的种子。将 1 号瓶的瓶盖拧紧。

(2)分别在 2、3 号瓶里洒一点水，将 4 号瓶里的种子完全浸泡在水中，然后拧紧 2、3、4 号瓶的瓶盖。

(3)将 1、3、4 号瓶放在常温下，将 2 号瓶放到冰箱里。五六天后观察 4 个瓶里的种子。

5. 学生动手操作。

6. 为了让学生本节课就能看到实验结果，教师将提前准备好的实验视频播放给学生看并出示实验结果。

序号	水	空气	适宜的温度	预测发芽情况	发芽情况
1 号瓶	×	√	√	不能	没发芽
2 号瓶	√	√	×	不能	没发芽
3 号瓶	√	√	√	能	发芽了
4 号瓶	√	×	√	不能	没发芽

【设计意图】通过做种子萌发对比实验，探究种子萌发的条件，让学生经历探究的过程，加深学生对种子萌发条件的认识。

五、课堂总结，拓展交流

1. 教师提问：通过这一课的学习，你们有哪些收获？

2. 师生总结：这一课我们观察了黄瓜种子和番茄种子，了解了黄瓜和番茄适宜生长的环境，掌握了栽种黄瓜和番茄的方法，并探究了种子萌发的条件。课后仍要连续观察，并做好观察记录。

【设计意图】巩固本节课所学知识，培养学生语言表达、概括能力。

【精彩片段】——设计对比实验,在合作中探究种子萌发的奥秘

师:同学们,我们认识了这么多的种子,你们知道种下去的种子想要萌发都需要哪些条件吗?

生:我认为种子萌发需要水、空气和适宜的温度。

师:老师觉得你说得很有道理,那我们能用实验来证明一下吗?请同学们小组讨论一下。

生:我们组认为,可以准备4个相同的瓶子,有3个瓶子里的种子只满足水、空气和适宜的温度三个条件中的两个条件,有1个瓶子里同时满足所有条件,我们通过观察种子的发芽情况,就能证明哪些条件是种子萌发的必要条件。

……

师:同学们思路真清晰,特别有条理,老师给你们点赞。老师今天给大家准备了以下几种实验材料,有4个带盖的瓶子、种子、纸巾和喷壶,请大家以小组为单位,根据这些材料,设计出具体的实验方案。

生:我们小组的实验方案如下,每一个瓶子里各放入两张纸巾。

1号瓶子的情况是:没有水,但是有空气和适宜的温度。在1号瓶里撒上一定数量的种子,拧紧瓶盖,放在窗台上。

2号瓶子的情况是:没有适宜的温度,但是有适量的水和空气。在2号瓶里撒上同样多的种子,洒一点水,拧紧瓶盖,放在冰箱里。

3号瓶子的情况是:三种条件全都具备且适宜。在3号瓶里撒上同样多的种子,洒一点水,拧紧瓶盖,放在窗台上。

4号瓶子的情况是:没有空气,但是有水和适宜的温度。在4号瓶里撒上同种多的种子,让种子完全浸没在水中,用来隔绝空气,将瓶盖拧紧,放在窗台上。

五六天后观察4个瓶里种子的发芽情况。

师:同学们的想法可真缜密,还有要补充的吗?那我们一起来动手操作吧!

学生动手操作,教师巡视指导。

【教学评析】

在探究种子萌发的条件时,教师没有直接出示探究的方法,而是引导学生先进行小组讨论，自己去设计实验方案，再分工合作，有助于启发学生的科学思维，培养学生的观察及动手实践能力，让学生在自主探究中获得种子萌发所需的必要条件。

【学习单】

做种子萌发对比实验，初步认识种子萌发的条件，分析实验数据，得出种子萌发需要的条件。

探究种子发芽的条件记录单

瓶号	1			2			3			4		
环境	空气	水	温度	空气	水	温度	空气	水	温度	空气	水	温度
实验结果												

通过实验，我发现种子发芽需要________、________、________。

第2课时 幼苗长大了

核心问题：如果把幼苗的叶子都摘光，植物还能成活吗？

【教学目标】

1. 观察、描述番茄幼苗的形态特征，了解幼苗生长的过程；知道植物的根一般生活在地下，具有吸收水分和固定植物等作用。

2. 能用比较科学的词汇、图示符号记录整理幼苗生长过程中每部分的样子。

3. 能依据证据运用比较、概括等方法，分析结果得出根的作用。

4. 在科学探究中能以事实为依据，不盲目从众。

【教学重难点】

重点：了解植物根、茎的作用和叶的构造。

难点：探究茎的作用。

【教学准备】

教师准备:一株植物(有茎和叶)、多媒体课件等。

学生准备:番茄或黄瓜幼苗生长记录表等。

【教学过程】

一、谈话导入,揭示课题

1. 教师提问:经过几天的时间,你们种下的番茄种子和黄瓜种子都发生了怎样的变化?

2. 学生描述自己的观察结果。

【设计意图】检验学生的观察记录情况,培养学生的语言表达能力,并引入新课。

二、认识根的作用

1. 教师提问:二年级的时候,我们做过一个"小葱喝水的实验",每天记录小葱喝多少水。我们回顾一下这个实验,在试管里装一定量的水,滴上一层油,插入小葱,用彩笔标记水面高度,将试管放在阳台上,过几天发现水面下降了。请同学们思考水去哪了?

2. 教师提问:在栽小葱的活动中,你发现根的作用了吗?

3. 学生回答:"小葱喝水的实验"说明根能吸收水分。

4. 教师小结:根通常位于地下,用来吸收土壤中的水分和养分等,供植物生长的需要。

【设计意图】唤醒学生已有经验,通过复习"小葱喝水的实验",进一步总结得出植物根的作用。

三、认识和探究茎的作用

1. 教师提问:同学们,你们知道连接植物根和叶的部分是什么吗?

2. 学生回答:是植物的茎。

3. 教师展示准备的植物,并温馨提示:树干、树枝都是植物的茎哦!

4. 实验探究:茎有什么作用。

(1)教师引导学生猜测植物茎和叶的作用。

(2)教师出示一株植物的茎和叶、一杯红色的液体,引导学生思考怎样利用这两种实验材料设计实验,探究出植物茎和叶的作用。

(3)学生交流讨论,根据探究出来的方法进行实验。例如,将这株植物插入红色液体中,过一段时间后观察茎和叶的变化。

(4)教师引导学生探究茎和叶都变红的原因。如用小刀切开茎,观察茎发生了什么变化。

(5)学生根据实验记录,得出实验结论。

【设计意图】通过实验探究,认识茎也是植物的营养器官,知道植物茎有输送水分和养料的作用。在探究活动中,培养学生的观察能力和合作精神。

四、认识叶的构造及其作用

1. 学生观察收集的各种叶子的特点。

2. 教师展示图片,学生观察交流叶子是由哪几部分组成的。

3. 教师引导学生查阅资料,思考:如果把幼苗的叶子全部摘光,植物还能成活吗?

4. 教师引导学生得出结论:不能成活,叶是植物进行光合作用、制造养分的主要器官,通过吸收二氧化碳、释放氧气为植物提供有机物;同时叶又是植物进行呼吸作用的主要器官。

5. 师生共同小结:植物的根、茎、叶分别负责吸收、输送、制造养料,它们都属于植物的营养器官。

【设计意图】通过观察、查阅资料等活动,认识叶的构造,知道叶也是植物的营养器官,为植物的生长吸收、制造养料。

五、总结拓展

1. 教师提问:通过这节课的学习,你们对植物的根、茎、叶有了哪些新的认识?谈谈你的收获。

2. 学生思考交流。

3. 教师提出拓展问题:植物的叶子为什么是绿色的?请同学们课下查阅资料,也可请教家长,获取相关信息。

【设计意图】拓宽学生对植物的认识,巩固所学知识,培养学生总结、概括以及语言表达能力。

【精彩片段】——出示探究材料,激发学习动机,探寻茎的作用

师:同学们,你们知道连接根和叶的部分叫什么吗?(教师边展示植物的茎边提问。)

生:茎。

师:同学们说对了,这就是植物的茎。老师想考考大家,树干和树枝属于植物的哪个部分?

生:我认为它们也都是植物的茎。

师:对,其实树干、树枝都是茎! 那植物的茎有什么作用呢?

生1:我觉得茎可以为植物提供水分。

生2:我觉得茎还可以为植物提供养料。

师:其他同学也是这么认为的吗?

……

师:大家看,老师这有一株植物的茎、一杯红色的液体,你们能用这些材料探究出植物的茎到底有什么作用吗? 小组讨论一下你们的想法。

生:我们组想把这株植物插入红色的水中,过一段时间后观察茎的变化。如果茎变红了,就说明茎有运输的作用,就像大货车运送货物一样,把营养和水分运送到植物的各个部分。

师:你的比喻太形象了,那同学们在实验的时候有什么要注意的地方吗?

生:观察的时候我们需要用小刀将茎切开,切的时候要小心,以免切到手。

师:你可真是一个细心的孩子,我们一定要注意安全,那同学们就动手操作吧。

学生分组实验,观察并记录实验现象,教师巡视指导。

【教学评析】

在探究茎的作用活动中,教师采用启发式教学方法,以问题的形式引导着学生的思维,让学生在思考、讨论和亲身实践中去感受并获得真知,从而培养学生的科学思维和观察、动手实践能力。

【学习单】

观察一种植物的幼苗，写出或画出植物不同时期的样子。

＿＿＿＿＿幼苗生长记录单

记录时间	幼苗的高度/厘米	幼苗的样子(文字表述或画出)
第一周　　月　　日		
第二周　　月　　日		
第三周　　月　　日		
第四周　　月　　日		

第3课时 植物开花了

核心问题：你知道番茄花和黄瓜花有何不同吗？

【教学目标】

1. 通过对比观察，初步认识番茄花的雌蕊和雄蕊、黄瓜花的雌花与雄花，知道番茄花和黄瓜花的种类不同。

2. 通过观察、解剖番茄花和黄瓜花，掌握观察和解剖的基本方法。能够联系生活经验，对花的各部分功能做出合理的推测。

3. 尊重证据，愿意合作交流，能从科学探究中体验观察、分类、比较的重要性。意识到认真细致的观察可以帮助我们更准确地认识事物。

4. 激发学生热爱科学、热爱大自然、勇于探索大自然奥秘的热情。了解到科学知识是为我们的生活服务的。

【教学重难点】

重点：知道番茄花和黄瓜花种类的不同。

难点：能够辨别花的雌蕊和雄蕊。

【教学准备】

教师准备：放大镜、镊子等。

学生准备：番茄花、黄瓜花等。

【教学过程】

一、导入新课

1. 教师提问导入:我们栽种的番茄和黄瓜开花了。在前几节课我们学习了植物的根、茎、叶的知识后,这节课我们来学习植物花的有关知识。首先,我们来研究番茄花。同学们准备用什么方法去简单认识番茄的花呢?

2. 学生思考交流并回答问题。

3. 小组合作通过多种方法(如看一看、数一数、闻一闻、摸一摸)观察番茄的花并交流讨论。

4. 教师谈话:各小组派一名代表说一说你们的收获吧!

5. 学生代表汇报小组的发现,教师引导学生集体总结归纳番茄花的形状、颜色、气味、花瓣等内容。

6. 教师提问:刚才我们简单地观察了番茄花,老师还想更加细致地了解番茄花的构造,大家知道植物学家是怎样来研究植物体的构造的吗?

7. 学生各自发表自己的看法。

8. 教师提问:植物学家通常用解剖的方法来研究植物体的构造,让我们也像植物学家一样通过解剖的方法来研究番茄花的构造吧。在解剖之前,结合刚才对番茄花的观察,同学们认为应该按怎样的顺序去解剖番茄花呢?解剖时应该注意些什么呢?

9. 学生发言,教师引导得出结论:按由外向内的顺序,注意不能随意破坏花等。

【设计意图】通过引导学生思考用什么方法来简单认识番茄花,激发学生的探究兴趣,引入新课。

二、解剖番茄花

1. 教师引导学生边解剖,边仔细观察、猜想各部分的特点及作用,并适时交流各部分的名称和作用。

(1)教师指导总结解剖方法:按照由外向内的顺序,用镊子逐一轻轻夹取各个部分的基部,摘下花的各个部分,防止将某一部分破坏,解剖下来的各个部分要按照一定顺序分类摆放,观察每部分结构的形态、颜色及数量等。

(2)教师引导学生总结番茄花的构造:番茄花由萼片(保护未开放的

花)、花瓣(吸引昆虫)、雄蕊和雌蕊组成。

2. 教师引导学生重点观察雌蕊和雄蕊。

(1)教师提问,并引导学生探究:雌蕊和雄蕊有什么特点和作用呢?让我们通过看一看、摸一摸、画一画等多种方法,或者借助放大镜等工具更加深入地认识它们,看有什么更多的发现,并和小伙伴交流一下。

(2)小组成员通过用放大镜看、用手摸一摸等方法观察并交流。

(3)教师追问:大家有什么新的发现?

(4)学生发言,集体总结解剖发现和收获:萼片——保护未开放的花;花瓣——吸引昆虫;雄蕊——产生花粉;雌蕊——接受花粉。

(5)教师小结:雌蕊和雄蕊是植物的繁殖器官。雄蕊产生的花粉落在雌蕊柱头上的过程叫作传粉,传粉后植物就有可能结出果实,我们就可以吃到酸酸甜甜的番茄了。

3. 基于对雄蕊、雌蕊的观察,教师进一步提出问题:刚才我们研究了番茄花,你们还知道哪些花和番茄花是一样的结构吗?

4. 学生交流讨论回答问题。

5. 教师追问:我们栽种的黄瓜花和番茄花是一样的构造吗?现在我们接着研究黄瓜花。同学们先简单观察黄瓜花,看有什么发现。

6. 学生观察并发言,教师引导学生得出:黄瓜花和番茄花不一样。黄瓜有两种不同的花,一种后面有个"小黄瓜",一种没有。

7. 基于对两种不同形态的黄瓜花的观察,教师引导学生思考:两种不一样的黄瓜花分别是怎样的构造呢?是否可以用解剖番茄花同样的方法解剖黄瓜花?

【设计意图】通过学生自主探究、讨论,让学生直观感知花的构造,发挥学生的主体地位,培养学生的观察能力、语言表达能力,让学生学会倾听和思考。

三、解剖黄瓜花

1. 同学们用解剖番茄花的方法分别解剖两朵不一样的黄瓜花,教师引导学生边观察边思考黄瓜花和番茄花的不同之处。

(1)各组派一名代表归纳总结小组的发现与收获,教师将同学们的研究结果投影,并进行评价和归纳总结。

(2)学生归纳发现:我们发现番茄花和黄瓜花确实不一样,后面有“小黄瓜”的花只有雌蕊没有雄蕊,另一种花只有雄蕊没有雌蕊。

2. 教师提出问题:通过解剖番茄花和黄瓜花,大家有什么发现吗?

3. 教师引导学生归纳总结得出:并不是所有的花结构都是一样的,有些花缺少一部分或几部分。

4. 教师追问:同学们还能找到哪些像黄瓜花一样缺少一部分或几部分的花吗? 同学们小组内交流,看哪组找的多。

5. 学生发言,集体总结举例,并引出完全花、不完全花,以及雌花和雄花。

6. 教师继续提问:现在,同学们利用刚刚学到的知识,小组合作观察辨别一下我们种的黄瓜植株上,哪朵是雌花,哪朵是雄花吧!

7. 学生小组内合作辨别黄瓜的雄花和雌花。

8. 教师进一步引导学生思考,并布置拓展性作业:黄瓜花的雌蕊和雄蕊不在同一朵花上,那它们是怎样完成传粉结出黄瓜的呢? 所以,这节课的最后老师布置一个任务,课下时间同学们可以上网查阅资料,也可以请教家长,搜集了解有关植物传粉的知识,下节课我们一起学习。

【设计意图】通过观察比较番茄花和黄瓜花,找出不同,认识花的多样性,并会实际辨别黄瓜的雌花和雄花,把科学知识和实际生活相联系。

【精彩片段】——合作探究,辨别花的不同构造

师:同学们,通过之前的探究,我们知道每朵番茄花上都有雄蕊和雌蕊。你们觉得黄瓜花和番茄花的构造是一样的吗?

生1:我认为是一样的,所有植物的花朵都应该有雄蕊和雌蕊。

生2:我认为可能会有所不同,植物不同,花的构造也应该有所不同。

……

师:同学们的猜测都有一定的道理,谁的猜测是正确的呢? 下面,请同学们用同样的方法来分别解剖两朵黄瓜花,仔细观察它们与番茄花的不同之处。

学生分组实验、观察并汇报:黄瓜花和番茄花确实不一样。后面长有小黄瓜的花只有雌蕊,没有雄蕊;而后面不带小黄瓜的花却只有雄蕊,没有雌蕊。

师:同学们真棒! 都有一双善于发现的眼睛。谁来说一说,通过解剖番茄花和黄瓜花,你有什么新的发现?

生:不是所有植物花的结构都是一样的。

师:是的。有些植物的花就像番茄花一样,既有雌蕊又有雄蕊;而有些植物的花却像黄瓜花一样,雌蕊和雄蕊不在同一朵花上,分为雌花和雄花。同学们还知道哪些植物的花像黄瓜花一样吗?小组内讨论交流,看哪组找得多。

学生讨论、交流并汇报:有南瓜花、丝瓜花……

师:同学们利用刚刚学到的知识,小组合作观察一下我们种的黄瓜植株,辨别哪朵花是雌花,哪朵花是雄花。

生:花蕊中间有一些看起来像是圆柱体的,比较粗大的,就是雌花;花瓣中间的花蕊有很多花粉的,稍显瘦小一点的,就是雄花。

师:同学们观察得真仔细,都找对了。老师还有个疑问,黄瓜花的雌蕊和雄蕊不在同一朵花上,是怎么完成传粉结出黄瓜的呢?

生1:靠风传播的。

生2:靠蜜蜂传播的。

……

师:课后请同学们继续查找、搜集有关植物传粉的知识,下节课我们继续研究。

【教学评析】

通过观察和解剖黄瓜花,发现并找寻黄瓜花与番茄花的不同之处,从而认识花的多样性。让学生在动手实践中,实际辨别黄瓜的雌花和雄花,把科学知识和实际生活相联系,进一步激发学生的探究兴趣。

【学习单】

边解剖边仔细观察,并在下表中写出番茄花和黄瓜花各部分的特点和作用。

番茄花解剖记录单

花的名称	解剖后的各部分用图画或文字的形式表现出来	各部分的作用
番茄花		

黄瓜花解剖记录单

花的名称	解剖后的各部分用图画或文字的形式表现出来	各部分的作用
黄瓜花		

第4课时 植物结果了

核心问题:你会辨别果实与非果实吗?

【教学目标】

1. 知道果实的特征。知道植物一般由根、茎、叶、花、果实和种子组成。知道植物通常会经历由种子萌发成幼苗,再到开花、结出果实和种子的过程。

2. 通过整理和交流种植记录表,回顾植物的生长过程,找出番茄和黄瓜生长过程的共同点。能够利用果实的特征辨别果实和非果实。

3. 通过长期的观察活动,培养学生的观察能力。通过交流汇报活动,培养学生运用科学语言与他人交流和沟通的能力。

4. 认识到植物的重要性,形成热爱自然的情感,愿意采取行动保护植物、保护环境。

【教学重难点】

重点:通过比较,找出番茄和黄瓜生长过程的共同特征。

难点:知道植物的可食用部分是哪个器官。

【教学准备】

教师准备:观察记录单、多媒体课件、视频等。

学生准备:观察记录单、番茄、黄瓜、小刀等。

【教学过程】

一、导入新课

1. 教师向学生展示番茄植株,并进行谈话:同学们,你们看,番茄终于长大了,你们还记得刚见到它时,它是什么样子的吗?

2. 教师提问:这些番茄和同学们一起成长,也帮助同学们学习到了很多与植物有关的知识,你们都知道了什么?

3. 学生利用前知回答:植物的根、茎、叶、花……

4. 教师谈话:今天,我们栽种的番茄要带大家继续学习的知识会是什么呢?

【设计意图】通过展示栽种的番茄,引起学生的兴趣,吸引学生的关注。通过问答,唤醒学生的前知记忆,顺利进入接下来的学习。

二、番茄种植观察活动交流汇报会

1. 教师提问:同学们,你们还记得第一次见到番茄的时候它长什么样吗? 它现在长成什么样了?

2. 学生描述番茄过去和现在的样子,教师适时出示学生拍摄的番茄照片辅助其描述。

3. 教师提问:从同学们的描述中,我感受到了同学们看着番茄一天天健康长大的欣喜和自豪。那么,在番茄长大的过程中,有哪些瞬间让你觉得很有纪念意义呢? 请展示你的观察记录单,和同学们一起分享吧!

4. 学生展示观察记录单,汇报种植过程中的重要时刻,如播种、发芽、长叶、开花等。

5. 教师利用信息技术,展示多名学生的观察记录单,适时指导学生使用科学语言进行汇报和交流。

6. 教师提问:同学们的观察记录中,有哪些共同点?

7. 学生阅读观察记录单,并思考发言。

8. 教师出示番茄和黄瓜生长过程的视频,并提问:这两种植物的生长过程有没有共同点?

9. 师生共同小结:植物通常会经历由种子萌发成幼苗,再到开花、结出果实的过程。

【设计意图】通过交流汇报会，了解学生种植观察活动的开展情况；利用信息技术，让学生充分展示自己的观察成果，有助于提高学生用科学语言与人交流和沟通的能力，提高学生的观察能力，培养学生热爱观察、热爱植物的情感。

三、认识植物的果实

1. 教师提问：我们的番茄开花之后会怎样呢？你知道番茄的果实长什么样吗？

2. 教师追问：老师今天不仅带来了番茄，还带来了和它大不一样的黄瓜。同学们来找一找，圆圆的番茄和长长的黄瓜之间，有没有什么共同点？

3. 教师指导学生用小刀小心切开番茄和黄瓜的果实，观察它们的内部结构。

4. 学生进行实验，仔细观察，小组内交流观察到的结果，班级内汇报发现：番茄和黄瓜的果实都有外皮（果皮）、果肉（可能出现）和种子。

5. 教师出示花生果实图片并提问：花生的果实也具有这些结构吗？

6. 学生观察，修正结论：植物的果实一般由果皮和种子组成。

7. 教师出示图片，学生辨认哪些是果实，哪些不是果实。

8. 教师出示视频：果实的结构。

【设计意图】通过设置简单的解剖植物果实的实验，让学生直接观察到不同植物果实在结构上的共同点。通过出示不同植物的果实，引发学生认知上的冲突，在观察、思考和归纳中不断修正自己的结论，培养学生良好的科学探究习惯。

四、了解植物的作用

1. 教师提问：刚才在汇报果实的共同点时，很多同学说了“能吃”。当然，大部分植物的果实是可以吃的，那我们可不可以说，我们吃的都是植物的果实呢？

2. 教师出示课本上的图片并提问：这些植物我们食用的都是它们的果实吗？如果不是，那又是植物的哪个部分呢？

3. 学生根据植物相应部分的特征进行分析判断。

4. 师生共同小结：我们平时吃的植物并不都是它的果实部分，部分植物的根、茎、叶、花也是可以食用的。

5. 教师提问：植物除了可以用来吃，还有什么作用？

6. 学生联系生活经验，发言回答。

7. 教师播放视频——植物的作用，并共同小结：植物在我们人类生活的各个方面都起到了重要的作用，更是人类在地球上赖以生存的基础，我们应该从身边点滴做起，保护植物，保护环境。

【设计意图】通过课堂所学的知识，引导学生将其运用到生活中进行判断，学以致用，激发学生学科学、用科学的兴趣。通过学生的前知和教师介绍，使学生意识到植物的重要性，树立保护植物、保护环境的意识。

五、总结拓展

1. 教师提问：通过这节课的学习，你们对植物有了哪些了解呢？

2. 师生总结：植物通常会经历由种子萌发成幼苗，再到开花、结出果实和种子的过程。植物一般由根、茎、叶、花、果实和种子组成。其中果实由果皮和种子组成。

3. 拓展：今天的学习虽然结束了，但我们栽种的番茄的生命历程还没有结束。课后同学们可以用自己种出的番茄，为爸爸妈妈做一道菜，和他们一起分享收获的喜悦吧！

【设计意图】通过课堂总结和课后活动，将学生的学习从课堂延伸到课外，学以致用，激发学生的学习热情，培养学生乐于分享的优良品质。

【精彩片段】——自主探究，探寻果实的秘密

师：植物开花之后，会有什么新的变化吗？

生：会结出果实。

师：你们知道番茄的果实长什么样吗？

生1：红红的、圆圆的……

生2：有薄薄的外皮，厚厚的果肉……

师：（出示番茄和黄瓜实物）请同学们用小刀慢慢切开番茄和黄瓜的果实，仔细观察它们的内部有什么共同特点。大家切果实时一定要注意安全，小心别划伤手。

学生分组实验，并进行观察记录。

师：通过观察，你有什么发现吗？

生：番茄和黄瓜的果实都有外皮、果肉和小种子。

师：（出示花生果实的图片）请同学们观察花生的果实。

学生观察、汇报花生果实的特点。

教师在学生汇报的基础上总结得出：植物的果实一般由果皮和种子两部分组成。

师：（出示图片）请同学们辨认下，哪些是果实？哪些不是果实？

生1：桃子、山楂、苹果是果实。

生2：马铃薯、萝卜、菠菜不是果实。

……

教师播放视频——果实的结构。

学生观看视频，检验自己的判断是否正确。

【教学评析】

通过亲身体验与动手实践，让学生在切割果实活动中，了解、认识果实的结构，学会根据果实的特征来辨别果实与非果实。引导学生在自主探究中获得真知，并将所学知识运用到实际生活中，激发学生学科学、用科学的兴趣。

【学习单】

切开番茄和黄瓜的果实，仔细观察并在小组内交流它们的内部结构。通过仔细观察，我发现切开后的黄瓜和番茄是这样的（用文字或图画表示）：

我的观察记录单——观察果实

黄瓜	番茄

通过对比，我发现了它们的共同点有：____________________

____________________________________。

持续反馈与应用设计

项目式作业　探索植物世界的奥秘

【任务】

植物是生命世界的重要组成部分,是动物和人类赖以生存的基础。大千世界里的植物多姿多彩,不仅遍布我们的周围,同时也为我们提供了食物、氧气和美好的环境。让我们一起走进大自然,继续去探索植物世界的奥秘!

【要求】

(一)绘画小能手

根据本单元所学内容及亲身实践,画出你所熟悉的一种植物从种子萌发到开花结果的生长过程。

(二)种植小行家

种植一种你喜欢的植物,观察、照料并记录下它的一生。

植物名称:__________　　　　**记录人:**__________

日期	生长情况	高度	种植处理

(三)制作小达人

1. 收集不同植物的根、茎、叶、花、果实及种子,设计并制作出一幅精美的植物贴画。

2. 有能力的同学还可以采取干制、浸制等方法,对你所喜爱的某种植物的整株植物或植物的某一部分进行加工处理,制作成植物标本。

单元教学反思

本单元通过植物自然地生长,使学生经历植物从播种到收获、从发芽到结果的生长过程,并依次展开对植物生命过程的观察与记录,对植物各部分形态和功能进行观察和探究。在教学过程中,应注意以下几点:

1. 明确目标,自主学习,把课堂还给学生

学生是学习的主体,教师要引导学生积极主动探究,种子发芽需要什么条件？植物的根、茎、叶有什么作用？如何判断一朵花的雌雄？……教师鼓励学生大胆猜测,在猜测的基础上,小组讨论并设计实验方案,在教师的引导下,进行实验探究。整个过程中,教师始终努力为学生创设参与学习的条件与机会,引导学生主动探究,真正让学生成为学习的主体。

2. 教学延展,将课堂学习延续到生活中去

本单元除了在课堂上探究之外,还要让学生在课外好好照料自己种植的植物。将植物放在什么样的环境中、多久浇一次水、如何帮助植物授粉、如何科学地观察记录植物的生长过程……这些都需要教师在前期做好充分准备,在课堂上充分引导学生梳理清楚这些事情,才能保证学生在课后有条不紊地观察与记录。例如,如何照料自己的植物,教师可引导学生查阅资料或请教当地有经验的人;如何做观察记录,教师可引导学生集体讨论记录的内容,经过总结梳理,大家选取重要的几点,将它们用表格的方式呈现出来。

3. 课堂教学与多媒体教学巧妙融合

“植物的一生”是一个长期性实验,为了提高课堂效率,在探究种子发芽条件的时候,教师可以将多媒体资源适时地融入课堂教学中来,在学生已经明确了探究种子萌发条件的方法之后,将教师事先做好的实验录成视频,直接在本节课公布答案,使课堂学习具有完整性。

植物是生命世界的重要组成部分,也是小学生认识自然、利用自然的重要内容。对植物一生的了解,是认识植物形态、结构、生理、功能以及价值的基础条件,是认识生命世界的重要一环,所以教师一定要将这个单元的教学落到实处,千万不能只靠教师讲解,一定要让学生亲自参与进来,亲自动手去种植、去观察,才能真正地培养学生的科学探究能力。

案例提供者:徐　明,本溪市教师进修学院
于　波,本溪市明山区教师进修学校
赵　丹,本溪市溪湖区东风街道办事处中心小学
高玲玲,本溪市明山区卧龙中心小学
指 导 教 师:刘天成,辽宁教育学院

生物与环境的相互关系

案例7 生物与环境

单元教学内容规划

（一）本单元学习指向的核心概念及学习进阶路线

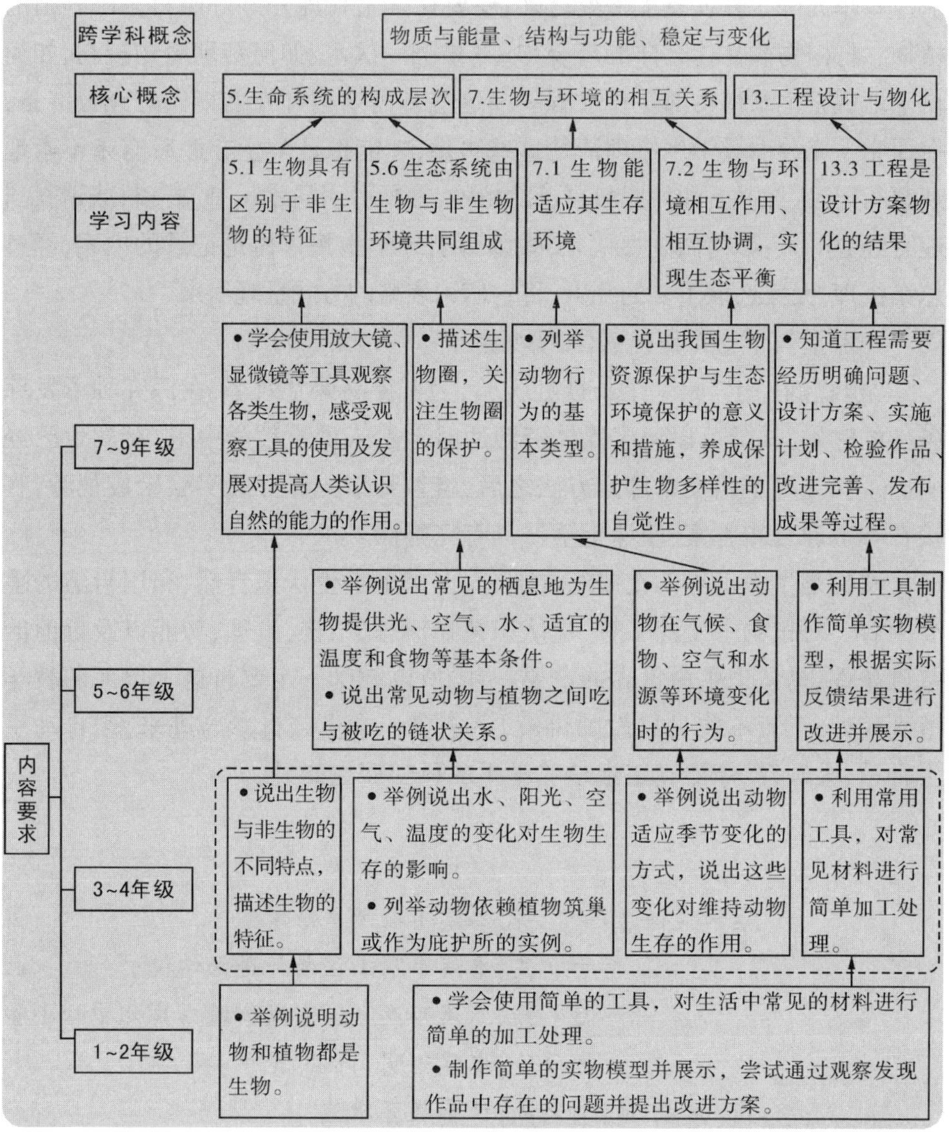

本单元聚焦“生物与环境的相互关系”核心概念，落实课标中“生物能适应其生存环境”的学习内容要求。

地球上每一种生物的生存都与环境密切相关，生物与环境之间的相互作用与相互协调构成了生态系统的动态平衡。

1 ~ 2 年级认识到植物、动物都是生物，并能举例分析生物的共同特点。

3 ~ 4 年级认识到动物能对季节变化做出反应，能比较不同动物适应季节变化的方式对维持其生存的作用，调查动物适应季节变化的方式，能积极参与对自然规律的探究活动。

5 ~ 6 年级要求认识动物能适应环境变化，分析不同动物在气候、食物、空气和水源等环境变化时的行为。

7 ~ 9 年级认识到生物既能适应环境，又能影响环境，生物与环境相互作用、相互协调，实现生态平衡。

通过学习，探究生物与环境的关系，发展推理、解释、评估等高阶思维能力，形成人与自然和谐相处的观念，形成物质与能量、结构与功能、稳定与变化等跨学科概念。

（二）本单元学习内容的组织线索

①认识生物的共同特点；
②观察判断某物体是否是生物；
③思考生物与非生物之间的关系

①分析季节更替和自然灾害对动植物的影响；
②分析人为原因造成的环境变化对生物生存的影响；
③分析评估鱼类洄游时鱼道设计是否合理

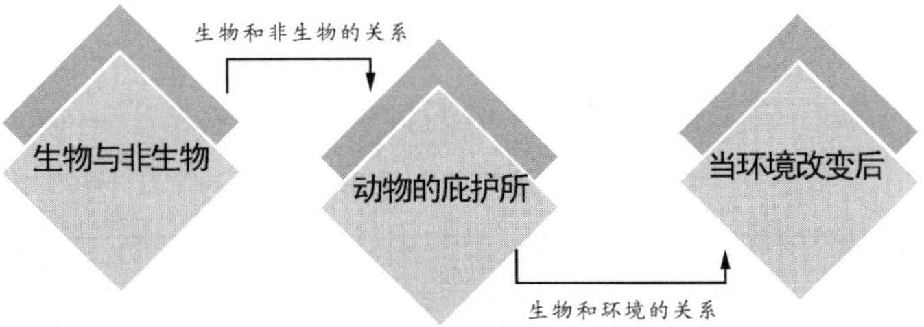

①观察并交流野生动物的家；
②设计并调查寻访动物的家；
③设计制作一个鸟巢

单元学习目标设计

核心素养	学习目标
科学观念	1. 知道生物的共同特点，理解生物和非生物之间的密切关系。 2. 会列举动物依赖外界材料筑巢或作为庇护所的实例，了解生物的生存离不开非生物。 3. 举例说出不同的生物适应季节变化的方式，知道环境的改变会对生物的生存造成影响
科学思维	1. 能运用比较、归纳、概括的方法，发现生物的共同特点。 2. 会用调查、比较、分析的方法，发现生物对环境变化的适应性行为。 3. 初步掌握重组思维、发散思维、突破定势等创造性思维的基本方法
探究实践	1. 通过查阅资料等方式，知道动物依赖外界材料筑巢或作为庇护所。 2. 设计制作一个鸟巢给鸟儿安家，能发现其不足并进行改进。 3. 思考人类活动给动植物带来的影响，并尝试提出解决方案。 4. 初步具有交流、反思以及评价探究过程和结果的意识
态度责任	1. 丰富对自然事物的认知，发展对未知自然事物的探究兴趣。 2. 了解人类的生活和生产可能对环境造成破坏，知道保护环境的重要性，树立人和自然和谐相处的观念。 3. 树立热爱自然、保护环境的意识

单元学习评价设计

单元学习评价设计一

“生物与环境”评价量表

核心素养	评价指标	评价等级			同伴互评	教师评价
		★	★★	★★★		
科学观念	认识生物和非生物	会区分生物和非生物，了解它们之间的密切关系	会区分生物和非生物，描述生物的共同特征，并了解它们之间的密切关系	认识生物的共同特征，并认识动植物的生存依赖周围环境，环境改变会对生物的生存造成影响	☆☆☆	☆☆☆

续表

核心素养	评价指标	评价等级 ★	★★	★★★	同伴互评	教师评价
科学思维	理解生物对环境的适应行为	会应用比较的方法，发现生物的共同特征	会应用比较、归纳的方法，描述生物的共同特征；调查生物生存的环境，理解生物与非生物的关系	会应用比较、归纳的方法，描述生物的共同特征；通过调查、比较、分析、评估，理解生物与非生物的关系	☆☆☆	☆☆☆
探究实践	探究生物和环境的关系	知道动物依赖外界材料筑巢或作为庇护所，并设计制作一个鸟巢	设计和制作一个鸟巢，会描述鸟巢特点；思考人类活动给动植物带来的影响	设计和制作一个鸟巢，会描述鸟巢的特点；思考人类活动给动植物带来的影响，并尝试提出解决方案	☆☆☆	☆☆☆
态度责任	树立热爱自然、保护环境的意识	能参与生物与非生物环境之间关系的探究	能参与生物与非生物环境之间关系的探究，意识到保护环境的重要性	积极参与生物与非生物环境之间关系的探究，树立热爱自然、保护环境的意识	☆☆☆	☆☆☆

单元学习评价设计二

1. 下列是关于生物与非生物之间关系的说法，正确的请打“√”，不正确的请打“×”。

(1)非生物为生物提供了庇护的场所。　(　　)

(2)生物对非生物没有什么影响。　(　　)

(3)生物与非生物相互依存、相互影响、相互制约。　(　　)

2. 评价我们设计制作的鸟巢。

评价内容	评价指标	评价意见
材料的选择	能选择合适的材料	☆☆☆
鸟巢的设计	能从材料、形状结构、美观性等角度设计	☆☆☆
鸟巢的结构	结构合理、美观、牢固	☆☆☆
鸟是否喜欢	是否有鸟入住	☆☆☆

3. 假设要在藏羚羊迁徙的必经之地修建铁路，请画出设计方案。

我设计的方案	小组交流修改后的方案

学生情况分析

四年级的学生已经对生物的基本特征进行了观察、认识和研究，对植物生长需要阳光和水分、动物生活在一定的环境中已经有一定的认识。他们已经具备一定的思维水平和探究技能，如比较、概括、推理、观察、记录、调查等。

在本单元教学中，学生将通过研究生物与非生物的不同特点，归纳生物的共同特征，发展归纳概括的思维技能，并学习使用图示表达复杂的关系；在调查动物的家的活动中，学生将进行较长时间的动态观察和原因探究；在研究生物与环境的过程中，会进一步巩固对生物特征的已有认识，并通过对相关资料的分析，发展推理、解释、评估等高阶思维能力，理解非生物对生物生存的重要性，形成关注生命现象的积极态度。通过以上活动，有助于学生理解生物和环境只有和谐相处，才能相对稳定地处于平衡状态。

单元学习进程设计

单元主要概念	学习进阶	学习问题链	主要学习活动	思维型教学原理	课时建议
生物与环境的相互关系	记忆理解	生物和非生物有哪些关系？	比较归纳：通过对动植物的观察比较，概括出动植物的共同特点。认识生物和非生物的关系。	概念初始水平（动机激发）（自主建构）	1课时
	理解运用	不同的动物对庇护所有哪些不同的要求？	考察实践：寻访动物的家，观察动物依赖外界材料筑巢或作为庇护所，设计制作鸟巢。认识动物与环境的关系并会实际运用。	概念具体化（自我监控）（自主建构）	1课时
	评价创造	环境的改变会对生物的生存造成哪些影响？	问题解决：举例生物适应季节变化的行为，及环境变化对生物造成的影响，依据洄游鱼类的生活习性评估其合理性。	概念迁移创造（应用迁移）	1课时

第1课时 生物与非生物

核心问题：生物与非生物有哪些关系？

【教学目标】

1. 通过对动物、植物的观察比较，能描述出动物、植物的主要特点。

2. 能运用比较、分析、归纳、概括的方法，发现生物的共同特点。

3. 通过举例、交流，初步认识生物和非生物的密切关系。

4. 丰富对自然事物的认知，发展对未知自然事物的探究兴趣。

【教学重难点】

重点：分析生物与非生物之间的关系。

难点：比较生物和非生物，归纳概括生物的共同特点。

【教学准备】

教师准备：维恩图、多媒体课件、校园一角或自然界某个场景的放大照片等。

学生准备:探究学习报告单等。

【教学过程】

一、创设情境,猜谜导入

1. 教师出示谜面:有个小木匠,盖房不用梁,墙壁白如雪,拆了做衣裳。

2. 学生猜谜。

3. 教师谈话:在本单元中,我们要化身小小生物学家来开展专业的科学探究,先从身边的生物开始研究。

4. 教师引导交流:生活中你饲养过哪些动物,种植过哪些植物?

【设计意图】猜谜导入,调动学生已有的知识经验,营造一种愉快轻松的学习氛围,这样的导入方式能激起学生探究的兴趣,并以最佳的状态开展学习活动。

二、认知冲突,合作探究

活动一:总结动植物的共同特点

1. 教师出示学生前面学习过程中接触过的动植物,并引导交流:这些动物和植物分别有哪些特点?

2. 教师出示维恩图,引导学生对动植物的共同点和不同点进行归纳总结,进一步整理、概括生物的共同特点。

3. 学生交流。交流环节中,可进行全班交流,将各小组的记录投影在大屏幕上或张贴在黑板上,小组代表讲解本组的维恩图,其他小组补充,全班同学达成共识。

4. 教师根据学生交流的结果进行修正,帮助学生用科学的词汇描述生物的共同特点:①几乎都需要阳光、空气、水、适宜的温度;②需要营养;③会生长变化;④会繁殖;⑤会对环境变化做出反应。

【设计意图】充分调动学生已有的知识经验,展现学生对生物这一概念的理解,学生在交流讨论的过程中,不断修正,进一步完善对生物这一科学概念的认识。

活动二:判断更多的自然事物是否属于生物

1. 教师出示图片(石笋、青苔、地衣、松萝、水绵等),并进行提问:你们认识它们吗?它们各自有哪些特点?它们是生物吗?你是怎样判断的?

2. 学生观察,并进行初步交流讨论。

3. 教师进一步出示这五种物体的资料信息卡,引导学生开展阅读,并完成记录单的填写。

阅读记录单

名称	特点	是否是生物	你找到的证据
石笋			
青苔			
地衣			
松萝			
水绵			

【设计意图】大板块活动,给予学生充分的时间去阅读资料卡,从中提取出有价值的信息,归纳总结它们的特点,帮助学生深入理解生物的共同特征。本环节尽可能让学生独立完成记录单的填写,培养学生的求证精神,提高其解决问题的能力。

活动三:生物与非生物之间的联系

1. 教师提供图片资料,并提问:这是我们常去的动物园的照片,你能从中找到哪些生物和非生物?

2. 学生观察,并进行初步交流讨论。

3. 教师进一步提问:这些生物与非生物之间有怎样的联系?

4. 学生小组讨论,罗列生物与非生物之间的联系。

5. 各小组派学生代表交流汇报,相互补充,总结生物与非生物之间的关系,可以是直接的关系,也可以是间接的关系。

【设计意图】本活动在前两个活动的基础上,进一步帮助学生发现生物和非生物之间有着密切而复杂的关系。

三、总结交流,应用提升

1. 教师谈话:我们人类是不是生物,我们与周围非生物之间有没有关系？有哪些关系？

2. 学生思考，交流讨论，上升到生物与周围环境之间关系的认识。

【设计意图】进一步让学生了解生物与非生物的关系，生物生存依赖一定的环境，了解生物与环境之间密切的联系。

【精彩片段】——观看动物园场景，激发学习兴趣，增强辨析能力

教师出示动物园的视频和图片。

师：今天我们走进了动物园，这是动物园的一角，请你找一找动物园里有哪些生物，又有哪些非生物。它们之间有什么关系？

生1：我看到了长颈鹿，它在吃树叶，长颈鹿和大树是生物，围栏是非生物，还有泥土也是非生物。

生2：我觉得长颈鹿脚下的那些小草也是生物，因为它们会枯死。

生3：我看到了斑马，斑马是生物。斑马圈里还有一个放水的盆，它是非生物。水也是非生物，因为它没有生命。

生4：我看到了河马，河马是生物，有的河马在泥地里打滚，泥土是非生物。

生5：我看到河马圈里还有一间木头房子，那间房子是非生物，是河马住的地方。

生6：我看到了小猴子，猴子园里有假山、秋千，猴子是生物，假山、秋千是非生物，猴子喜欢在假山和秋千上玩，太可爱了。

师：是的，动物园里的动植物都是生物，而它们生存的场所、喝的水等是非生物，它们之间的关系十分密切。

师生共同小结：非生物可以给生物提供食物、栖息地，生物的生存离不开非生物。

【教学评析】

在这个片段中，学生通过看动物园图片、视频等方式，能较为清楚地辨析动物园里的生物和非生物，而且有证据的支持。交流中学生也能对生物和周围非生物之间的关系做出一定的解释。通过真实的动物园场景帮助学生进一步了解生物和非生物的特征，并能对生物与非生物之间的关系有更为直观地了解，从而渗透生物与周围环境之间和谐相处的科学态度。

【学习单】

1. 你认为图片中是生物的有(　　　　　),不是生物的有(　　　　　),暂时不能确定的有(　　　　　)。

①石笋

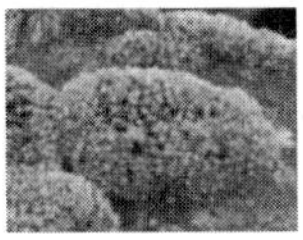
②青苔

③地衣

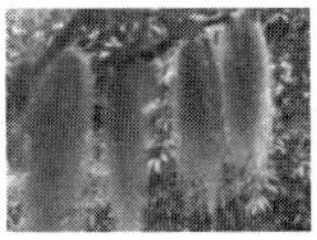
④松萝

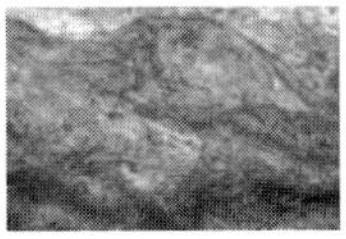
⑤水绵

2. 写出生物和非生物的不同和联系。

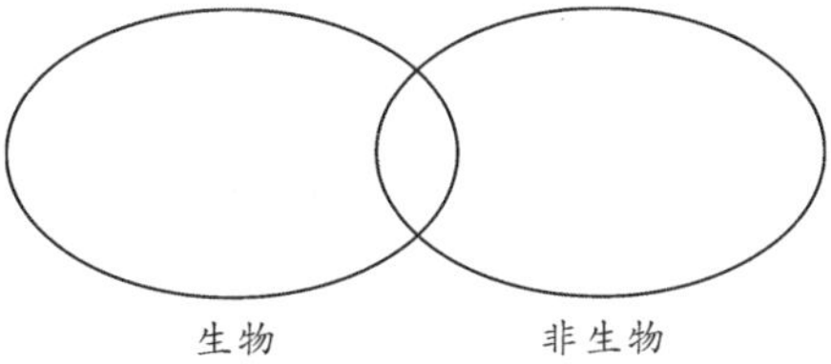

第2课时 动物的庇护所

核心问题:不同的动物对庇护所有哪些不同的要求?

【教学目标】

1. 通过寻访动物的家,理解大自然为动植物的生存提供了各种必需的非生物条件。

2. 结合生活经验和辅助资料,能列举动物依赖外界材料筑巢或作为庇护所的实例。通过寻访,能比较和发现动物的生活习性不同,对庇护所的要求也不同。

3. 设计寻访调查记录表和设计制作鸟巢活动,发展自主设计和动手实践能力。

4. 设计并制作一个鸟巢给鸟儿安家,增强保护小动物的情感和意识。

【教学重难点】

重点:理解不同的动物对庇护所的要求不同。

难点:设计寻访调查记录表、设计制作鸟巢。

【教学准备】

教师准备:多媒体课件、视频资料、动物庇护所图片等。

学生准备：寻访调查记录表、鸟巢设计图纸、树叶、树枝、草茎、棉线等。

【教学过程】

一、创设情境，聚焦问题

1. 教师谈话导入：人类有自己舒适的家，那动物有没有自己的家呢？

2. 教师出示各种动物的家的图片，也可以补充一些视频资料，并注意引导学生从以下几方面观察：它们的家是用什么搭建的？家安在哪里？它们正在家里干什么？

3. 学生初步交流讨论。

【设计意图】从学生自身生存环境出发，迁移到动物的生存环境，认识到动物也需要一个适宜的家，从而引发学生的思考。这样的知识迁移能充分调动学生学习的积极性。

二、探究实践，合作交流

活动一：观察并交流野生动物的家

1. 教师引导学生观察，并提问：松鼠、燕子、黄鳝、蜜蜂这四种小动物在哪里安家？为什么在这里安家？

2. 学生交流讨论。

3. 教师引导学生进行小结，包括"家"的外部特征、组成材料等，同时教师要适时追问，在交流中使学生认识到动物的庇护所能为动物提供生存所需的阳光、空气、水、适宜的温度等，同时还能认识到自然环境能为动物提供安家所需的各种材料。

【设计意图】通过观察典型动物的家，认识动物庇护所的不同点和相同点，从而更好地了解庇护所的结构与功能，最终指向生物与非生物之间的相互适应。

活动二：设计寻访调查记录表，寻访一个动物的家

1. 寻访动物的家

(1) 教师谈话：我们校园里也有很多动物的家，你见过哪些动物的家？它们的家是用什么搭建的呢？小小生物学家们，让我们一起去寻访一个动物的家吧！

(2) 教师引导学生思考：寻访小动物的家应该了解哪些方面的信息？（预设：位置、形状、大小、材料、搭建方式、周围环境等。）

(3)教师追问:寻访时,应该注意哪些行为?

(预设:不能破坏动物的家,不随便伸手抓动物或伤害动物,注意自身安全等。)

2. 设计寻访调查记录表

(1)教师出示注意事项和需要调查了解的信息,并进行引导:今天我们就要带着任务去寻访动物,参观它们的家,小小生物学家们打算观察动物家的哪些方面?

(2)学生自主设计寻访调查记录表,设计要寻访的动物的家的基本情况,包括位置、形状、大小、所用的材料、周围环境等。

(3)学生分组实地调查,寻访动物的家,调查过程中要注意安全。

(4)学生交流讨论寻访中的发现和收获。

(5)师生共同小结:动物的生活习性不同,对庇护所的要求也不同。

【设计意图】通过标准前置然后自主设计寻访调查记录表,引导学生带着问题寻访一个小动物的家,以丰富学生的具身认知,进一步感受庇护所对小动物的重要性,使学生对生物与非生物之间关系的理解更加丰富和深刻。

活动三:为校园里的小鸟设计鸟巢

1. 教师出示图片或视频,并提问:学校里会飞来很多小鸟,但是校园里的树上没有小鸟的家,我们能不能为小鸟设计制作一个家?

2. 教师引导学生思考:设计时要考虑什么条件? 需要注意什么?

3. 学生根据自己的观察进行反馈交流,明确鸟巢的大小、形状、结构、功能等,要与小鸟的生活习性相适应。

4. 学生分组设计鸟巢。

【设计意图】通过设计鸟巢活动,进一步认识鸟与其生活环境的关系,要考虑选择鸟巢安装的场地,鸟巢的大小、形状、结构、功能等方面,怎样设计才能符合鸟的生活习性,发展创新思维,增强爱鸟、护鸟意识。

三、设计制作,拓展延伸

根据学生自己设计的鸟巢进行制作,课后在老师的帮助下安装到校园里,并持续观察设计的鸟巢是否有鸟儿入住。

【设计意图】工程的核心是建造。在完成鸟巢的设计后进行制作实践并安放到校园里，让小鸟安家，使学生认识到生物与环境的关系，人类可以为动物的生存提供帮助，进一步增强学生爱护小鸟、保护动物的意识。

【精彩片段】——讨论寻访规划，明确探究任务，提高活动成效

师：同学们，我们校园里也有很多动物的家，你见过哪些动物的家？

生1：我看见过蚂蚁的洞穴。

生2：我还看见过蜗牛，但是没找到它的家。

生3：我在花坛里发现过蚯蚓，蚯蚓应该是生活在泥土里的。

生4：我看见一些小鸟飞来飞去的，它们的家在树上。

师：你们仔细观察过它们的家吗？它们的家是用什么材料搭建的呢？让我们一起去寻访一个动物的家吧。

师：在寻访之前，我们应该做哪些准备？了解哪些方面的信息？

生1：我们需要知道它们的家在哪里。

生2：我们还要仔细观察它们的家的大小、形状，以及是用什么材料搭建的。

生3：我们还可以调查它们的家是怎么搭建起来的，周围的环境怎么样。

师：同学们可真厉害，想得很全面。那我们在寻访时，应该注意哪些行为？

生1：我们要爱护它们。

生2：不能破坏动物的家。

生3：不随便伸手抓动物，万一被咬了就会受伤。

师：同学们说得很全面，让我们先设计寻访调查记录表，再分组实地调查寻访动物之家，并自主填写寻访调查记录表。调查过程中要注意安全。

寻访后学生交流讨论收获。

【教学评析】

在寻访活动开始之前，教师引导学生从哪些方面进行观察，让学生明确寻访动物的家要从位置、大小以及使用的材料等方面着手，并且观察思考动物的家与周边环境的关系，在真实的寻访活动中将动物与周围环境建立关系。同时，引导学生意识到善待小动物的必要性，在寻访活动中进一步加深与动物的感情，增强爱护小动物的意识。

【学习单】

1. 你认为寻访小动物的家应该了解哪些方面的信息？请打“√”。

位置（　　）　　形状（　　）　　大小（　　）

材料（　　）　　搭建方式（　　）　　周围环境（　　）

2. 请设计一份寻访动物的家的调查记录表。

寻访调查记录表

观察（　　　　　　）的家	

3. 我的发现：我寻访的动物（　　　）与它的家的关系：________________

____。

第3课时 当环境改变了

核心问题：环境的改变会对生物的生存造成哪些影响？

【教学目标】

1. 能举例说出生物适应季节变化的方式，对比发现生活在不同环境的生物适应季节变化的方式是不一样的。

2. 能举例说出急速的天气变化和灾害性事件对生物生存造成的威胁。

3. 能举例说出人类生产、建造等活动引起的环境变化，会对生物的生存造成破坏性影响。

4. 能以鱼道的设计为例，依据洄游鱼类的生活习性评估其合理性。

5. 能意识到工程设计需要综合考虑多方面因素，特别是由此引起的环境变化对生物的影响。

【教学重难点】

重点：说出生物适应季节更替的方式并说明原因。

难点:通过观察和分析,评估不同鱼道的工程设计是否合理。

【教学准备】

教师准备:多媒体课件等。

学生准备:学习单等。

【教学过程】

一、创设情境,导入新课

1. 教师创设情境,并进行谈话导入:小小生物学家们前期开展了很多关于生物和非生物的研究,还帮助小鸟设计制作了校园的家,真是太了不起了! 现在天气渐渐变冷了,生物要怎么适应季节的变化呢? 需要我们人类的帮助吗? 让我们一起去看看吧!

2. 揭示主题:当环境改变了。

【设计意图】整个单元以小小生物学家的角色串联,能更好地激发学生学习的内在动力。从气候变迁和季节变化入手,更贴近学生的生活。

二、合作探究,研讨交流

活动一:交流季节更替和自然灾害对动植物的影响

1. 教师出示季节变化时,人们做出相应反应的视频并进行提问:人类能通过增减衣物来适应环境,那其他生物呢? 你知道的生物适应气温变化的例子有哪些?

(预设:冬眠、迁徙等。)

2. 教师提供资料卡,学生自主阅读,交流汇报,归纳总结。

3. 师生共同小结:其他生物和人类一样,也会通过一定的方式去适应季节的变化。

4. 教师通过多媒体课件展示灾害视频并进行引导:环境的变化除了有规律的季节变化以外,还有一些无法预估的灾害性变化,这些自然灾害引发的环境变化有时十分迅速剧烈,这些变化会对生物的生存产生什么样的影响呢?

5. 学生小组讨论,派代表进行总结发言。

6. 教师引导学生积极发言、表达想法,并帮助学生分析总结。

【设计意图】通过大量的图片、视频资料,可以给学生更加直观的体验,也能引发深刻的思考。

活动二:了解人为原因造成的环境变化对生物生存的影响

1. 教师播放视频和图片,并进行谈话:除了自然界自身在不断地改变,人类的一些行为也在改变着我们周围的环境,请同学们看一段视频和图片,说说你有什么感受?这些改变对生物又有什么影响?

2. 学生小组讨论交流。

3. 学生头脑风暴,教师板书思维导图,及时补充课堂生成,在黑板上罗列人类的行为引起的环境破坏会对生物和周围非生物环境造成什么后果。

【设计意图】引导学生通过观看视频、图片等资料,谈自己的感受等形式,深刻认识到人类行为造成的环境变化和对生物造成的破坏性影响,增强学生保护生物和保护环境的意识。

活动三:查找资料,分析评估鱼道设计是否合理

1. 教师通过谈话,引导学生思考:同学们,人类在利用现代科技改善生活的同时,也破坏了动物原本的生活环境,但随着科学观念的提升,人们意识到了这种问题,正在积极采取措施补救。

2. 教师出示鱼道设计图,并进行提问:当环境改变时,水中的鱼儿有洄游的现象,但是有些河道由于被人类利用而发生了阻断,但人们想出了另设一条鱼道的办法,帮助鱼儿洄游。老师这有两份不同的设计方案,让我们来看看这两种方案,你觉得哪一种比较合理呢?说说你的意见。

3. 全班分组,开展资料阅读活动,仔细分析利弊。

4. 开展班级辩论会,各抒己见。

【设计意图】本环节设计较为开放,学生可以充分表达出自己的观点,但教师要善于引导学生,带着有利的证据发表观点,形成良好的实证精神。

三、总结拓展,应用迁移

1. 教师播放藏羚羊的迁徙视频,提问:在藏羚羊迁徙的路上修建铁路时,应怎样评估设计方案的合理性?要考虑哪些因素?

2. 学生课后去调查了解,并设计合理的方案。

【设计意图】通过藏羚羊迁徙路段设计修建铁路的现实问题，让学生充分思考，谈谈需要考虑的因素，并尝试从保护生物的角度设计方案，充分理解人与自然和谐相处的重要性、必要性，并学会综合考虑各种问题，发展解决问题的能力。

【精彩片段】——辩论鱼道设计，甄选最优方案，增强保护意识

师：同学们，人类在利用现代科技改善生活的同时，也破坏了动物原本的生活环境，但随着科学观念的提升，人们意识到了这种问题，正在积极采取措施补救。

教师出示鱼道设计图。

师：同学们看，这些鱼儿要洄游，但河道被人类利用而发生了阻断，现在该怎么办？

生：重新挖一条河道给鱼儿。

师：是的，我们可以重新设计鱼道让鱼儿洄游。老师这有两份不同的设计方案，请同学们仔细阅读分析，你觉得哪一种方案更好？

学生阅读资料。

师：好，我们现在就来进行一场小型的辩论赛，请同学们分组并说一说你们的观点和理由。

生1：我认为第二种方案好，因为第二种更加符合鱼儿生活的生态环境。

生2：我觉得第一种方案好，看上去更加科技化，还给鱼儿设计了休息区。

【教学评析】

在这个片段中，有个人的意见也有团队观点的碰撞，不同的战队能清晰地表达出自己的观点，能从生物生存的环境或科技角度进行思考，给出合理的理由和解释。这种生生互动的学习形式可以激发学生的参与度和学习热情，增强他们的思辨能力和表达能力。通过分享彼此的观点和体会，学生可以拓展自己的思维，培养团队合作和表达能力，也能够使学生更加深入地理解生物与环境、人类与环境的关系。

【学习单】

在藏羚羊迁徙的路上修建铁路时,要考虑哪些因素?请设计一份合理的方案。

藏羚羊迁徙必经之路铁路修建方案

持续反馈与应用设计

项目式作业 大象迁徙

2021 年,由 15 头大象组成的野生亚洲象群从云南西双版纳出发,沿途经过普洱、玉溪,一路向昆明"挺近"。一路上,这些野象给当地群众造成了不少的麻烦,由于它们主要以农作物为食,有时甚至还会走村串巷,进入农户家觅食。

经过此次迁徙,这群亚洲象的活动范围向北扩展,不再局限于以前生活的环境。管理部门尝试加强监测预警、栖息地改造提升和在保护区周边象通道进行食源基地建设。

近年来,有很多关于此类的新闻,无论是老虎进村、黑熊下山、野猪泛滥,还是大象组团进城,给我们的第一印象似乎是野生动物越来越多地出现在人类社会中,而造成这一切的原因似乎远没有这么简单。

云南 15 头亚洲象北迁,与环境变化有关吗?请谈谈你的看法。

我们应该怎样看待野象进城现象?应该怎样保护大象的生命和栖息地?怎样与它们共存?请提出你的思考,并开展辩论吧。

我的观点:______________________________。

我的理由:______________________________。

单元教学反思

1. 思维发展，建立生物与环境关系

在“昆虫”“繁殖”等内容的学习基础上，从具体的植物、动物、非生物的例子出发，通过观察、比较，认识植物、动物和非生物的相同和不同点，分析概括出生物的共同特征。将生物与其生存环境建立联系，发现生物依赖于其生存的非生物环境，生物与非生物之间相互作用。随后开展寻访动物的家调查活动，认识到动物依赖于其所生存的非生物环境。随着学习的深入，进一步发现环境改变，尤其是人类活动引起的环境改变，会影响生物的生存与活动，认识到人类活动对环境的破坏、对生物的影响，以及人类为了改善生物的生存环境所做的努力，从而建立起对生命现象的积极态度，关注环境保护和爱护生命，增强人与自然和谐相处的意识。

2. 探究实践，培养工程设计能力

在认识到生物与非生物之间有密切的联系后，通过开展相应的探究实践活动，如设计与制作鸟巢，对鱼道的设计进行分析、评估，设计藏羚羊迁徙必经之路的铁路修建方案等活动，正确看待鱼道不同设计、大象迁徙现象，更为合理地解决生物适应环境、环境影响生物生存的问题。在制作鸟巢的活动中，需考虑多方面的因素，例如，根据不同鸟的生活习性设计不同的鸟巢；如何吸引鸟儿入住；如何从形状、大小、材料、结构、作用和摆放的位置等方面更科学地设计制作鸟巢。

在观察、设计、制作过程中，学生投入了情感，从内心深处产生对鸟儿的喜欢，深刻体会到小鸟建造庇护所的不易。当发现有小鸟入住后，自豪感、幸福感、责任感、成就感油然而生。

修建铁路给藏羚羊等动物造成的影响、亚洲象迁徙与人类的关系等都是社会关注的真实问题。学生通过设计铁路修建方案、对大象迁徙问题的辩论，了解需要从动物生存环境、动物保护、建设可行性等方面综合考虑各种方案的合理性、现实性。

案例提供者：张国华，杭州市钱塘区幸福河小学
王丽萍，江山市城南小学
陈　琳，湖州市月河小学教育集团
指 导 教 师：李　霞，杭州市基础教育研究室附属学校

生命的延续与进化

案例8 生生不息的植物

单元教学内容规划

(一)本单元学习指向的核心概念及学习进阶路线

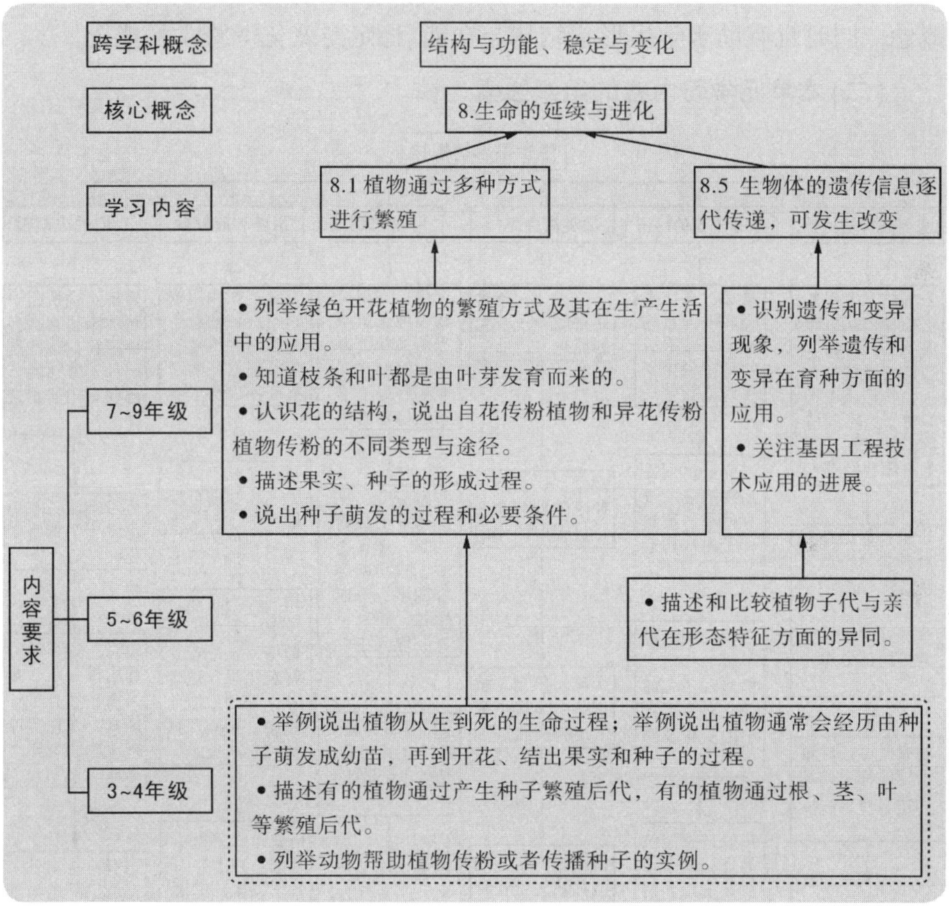

本单元聚焦“生命的延续与进化”这个核心概念,落实课标中“植物通过多种方式进行繁殖”的学习内容要求。

生物通过生殖、发育和遗传使遗传信息代代相传,实现生命的延续。

3~4 年级尝试用植物的不同器官进行繁殖,如种子、根、茎、叶等,体会常见植物从生到死的生命过程以及生命的延续。

5~6 年级在植物生长、繁殖的过程中观察、描述和比较植物子代与亲代的异同,如花的颜色,叶的颜色、大小与形状等。

7~9 年级则会重点关注绿色开花植物的生殖方式及其在生产生活中的应用,叶芽的作用,传粉的类型与途径以及果实、种子的形成过程。

在层层深入的学习过程中,建构起植物可以通过多种方式进行繁殖的概念。同时也有助于学生形成结构与功能、稳定与变化等跨学科概念。

(二)本单元学习内容的组织线索

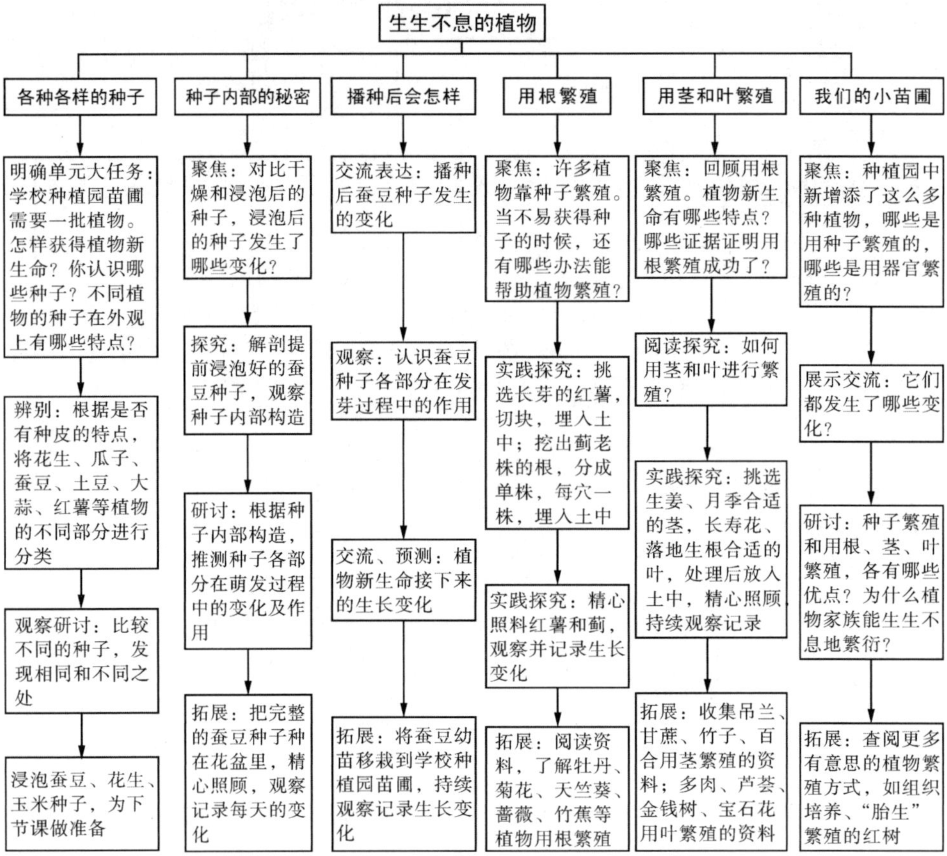

单元学习目标设计

核心素养	学习目标
科学观念	1. 知道植物能通过种子或者根、茎、叶繁殖后代。 2. 知道双子叶植物种子由种皮和胚组成，胚是植物的幼体，能发育成新的植株。 3. 了解胚由子叶、胚根、胚芽组成，子叶在发芽过程中提供营养，胚根将来发育成根，胚芽发育成茎和叶
科学思维	1. 能提取、识别实物、文字或图片中的重要信息。 2. 能对获得的信息进行分析、综合等加工处理，推测结论。 3. 能对现象进行合理预测，能对实验结果进行合理的解释
探究实践	1. 能选择合适的材料和工具，探索种子的结构。 2. 能从种子开始，培育植株。 3. 能用红薯和蓟的根、生姜和月季的茎、长寿花和落地生根的叶来繁殖植物，并记录、展示、交流植株在生长中的变化。 4. 持续观察和记录植物生长、繁殖过程中的现象
态度责任	1. 能坚持长时间持续观察。 2. 在观察过程中养成实事求是记录、及时总结反思的好习惯

单元学习评价设计

单元学习评价设计一

“生生不息的植物”评价量表

核心素养	评价指标	评价等级			同伴互评	教师评价
		★	★★	★★★		
科学观念	认识植物的繁殖方式	在教师的引导下，知道有些植物用种子繁殖，有些植物用其他方式繁殖	在教师的引导下，能举例说出有些植物用种子繁殖，有些植物用器官繁殖	在教师的引导下，能有依据地分辨植物的繁殖方式	☆☆☆	☆☆☆

续表

核心素养	评价指标	评价等级			同伴互评	教师评价
		★	★★	★★★		
科学思维	理解种子的结构和功能	在教师的引导下，能列举出一些植物的种子	在教师的引导下，能运用“外面是否有果皮包被”这个特征辨别植物的某一部分是不是种子；能够简单列举不同植物种子的相同和不同之处	在教师的引导下，能运用“外面是否有果皮包被”这个特征辨别植物的某一部分是不是种子，并能说出自己的辨别理由；能够在比较中发现不同植物种子的相同和不同之处	☆☆☆	☆☆☆
探究实践	运用多种方法收集植物生长变化的相关信息	能用文字、图表、符号、照片等方式，记录植物的生长变化，但记录不清楚、条理不清晰	能用文字、图表、符号、照片等方式，记录植物高度、叶片数量、植株颜色、形态等三方面以下的生长变化	能用文字、图表、符号、照片、视频等多种方式，连续4周记录植物高度、叶片数量、植株颜色、形态等三方面以上的生长变化	☆☆☆	☆☆☆
态度责任	对植物的繁殖感兴趣	对植物的繁殖不感兴趣，不主动参与探究活动	对植物的繁殖兴趣一般，但能认真阅读老师提供的资料	对植物的繁殖表现出浓厚的兴趣，能主动查阅资料、向家长老师询问，并乐意和同学分享资料	☆☆☆	☆☆☆

单元学习评价设计二

“美化我们的小苗圃”检测单

小苗圃里要增添美人蕉、吊兰、多肉“花月夜”这三种植物，请你选择合适的方式帮助它们繁殖。

名称	美人蕉	吊兰	多肉“花月夜”
查阅资料，结合图片，观察、分析不同植物各部分器官的特征			
根据经验和资料，选择合适的繁殖方式			
说明原因			
实践过程			
繁殖是否成功			

学生情况分析

本单元的教学内容旨在帮助学生进一步丰富和完善关于生命世界的认识，明确生物个体能够生长、发育和繁殖后代，从而使得这些生物类群得以延续。四年级学生在小学低年段时，曾体验过“植物是活的”的实践活动，对于植物种子的外部形态已有了初步的认识，并已经掌握了一些观察方法，但对于种子的内部结构还不了解，也没有掌握植物营养器官繁殖的方法。因此学生对植物生长变化的认识也是间接的、片面的、零散的。本单元要通过观察种子内部结构、验证各部分结构的功能、用营养器官繁殖、证明新生命也能生长等活动，帮助学生建立起对植物繁殖的认识，学习运用解剖、种植的方法了解植物的结构特征。

单元学习进程设计

单元主要概念	学习进阶	学习问题链	主要学习活动	思维型教学原理	课时建议
生命的延续与进化	记忆理解	学校要建一个种植园，怎样才能获得植物新生命？大多数植物用种子繁殖，你认识哪些种子？不同植物的种子在外观上有哪些特点？	观察活动：观察不同植物的种子，分析不同种子的特点，对植物的繁殖产生兴趣。	概念初始水平（动机激发）	1课时
	记忆理解	种子由哪几部分组成？各部分在萌发中有什么作用？	实验探究：解剖蚕豆种子，探究内部结构，预测植物生长发育过程中各部分的作用。	概念具体化（认知冲突）	1课时
	理解运用	把种子种在土里，会发生哪些神奇的变化？	实践活动：播种，养护，观察植物的生长变化。		1课时
	理解运用	不用种子，植物还有哪些繁殖方式？用根可以繁殖吗？	实践活动：带芽的红薯块埋入土中繁殖，挖出蓟的根分出单株繁殖，并观察生长变化。 资料探究：了解更多用根繁殖的植物。	概念深度理解（自主建构）（自我监控）	1课时
	理解运用	哪些证据证明用根繁殖成功了？植物的茎和叶也能帮助植物繁殖吗？	实践活动：把长出嫩芽的生姜埋入土中，选择月季的枝条扦插，挑选健壮的长寿花、落地生根的叶，处理后埋入土里，观察其生长变化。 探究资料：了解更多用茎和叶繁殖的植物。		1课时
	评价创造	植物不同的繁殖方式，各有哪些优点？	实践交流：交流种子繁殖和用根、茎、叶繁殖的优势；了解更多种类的植物繁殖方式，为种植园增添更多的植物。	概念迁移创造（应用迁移）	1课时

第1课时　各种各样的种子

核心问题：学校要建一个种植园，怎样才能获得植物新生命？
大多数植物用种子繁殖，你认识哪些种子？
不同植物的种子在外观上有哪些特点？

【教学目标】

1. 知道种子是果实中果皮包被着的部分，是植物的繁殖器官；能指认常见的种子，知道种子在大小、形状、颜色、硬度等方面存在不同之处。

2. 意识到要运用“外面是否有果皮包被”这个特征辨别植物的某一部分是不是种子，并能说出自己的辨别理由；能够在比较中发现植物种子的相同和不同之处。

3. 能在众多植物器官中快速寻找到种子；会用比较观察的方法发现种子的相同和不同之处。

4. 愿意利用课堂上学习到的种子的特征，去辨认更多的植物部分是否是种子；能够运用课堂正确的学习成果去修正自己以前的错误认知。

【教学重难点】

重点：认识各种各样的种子。

难点：寻找种子共同特征，并运用这一特征辨别更多的植物部分是不是种子。

【教学准备】

教师准备：准备部分需学生准备的种子，以备补充给准备不足的学生使用；观察记录单等。

学生准备：带壳花生、剥掉皮的花生、带壳瓜子、剥掉皮的瓜子、小土豆、小红薯、大蒜、蚕豆、凤仙花种子、大豆、绿豆、红豆、芝麻、小米、玉米等。

【教学过程】

一、聚焦——明确单元学习任务

1. 教师引入谈话：最近学校要建造一个种植园，需要老师和同学们一起帮忙，繁殖出花生、玉米、向日葵、蚕豆、凤仙花、土豆、红薯、生姜、月季、长寿花和多肉植物的幼苗。怎样获得新生命并让这些生命不断生长繁殖呢？请同学们根据你们的生活经验和一年级时的种植经验在小组内交流一下。

2. 学生在小组内交流讨论，然后派代表汇报交流情况。

3. 教师总结谈话：大多数植物比如花生、向日葵、蚕豆等，我们可以用种子获得新生命。而有些可以不用种子，比如大蒜、红薯等可直接将它们插入土中也可以获得新生命。恰逢学校最近在建造种植园，我们将在接下来的学习过程中培育一些植物新生命，移栽到小苗圃里。

【设计意图】本环节通过一个真实的教学情境“为学校种植园培育新生命”引入本单元的学习任务。希望学生能在生活经验和一年级的种植经验的基础上发现植物可以用多种方式进行繁殖，以便展开后续的探究实践活动，实现统领整个单元学习的作用。

二、探索——辨别种子

活动一：辨别它们是不是种子

1. 教师谈话：我们先来学习用种子获得新生命。你们见过什么植物的种子？

2. 学生列举日常生活中常见的植物种子。

3. 教师安排学生展示自带的材料并补充准备不充足小组的材料，引导学生对上述实验材料进行观察和分类。

4. 教师在学生进行充分观察分类的基础上追问：刚刚我们观察的植物部分，哪些是种子？哪些不是种子？请将它们分成两类，并说说分类的理由。

5. 师生共同总结：像花生、瓜子、蚕豆等有果皮包被着的就是种子。像土豆、大蒜、红薯这样没有果皮包被着的不是种子。

活动二：观察描述种子的外部特征

1. 观察描述某一种子的特征，和不同的种子进行比较，发现种子的不同。

2. 教师谈话：不同植物的种子具有不同的特点，请同学们进行观察比较。

3. 学生观察，并在观察记录单中记录某一种子特征，并和其他种子进行比较，发现其不同。(可写可画)

【设计意图】种子是植物的繁殖器官，我们身边常见的植物大多用种子繁殖下一代。大千世界，植物种类繁多，植物的种子差别也比较大。不仅形状、大小、颜色存在差异，就连内部构造、发芽条件、所需时间都存在不同。本单元的学习中，我们安排了3个课时来研究“种子”。本课是用种子繁殖的第一课。由于是“种子”的起始课，探索环节我们分别设计了“辨别种子”“观察种子外部特征”两个探究活动，以初步认识种子。

三、浸泡——为下一节课探究做准备

具体要求：选取花生、蚕豆或玉米的种子，上课前一天将它们浸泡至水中，上课时用纸巾包着带至课堂。

【设计意图】要了解种子内部构造，需要我们解剖种子。生活中为了便于种子的长期保存，通常将种子晒干。而晒干后的种子，种皮以及内部都是非常坚硬的。要实现我们的观察任务，就需要至少提前一天浸泡，让种子开始萌发才方便解剖和观察。因此，布置此项作业有承上启下的作用。

【精彩片段】——辨别种子，引起认知冲突，激发探究兴趣

教师出示小组观察材料并进行谈话：老师为每个小组准备了一些植物“身体”的某些部分，这些部分中，哪些是种子？哪些不是种子？请同学们在小组内用3分钟的时间进行观察分类，并及时将分类结果记录在学习单上。完成的同学在小组内交流一下分类的理由。

学生观察、分类、交流。

师：3分钟很快过去了，大多数同学已经完成分类。现在请同学们来说一说各自分类的结果和理由。

生1：我们平时吃的花生、瓜子部分是它们的种子，说它们是种子的理由是它们外面有壳。

生2：蚕豆、大豆、绿豆等也是种子，种子成熟前它们外面也是包着一层果荚的。

生3:我们平时吃的土豆、红薯应该不是种子。我这样说的理由是它们外面没有硬壳,也没有果荚那样的构造。

师:同学们真棒! 观察仔细,分类正确,说的理由也非常充分。科学上,我们把植物"身体"上像西瓜、辣椒等外面有"皮"里面有"籽"这样的部分称为果实,里面的籽则称为种子。所以,当我们判断植物的某一部分是不是果实时,就要切开或剖开看里面是否有"籽"。判断是否是种子时就看它外面有没有"壳""荚"或者是"皮"。

生:老师,大蒜是果实还是种子?

师:这真是个好问题。请同学们根据上面我们判断的理由来说一说。

生1:大蒜不是种子。因为它外面没有像西瓜那样的皮和肉。

生2:大蒜也不是果实,切开大蒜也找不到像辣椒籽那样的构造。

师:同学们真的很棒,不仅知道了种子的特征,还知道了如何利用种子的特征去判断植物的某一部分是果实还是种子。至于大蒜是不是种子,我们还可以观察一下大蒜的外形和其他种子是不是一样,谁发现了新的证据?

生:老师,大蒜上面有一个尖尖的,像小芽一样的东西。而种子是没有这个结构的,所以我判断它不是种子。

师:你说得非常有道理,大蒜到底是不是种子呢,看来我们还要继续找证据。在以后的学习中我们还会继续探讨。

【教学评析】

本环节教师主要围绕"如何判断植物的某一部分是不是种子"这一问题展开。此环节的设计教师分三个层次展开,对学生进行分阶段思维训练。首先,让学生尝试根据自己的经验对观察记录单中的植物进行分类,这是一个暴露学生前概念的过程;接着,在学生汇报分类结果和理由的基础上,顺势表扬学生已经能够根据果实和种子的共同特征进行判断;最后,在学生掌握"三段论"的思维方法后对"大蒜"是不是种子做进一步辨析,如果仍然不能解决时将此问题留到后续学习中去探讨解决,使本课学习跟后续学习建立联系。

【学习单】

请用笔圈一圈图中植物的部分，哪些部分属于种子？并在小组内交流一下你判断的理由。

带壳花生

带壳瓜子

带荚大豆

带皮大蒜头

红薯

土豆

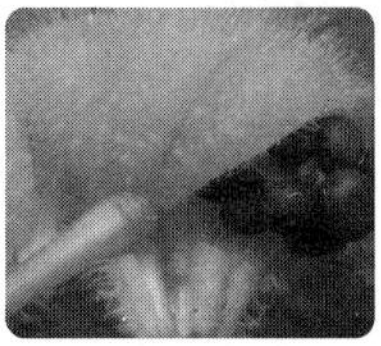
带果皮的凤仙花种子

第2课时　种子内部的秘密

核心问题：种子由哪几部分组成？各部分在萌发中有什么作用？

【教学目标】

1. 认识种子是有生命的，将来可以发育成一株新的生命；认识到双子叶植物的种子由种皮和胚组成，胚由胚根、胚芽、子叶等部分构成；认识到各部分结构在种子萌发中起到不同作用。

2. 能够使用正确方法观察种子内部结构，能根据自己的观察猜测种子各部分结构的作用，初步建立结构和功能之间的联系。

3. 能够熟练使用镊子、放大镜等工具，按照由外到内，由整体到部分的顺序进行观察；能够用画图的方法记录自己的观察；能够用查阅资料的方法给种子各部分命名；能够根据自己观察到的构造及特点，进行有依据地猜测各部分在种子发育过程中的作用或将来发育成植物的哪一部分。

4. 认真细致地观察，能发现种子构造的细小结构；能如实记录自己的观察发现；能把自己的观察和别人的观察进行比较，敢于发表和别人不同的观点，善于倾听别人的意见，乐于补充和完善自己的观察发现和记录；在解剖过程中，能小心翼翼地呵护种子的每一部分，善待生命。

【教学重难点】

重点：通过解剖认识种子的各部分构造及特点。

难点：根据种子各部分构造特点，推测种子各部分的作用。

【教学准备】

教师准备：镊子、培养皿、放大镜、观察记录单；需学生准备的种子，以备补充准备不足的学生使用等。

学生准备：没有浸泡的蚕豆、花生、玉米、小麦等种子；提前一两天浸泡过的蚕豆、花生、玉米、小麦等种子。

【教学过程】

一、聚焦——检查课前准备，明确本节课学习任务

1. 教师检查学生自己准备的种子情况，给准备不足的学生补充。

2. 教师谈话：上一节课，老师让同学们选取一些种子，提前一天浸泡。浸泡水之后的种子发生了哪些变化，现在请同学们在小组内和没浸泡的种子进行对比观察。

3. 学生观察，并汇报种子泡水后的变化。

4. 教师总结谈话：正如同学们所说，种子吸水后会变大、变软，甚至有些种子的皮都破裂了。这说明泡水后的种子有些已经在萌发了。

5. 教师引导学生明确本课时主要学习任务：种子内部有什么？正在萌发的种子内部有什么变化？让我们来解剖种子。

【设计意图】解剖种子之前，对浸泡过水和没有浸泡过水的种子进行对比观察这个活动非常有必要。本活动不仅要让学生观察到浸泡过水和没有浸泡过水的种子除了大小、颜色、软硬的变化外，还要引导学生发现产生这些变化的原因是“给了水”，发生这些变化说明“种子”是有生命的，并开始了萌发。为学生参与本课的探索活动“解剖种子”激起更大兴趣。

二、探索——观察种子的结构

活动一：解剖种子，观察种子内部构造

1. 教师介绍解剖种子的方法及注意事项。

2. 学生解剖种子，观察并记录各部分的特点并对照资料给各部分命名。

3. 学生汇报解剖种子的收获。

4. 教师总结：种子都由种皮和胚两部分组成。有些种子的胚由胚根、胚芽、两片子叶构成，如蚕豆、大豆、花生。有些种子如玉米、小麦，它们没有可分开的两片子叶，但它们有储存营养的胚乳。

活动二：推测种子各部分构造在萌发过程中的变化及作用

1. 教师谈话：种子外边的皮，以及内部的胚根、胚芽、子叶在种子萌发中各有什么作用？请在小组内进行预测，要说清楚你预测的理由！

2. 学生观察并预测，并在记录单上完成预测记录。

3. 学生小组讨论并派一名代表进行汇报。

【设计意图】本课探索有两个活动组成：解剖种子，认识种子的内部构造；根据种子各部分构造特点推测各部分在发育成新生命中的作用。第一个活动实现以下目标：知道“解剖”是认识生物体构造的重要方法；认识到根据种子内部构造特点，可分两类，一类像大豆，两片子叶无胚乳，一类像玉米，一片子叶有胚乳。第二个活动实现：观察到种子的不同部分有不同特征，意识到不同特点的部分可能发育成植物的不同部分，种子的不同部分可能具有不同功能。让学生在观察和推测过程中建立“结构”与“功能”的关系。

三、播种——为下一节课探究做准备

找一个扁平透明容器，放入适量土壤。将蚕豆种子放在中间，浇适量水，每天观察记录种子的变化。

【设计意图】这项作业同第一节课的作业一样起到承上启下的作用。同样，种子吸水变化和把种子种到土壤中观察其变化都需要较长时间，这在课堂上都难以实现，需要将此类活动作为家庭作业进行长期观察。要实现看到种子在土壤里的变化，需要解决两个问题：一是容器问题，足够扁平，才能做到土壤不会完全遮挡种子。另一个是坚持观察和记录的问题。发芽过程不是一蹴而就，而是一个持续的变化过程，所以需要一天多次观察，还需要连续观察记录一段时间。所以此活动不仅要有方法的指导，还要有观察记录的持续更新、发布与激励。

【精彩片段】——自主建构，合作学习，认识种子的内部结构

师：在一年级的时候，我们已经亲身经历播种种子获得新生命的过程。种子里有什么神奇的构造能使它发育成一株完整的新生命？

生1:种子里有个小芽芽,它可以长成根。

生2:花生种子里有两个“瓣瓣”,它很像刚长出来的一对叶子。

生3:花生两个“瓣瓣”之间有个圆锥形的东西,它可能会变成根。

生4:吃玉米的时候会有个黄色的小“心”形的东西,会不会是它长成芽?

师:种子里是不是有同学说的那些“构造”?不同的种子构造一样吗?老师准备了花生、蚕豆、玉米、小麦等种子,同学们先从外观上看一看、摸一摸、掰一掰,看看有什么发现?

学生观察、比较2分钟后进行汇报。

生1:这些种子的大小、颜色、形状、软硬都不太一样。

生2:这些种子都比较硬。

生3:外边好像都有皮。

师:是的,这些种子摸起来硬硬的,有些还掰不动,小麦还比较小。我们如何知道里面的情况呢?

生:我们可以提前泡水,妈妈用大豆打豆浆时泡了水的种子会变软变大。

师:好主意。每个小组准备了提前泡好水的蚕豆、花生、玉米、小麦种子。除了种子外,老师还准备了放大镜和镊子。谁来说说镊子和放大镜各有什么作用?

生1:用镊子解剖种子。

生2:用放大镜观察种子各部分的构造。

师:同学们真棒!下面我们就用镊子来解剖种子,用放大镜观察种子的各部分。如何使用镊子和放大镜,解剖种子的时候要注意什么?我们看到的种子的各部分叫什么名字?下面我们来看一个短片。

学生看解剖方法的短片。短片内容为如何用镊子解剖种子、解剖的顺序、种子各部分的名称等。可以循环播放。

师:现在就请同学们用上面方法来解剖种子,并把你解剖的发现画在记录单上。然后根据种子各部分特点推测它们各自的作用。

学生四人一组,每人分别解剖一颗种子,对照着短片中的资料给各部分命名,并在记录单上将各部分结构与可能的作用用线连接起来。

师:10分钟的时间很快过去,现在请同学们分别来介绍自己的解剖发现。

生1:我解剖的种子叫蚕豆,它最外边有个绿色的皮。皮比较有韧性,我猜测它有保护里面结构的作用。

生2:解剖花生时,我发现撕掉花生的外皮后,种子一下子分成了两瓣,对照资料后,我知道这两个“瓣”叫子叶。两个瓣并不是完全分开的,它们的中间还连在一起,上面有小叶子形状,下面圆锥状,它俩可能一个将来变成茎和叶,一个变成根。

生3:我解剖的是玉米种子,我发现玉米的种子和花生、蚕豆不一样,但和小麦一样,它没有分成两瓣。

生4:玉米和小麦也有像花生中间那样的构造。它们有可能一边长成根,一边长成茎和叶。

师:同学们真棒!不仅发现了种子里面的秘密,还对其各部分的作用进行了推测。同学们的推测是否正确呢?让我们通过课后的对比实验来进一步验证吧!

【教学评析】

本环节教师主要围绕“解剖种子,了解种子各部分构造特点并对其作用进行推测”这一内容展开。首先通过师生谈话,了解学生对种子构造及各部分作用的前概念,引导学生对种子各部分的作用做出假设。在做出假设的基础上,引导学生对四种种子进行解剖,观察种子内部构造及特点,以验证推测是否合理。最后,布置播种种子进一步观察,将课堂引入课外,将课外观察和后续课堂对这一问题的深入探究进一步联系起来。

【学习单】

1.请在图中写出蚕豆种子各部分的名称。

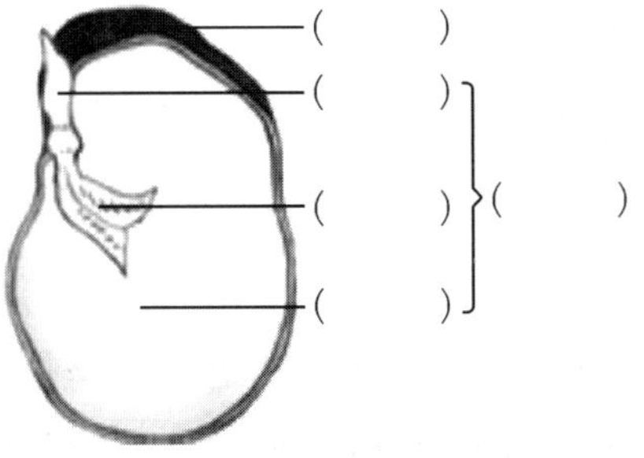

2. 观察蚕豆种子各部分结构，并将结构及其相应的作用用线连接起来。

胚芽	将来发育成根
胚根	将来发育成茎和叶
种皮	将来变成第一对叶
子叶	保护内部构造不被伤害

3. 实验：准备几粒已经吸过水的种子，小心翼翼地去掉种皮。将胚的各部分分别涂上不同的颜色，注意不能破坏种子的各部分构造。像图中那样放入透明杯中，浇水放在阳台，每天观察记录种子的生长变化。

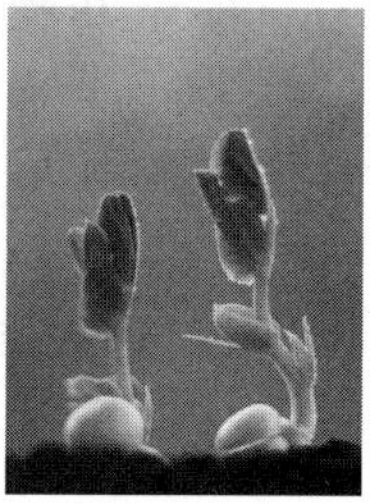

种子的各部分分别发生了什么变化？请按时间顺序画出变化。

第3课时 播种后会怎样

核心问题：把种子种在土里，会发生哪些神奇的变化？

【教学目标】

1. 认识到种子在萌发过程中胚根将来长成植物的根，胚芽将来变成植物的茎和叶；子叶将来变成植物出土后的第一对叶，会慢慢变瘪、脱落，在萌发过程中给萌发的种子提供营养。

2. 能想办法找到合适的工具设计实验，在不干扰种子萌发过程的情况下"看到"萌发过程；会运用各种证据说明种子各部分在萌发过程中的变化及作用。

3. 学会播种种子并让它萌发，在萌发过程中坚持观察和记录。

4. 能坚持一周不间断地观察和记录；能细心照料幼苗，善待生命。

【教学重难点】

重点：经历种子萌发过程，能记录描述这一过程。

难点：坚持一周不间断地观察和记录，收集证据。

【教学准备】

教师准备：提前实验并录制好包含实验方法、实验现象和实验结果的教学短片。

学生准备：课前按记录单进行实验观察记录，准备好种子萌发过程的照片、实物、自己的实验记录等。

【教学过程】

一、聚焦——检查课前准备，明确本节课学习任务

1. 教师了解学生课前实验情况。教师谈话：上节课我们布置了将种子播种，观察其发芽情况的实验。你们播下的种子发生了哪些变化？现在请同学们在小组里交流讨论。

2. 学生交流、汇报展示课前实验。

【设计意图】用种子繁殖后代的三课内容前后联系非常紧密，课堂学习和课后作业也是相辅相成的。后一课的学习都是建立在前一节课的课前作业检查了解上的。因此，课堂上要重视学生课前作业情况的展示，要给学生留出充足的时间进行交流。

二、探索——种子的萌发

活动一：认识种子的萌发过程

1. 教师聚焦谈话：我们把从播下种子，到小芽破土而出的这个过程叫作种子的萌发过程。种子的萌发大致经历了哪些过程，现在请各组选出一位同学代表小组向大家介绍你们的发现。介绍时说清楚自己播种了什么种子，种子在这几天里发生了哪些变化。

2. 学生代表面向全班同学交流汇报。

3. 教师播放种子萌发过程的微课视频，并进行总结：将种子播种后，我们发现种子首先吸水涨大了，有些涨破种皮，一两天后根先冒出来，根是向下生长的，同时，胚芽也开始发生变化，过几天后胚芽破土而出。出土的大豆两片小叶像张开的小手，它好像是由子叶变来的。

活动二:认识种子各部分在发芽过程中的作用

1. 教师谈话:上一节课我们猜测了种子各部分在发芽中的作用,我们的猜测是否正确?现在来从我们的实验中寻找证据。请同学们在小组里交流你们的证据。交流时可以围绕以下问题:

(1)播种前将种子的不同部分涂上不同颜色,在实验中对我们的观察有什么作用?

(2)蚕豆的子叶变成了哪一部分,出土后子叶发生了哪些变化?由此说明了什么?

2. 小组交流讨论,各小组派一名学生代表,面向全班同学汇报。

3. 教师播放种子各部分作用的视频。

4. 教师总结:种子中发育成新生命的部分是胚,种皮起到保护里面胚的作用。胚根将来发育成植物的根,胚芽将来发育成植物的茎和叶,子叶起到提供营养的作用。

活动三:预测新生命将来会发生什么变化

1. 教师谈话:我们播下种子,种子的胚根在土壤中萌发向下长出根,胚芽向上钻出地面变成茎和叶,这个过程我们叫作萌发。这标志着一个新生命的"诞生"。如果阳光、水分适合,请同学们预测一下这个新生命将来会怎样变化。

2. 学生交流讨论将来蚕豆苗的变化。

【设计意图】本课探索活动由三部分组成。第一部分认识种子的萌发过程,第二部分验证种子各部分在萌发中的作用,第三部分预测新生命的变化。前两个活动都和前一课紧密相连,前一课是猜测,设计方案进行验证,而本课则是取证得出结论。所以,本课重点是论证过程和证据。第三个活动,则是对新生命未来的一种期待,而这种期待也是建立在学生对植物"会生长""能繁殖下一代"等认知的基础上的,目的仍然指向"一代一代、生生不息"上面。

三、移栽——持续观察

教师谈话:我们的小苗会不会像同学们所说的那样长高长大、开花、结果,又会像它们的妈妈那样不断繁殖呢?请同学们将我们发芽的这些种子移栽到学校种植园,继续管理观察。

【设计意图】将我们用种子培育出的新生命,移栽到学校种植园,既是对单元学习开始时真实学习情境的回应,又是对"新生命"将来会发生怎样变化的一个回应。这项活动不仅只是落实在课堂活动设计中,更落实到真实的种植实践中,如果科学课上落实不了,还可通过劳动课或校本课程得到落实。

【精彩片段】——自主建构,合作学习,认识种子各部分的作用

认识种子各部分在发芽过程中的作用

师:上一节课我们解剖了种子,推测了种子各部分的作用。现在谁来说说我们的推测?

生1:种子外面有种皮,种皮有保护种子内部构造的作用。

生2:种皮包裹着的是种子的主要部分,叫胚。胚是有生命的,它将来会发育成新生命。胚完整的话,可能有没有种皮都可发芽。

生3:胚的某些部分受损可能不会发芽。

师:为了验证我们的推测是否正确,上节课老师还布置同学们课后做了实验。现在,请同学们在小组里交流一下实验情况。交流完成后选出代表将实验得出的结论写在黑板的相应位置上。

学生四人一组交流自己的实验情况,教师巡视了解学生的实验情况,让已经交流完成的同学将研究发现整理到黑板上,学生整理情况如下。

生1:有无种皮不影响种子萌发。

生2:种子吸水涨破种皮后,胚根先"冲出"种皮,慢慢变成根,接着胚芽向上生长,逐渐变成叶,子叶变成第一对叶,没有叶脉,逐渐萎缩枯萎。

生3:去掉了胚根的种子没有萌发。

生4:去掉了胚芽的种子没有萌发。

生5:去掉部分子叶的种子萌发了,但生长状况不是很好。

师:同学们表现得很棒,几乎每个同学都通过实验收集到了证据。同学们写到黑板上的结论和你的实验结论一致吗?你收集到了哪些证据支持或反对黑板上的结论?我们面向全班进行论证,请同学们自由发言。

生1:我的有无种皮的种子,只要种皮内结构完整都破土而出了,所以我支持种皮不影响种子萌发的结论。

生2:我的切掉胚根或胚芽的种子都没有破土而出,所以我支持缺了这两部分的种子不能萌发的结论。

生3:我在胚根的地方用红笔做了记号,我发现新长的根某些地方还有红笔的痕迹,我支持胚根发育成根的结论。

生4:我发现切掉一半子叶的种子也萌发了,长出来的第一对叶也缺少了一部分,这说明第一对叶就是子叶变来的。我还发现虽然出土了,但生长状况没有完整种子的茁壮,所以我想可能是营养不良导致的,子叶可能有提供营养的作用。

……

【教学评析】

本环节教师主要围绕"通过亲身实验寻找种子各部分在萌发中的作用的证据"这一内容展开。首先通过师生谈话,回忆上节课的收获和课前任务,然后紧紧围绕通过实验得出了什么结论,并对学生亲身发现的支持或反对结论展开论证。该环节处理的问题明确,思路清晰,重点突出,让学生在不断寻找证据得出结论的追问中,润物细无声地建立了论点和论据之间的逻辑关系。

【学习单】

种子各部分在萌发中的作用(可写可画)

观察发现	我的结论
剥掉种皮,胚完整的种子发芽了	种皮对萌发不起作用,但可以保护胚
长成根的部分还残留着胚根涂的颜色	

第4课时　用根繁殖

核心问题：不用种子，植物还有哪些繁殖方式？用根可以繁殖吗？

【教学目标】

1. 知道植物有多种繁殖方式。一些植物能用种子繁殖，一些植物能通过根、茎、叶进行繁殖。

2. 能分析和交流用根繁殖植物的成功经验或失败原因。

3. 能用发芽的红薯的块根、蓟的老根来进行繁殖并展示成果。

4. 体验用根培育植物的乐趣。能坚持照料栽种的植物，留心观察，能实事求是地做好记录。

【教学重难点】

重点：通过用植物的根进行繁殖的活动，理解植物的器官繁殖方式。

难点：选取合适的红薯块根和蓟的老根进行繁殖。

【教学准备】

教师准备：发芽的红薯块根、蓟的老根，土壤、花盆等种植工具，资料卡，记录单等。

学生准备：自己从家里带来发芽的红薯块根等。

【教学过程】

一、聚焦——明确本课任务

1. 前概念调查。教师谈话：前面两节课我们学习了有些植物能通过种子繁殖出新的植株。但生活中有些植物的种子不常见，或者难以获得，你还知道有哪些办法能帮助植物繁殖呢？我这里有一些“植物繁殖资料卡”，同学们可以结合自己的经验进行简单交流讨论。

2. 学生阅读教师提供的“植物繁殖资料卡”并相互交流：有些植物能用根、茎、叶等器官进行繁殖，这种繁殖方式称为营养繁殖。

3. 教师追问：为了更好地建设校园的小苗圃，我们可以用这些植物身体的一部分，繁殖出什么样的幼苗呢？

【设计意图】聚焦环节再次明确单元大任务。通过前概念调查和资料学习，引导学生了解不同植物的繁殖方式。充分调动学生学习植物繁殖的积极性，激发学生探索植物繁殖方法的兴趣，为后续实践做好铺垫。

二、探索——用根繁殖

活动一：识别多种植物的根

1. 教师提问：今天老师为大家带来了一些植物器官，请同学们说一说它们分别属于植物的什么器官。

2. 学生回答：红薯是根，蓟的这部分也是根。这些器官分别是胡萝卜、郁金香、杜鹃、菊花、天竺葵、茶花、蔷薇、竹蕉的根。

活动二：以生活中常见、典型的植物为例，学习用根繁殖的方法

教师组织学生以红薯和蓟为例，挑选发芽的红薯，切块晾晒，沾一些草木灰，放入花盆的土里；将蓟的老根轻轻分成单株，每穴一株，放入花盆中，再覆盖好土，浇适量的水，保持湿润。

【设计意图】用根这种器官进行繁殖的方式，不适用于所有植物，所以观察活动是非常有必要的。结构决定了功能，功能和结构密切相关。通过观察，学生能够识别不同植物的根，并了解到这一类适合用根繁殖的植物根系的特点。以红薯和蓟为例，学习用根繁殖的方法，这样的真实体验能帮助学生深刻认识到植物器官繁殖的优势，为下一步的研讨积累素材。

三、研讨——用根繁殖的优点

教师组织学生活动研讨，引导学生试着说一说用根繁殖的优点。学生联想到之前用种子繁殖，种子需要一定的时间才能长出根，而用根繁殖相当于新生命已经“长”出了根，所以用根繁殖会节省时间。

【设计意图】通过研讨，引导学生充分认识并理解用植物的根繁殖的优点。一些绿色开花植物用种子繁殖，还有一些用器官繁殖。与种子繁殖相比，器官繁殖会相对缩短生长周期，最大限度地保障了子代和亲代的一致性。

四、课后任务

教师引导学生明确种植后要进行长期观察，并尝试用观察日记、表格、画图、拍照等方式进行记录。一段时间后，把记录表和植物都带到实验室，进行展示和交流。

【设计意图】本单元对学生来说，最大的难度就是要坚持长期观察和记录，因此本环节教师要通过引导学生如何使用观察日记、表格、画图、拍照等方式进行记录，培养学生乐于实践、乐于分享、持之以恒的科学态度。

【精彩片段】——梳理植物的繁殖方式，引起认知冲突，激发学习动机

师：植物妈妈有办法，种子就像它们的娃娃。娃娃会长大，小小的种子也会成长为新的植株。同学们，你们都见过哪些植物的种子呀？

生：花生、蚕豆、火龙果的种子……

师：你们真善于观察生活！（PPT 出示红薯、蓟、胡萝卜、郁金香、杜鹃、菊花、天竺葵、茶花、蔷薇、竹蕉植株图片）你们见过这些植物的种子吗？

生：没有（很少见）……

师：对植物来说，种子是非常重要的繁殖器官。如果没有种子，植物还能繁殖吗？

生 1：没有种子，植物就没办法繁殖了。

生 2：（根据经验）没有种子也可能会繁殖，因为我奶奶的菜园里，明明没撒种子，但总有很多红薯苗长出来。

生 3：（科普阅读）我在科普书上看过，有些植物的茎也能繁殖。农民伯伯就是用土豆的块茎进行繁殖的。

生 4：我妈妈种的多肉，是用叶繁殖的。我家还种了月季，是用枝条（茎）繁殖的。

生 5：我看了老师准备的“植物繁殖资料卡”，我发现有些植物靠根、茎、叶也能繁殖。

师：这些植物妈妈真有“魔法”！不用种子，还能培育出新生命“小娃娃”！看看老师为大家准备的材料（展示实物红薯、蓟），你能说出它们分别是植物的什么器官吗？

生：红薯是长在地下的块根，蓟的这部分也是根。

师：这节课我们就一起来学习用植物的根来繁殖。

【教学评析】

学生在二年级的语文课上曾学习过“植物妈妈有办法”，种子就像植物的“孩子”，因此学生对“绿色开花植物可以通过种子进行繁殖”这件事并不陌生。但是生活中常见的植物并非都用种子进行繁殖，因此"没有种子还能繁殖吗?"这一问题能够很好地激发学生的认知冲突。根据思维型教育原理，认知冲突是促进学生认知发展和认知结构转变的有效手段。学生们此时的脑海中，对这个问题特别想知道答案却又不知道，就顺理成章地产生了认知冲突，从而引发后续一系列的积极思维。教师进而引导学生通过小组讨论、阅读材料、动手实验来探究植物器官繁殖，探究过程就更加有效。

【学习单】

"用根繁殖"记录单

我选择繁殖的植物是：____________________。

画出根最开始的样子	日期	植物的生长变化(可写可画)	哪些证据证明我们获得了植物新生命(可写可画)
	____月____日		
	____月____日		
	____月____日		
	____月____日		
	____月____日		

第5课时 用茎和叶繁殖

核心问题：哪些证据证明用根繁殖成功了？

植物的茎和叶也能帮助植物繁殖吗？

【教学目标】

1. 植物能用茎和叶繁殖。

2. 能根据已有学习经验迁移到"用茎和叶繁殖"；能分析、交流用植物的茎和叶繁殖的成功经验或失败原因。

3. 能用发芽的生姜，月季的枝条，长寿花和落地生根的叶来进行繁殖并展示成果。

4. 能体验用茎和叶培育植物的乐趣。能坚持照料栽种的植物,用心观察,能实事求是地做好记录。

【教学重难点】

重点:通过用植物的茎和叶进行繁殖的活动,来理解植物的器官繁殖方式。

难点:选取生姜、月季植株中合适的茎和长寿花、落地生根植株中合适的叶进行繁殖。

【教学准备】

教师准备:发芽的生姜、月季的枝条、长寿花和落地生根的叶、植物繁殖资料卡等。

学生准备:土壤、花盆等种植工具,记录单等。

【教学过程】

一、聚焦——回顾植物新生命特点

1. 分析新生命的组成和特点

教师引导学生回顾上节课的内容并思考:用根繁殖,真的可以获得一株新的植物生命体吗?新生命应该具备哪些组成部分和特点?哪些证据能证明我们成功了?

2. 交流用根繁殖成功的证据

(1)学生分享观察记录,并进行交流:植物新生命长出了新的根、茎和嫩叶,能依靠新的生命体吸取水分、养分,进行光合作用,证明我们成功地获得了新的植物幼体。

(2)教师引导学生思考:除了根,植物的其他器官也能够繁殖吗?并组织学生观看植物用茎和叶繁殖的视频。

【设计意图】上节课学生已经学习了器官繁殖的方法,积累了一定的用根繁殖植物的经验,增长了用器官繁殖植物的信心。因此观看本环节的视频,就是引导学生在真实情境中学习用茎和叶繁殖的方法。

二、探索——用茎繁殖

实践探究:挑选出生姜出芽的茎、月季粗壮的枝条、长寿花和落地生根完整的叶,经过处理后,埋入土中,浇适量的水,保持观察、记录。

【设计意图】通过实践,学生学习了用植物的茎和叶繁殖的一般方法,了解了用茎和叶繁殖的步骤，感受到了用茎和叶繁殖的优点，为美化苗圃这个单元大任务做方法和内容上的积累。

三、拓展——查阅资料，了解更多用茎和叶繁殖的植物

查阅用茎和叶繁殖的植物的资料，了解更多植物如吊兰、甘蔗、竹子、百合、多肉、芦荟、金钱树、宝石花等如何用茎和叶进行繁殖。

【设计意图】引导学生了解更多用器官繁殖的植物，体会器官繁殖的优势。植物的器官繁殖在我们生活中是非常普遍的，比如为了保证名贵花卉的品质、缩短经济作物的生长周期、克服环境条件的变化等，通常采取植物器官繁殖的方法来繁衍下一代。但是学生在生活中关注得比较少，接触最多的就是种子繁殖。因此学生将在查阅资料的过程中发现植物器官繁殖的普遍性和便捷性。

【精彩片段】——用茎和叶繁殖，引起认知冲突，激发学习动机

师：同学们，距离上节课用根繁殖，已经过去一段时间了。我们来观察一下，花盆中的红薯和蓟，都发生了哪些变化呢？

生：红薯和蓟上都长出了绿色的茎和几片嫩叶，而且长高了一点……

师：轻轻拨开土壤，看看埋在土壤中的部分发生了哪些变化？

生：红薯埋在土里的部分都长出了新的细细的根须，变成了新的红薯。

师：你们所说的“新的红薯”，它是活的吗？怎么证明呢？

生：我们小组做了记录，连续记录了一段时间，发现红薯的叶子越来越多，叶片越变越大，茎也越来越长，证明了新生命是活的。

师：新生命成长起来了，就证明根能帮助植物繁殖。和根一样，茎和叶也是植物的重要器官。你们了解过吗，哪些植物可以用茎和叶来繁殖？

生1：我在厨房里，看到过生姜发芽。

生2：我家阳台上种了很多多肉，每次都是掰下叶片，然后种在土里的。

生3：我在科普书上看过，月季的繁殖也不用种子，是用一种叫“扦插”的方法，通过枝条繁殖的。

师：老师为大家准备了发芽的生姜，月季的枝条，长寿花和落地生根的叶片。请你说说它们分别是植物的哪个器官？

生：生姜和月季枝条是茎，长寿花和落地生根的叶片是叶。

师：用植物的茎、叶进行繁殖和用根繁殖的方法是一样的吗？

生1:我认为是一样的,用根繁殖就把根切开。生姜的茎也很粗壮,也可以切成小块,用同样的方法繁殖。

生2:是一样的,月季花的茎长得很长,可以把长长的茎切成一段一段的,就能繁殖出很多植物。

生3:不一样,红薯的根很大,蓟的老根上长着许多细小的根,是可以分出一些细根的。但是月季的茎很细,如果把茎切碎的话,它们就烂掉了。

师:非常棒,你已经发现了不同。通过对比,谁还有新的发现?

生:多肉的叶子也很小,里面有很多水分。如果切碎的话,就死了。

师:用茎和叶繁殖,到底应该怎么做呢?还有哪些要注意的地方呢?请同学们阅读"植物繁殖资料卡",交流茎和叶繁殖的方法和注意事项。

【教学评析】

本环节主要围绕"用根繁殖和用茎、叶繁殖的方法是一样的吗"这一问题展开,学生在不断观察、分析、收集信息之后进行实践。和根一样,茎和叶也是植物的营养器官。当掌握了用根繁殖植物的方法后,学生很容易将这些操作方法迁移到用茎和叶繁殖的方法上来。但是通过观察和比较,学生发现有些植物的茎很纤细,叶片也很小,是不合适分开或切碎的。因此就产生了认知冲突,从而积极地去思考如何用茎和叶繁殖。

【学习单】

"用茎和叶繁殖"记录单

我选择繁殖的植物是:____________________。

画出茎、叶最开始的样子	日期	植物的生长变化(可写可画)	成功的经验或失败的原因
	___月___日		
	___月___日		
	___月___日		
	___月___日		
	___月___日		

第6课时 我们的小苗圃

核心问题：植物不同的繁殖方式，各有哪些优点？

【教学目标】

1.知道一些植物用种子繁殖，一些植物用根、茎、叶等器官繁殖。植物家族凭借多种方式，生生不息地繁殖壮大。

2.能分析、交流植物家族繁殖的多种方式。

3.展示本单元学习中，用种子繁殖和用根、茎、叶繁殖的成果。

4.体验种植植物的乐趣；爱护植物，爱护自然环境；对生命保持好奇心，保持敬畏。

【教学重难点】

重点：展示交流用种子繁殖和用根、茎、叶繁殖的成果。

难点：坚持长期观察，用多种方式记录并呈现观察结果。

【教学准备】

教师准备：多媒体课件等。

学生准备：繁殖出的植物新生命的照片、记录表等。

【教学过程】

一、成果展示——单元回顾，引导学生展示、梳理种子繁殖和器官繁殖的过程

1.学生通过各种方法繁殖出了许多植物幼体，已移栽入学校的苗圃中。经过几周的精心照料，获得了各种各样的植物幼苗。教师组织学生展示种植成果。

2.学生通过回顾单元学习，结合实物和记录单，梳理植物的繁殖方式：一些植物用种子繁殖，也有一些植物通过根、茎、叶等器官繁殖。

【设计意图】交流展示的过程，既能帮助学生回顾本单元学习中积累的知识、技能和方法，也给学生提供展示、交流的平台，激发了学生的成就感和自豪感。

二、研讨交流——比较种子繁殖和器官繁殖，自我监控

1. 教师引导学生思考：苗圃中的植物新生命从开始到现在，发生了哪些生长变化？

2. 师生共同比较、总结用种子繁殖和用根、茎、叶繁殖的特点：

(1)种子很小，储存起来很方便。

(2)用种子繁殖很方便，能直接种在土里；用根、茎、叶繁殖，要挑选合适的部分，经过晾晒等处理。

(3)用根、茎、叶繁殖，器官直接来自母体，所以植株长出来以后和母体几乎一模一样。

3. 梳理总结：植物能生生不息地繁殖的原因，是凭借了多种繁殖方式。

【设计意图】引导学生比较不同植物的繁殖方式，体会不同的繁殖方式的优点，帮助学生建构和植物繁殖有关的科学观念，培养学生比较、分类、抽象、概括的科学思维。

三、拓展——激发探索更多植物繁殖方式的兴趣

教师组织学生观看视频，鼓励学生自己动手查阅更多资料，了解更多有趣的繁殖方式，如“红树胎生”“组织培养”等。

【设计意图】引导学生关注植物更多的繁殖方式，感受大自然的神奇。希望学生能够在查阅资料的过程中，逐步感受到大自然中生命延续的神奇，从而更加敬畏自然、热爱自然。

【精彩片段】——比较种子繁殖和器官繁殖，自我监控

师：同学们，经过一个单元的学习，我们的小苗圃里都获得了哪些植物新生命？

生：我们获得了蚕豆、绿豆、玉米、花生、凤仙花、向日葵、红薯、蓟、生姜、月季、长寿花、落地生根、多肉的幼苗。

师：这么多小幼苗，哪些是你们用种子繁殖的？哪些是用根、茎、叶器官繁殖的？

生：蚕豆、绿豆、玉米、花生、凤仙花、向日葵是用种子繁殖的；红薯和蓟用根繁殖；生姜、月季用茎繁殖；长寿花、落地生根、多肉等是用叶繁殖的。

师:对比种子繁殖和器官繁殖,结合你们的记录单,说一说不同的繁殖方式各有哪些特点。

生1:如果用种子繁殖,首先就要有种子。那就要等到植物开花、结果后,才会有种子。这样一来需要的时间就很久。

生2:种子又小又干,很好储存,不像根、茎、叶那样容易烂掉。

生3:用种子繁殖很方便,直接埋在土里,浇水就可以了。用根、茎、叶繁殖,还要选择合适的器官,比如发芽的红薯,切开后要粘草木灰才能播种。

生4:根据我们的实验记录,用种子繁殖时间会久一点,小种子从种在土里开始算起,要很多天才能慢慢地长出根、茎、叶。但是用器官繁殖的话,挑选长芽的红薯,相当于第一天就已经长出了新的茎和叶,会快一点。

生5:在"植物繁殖资料卡"里,我阅读到用器官繁殖的话,能最大程度地保证新长出来的植株和母体是一样的。一些名贵的兰花,为了防止花形和颜色变异,都是用器官繁殖的。

师:不同的繁殖方式都各有优缺点。但值得肯定的是,这么多种繁殖方式,都能帮助植物孕育自己的新生命。

【教学评析】

本课是"生生不息的植物"单元最后一课,是本单元形成逻辑闭环的重要一环。如果说本单元第一课中"为苗圃增添植物新生命"是一个极具启发性的起点,那么本课则是闭环上的终点。本环节中,教师引导学生对整个单元接触到的植物进行回顾,梳理植物繁殖的方式:种子繁殖和器官繁殖。紧接着,通过引导学生结合记录单和实践经验,对比不同繁殖方式的特点。通过这些反思和总结,学生会形成自己的认知策略,发展认知策略,提高自我监控能力。

【学习单】

"我们的小苗圃"记录单

这个单元中,我们一共繁殖了________种植物。
其中,用种子繁殖的有____;
用根、茎、叶繁殖的有____。

比较不同繁殖方式的特点	你还知道哪些有意思的繁殖方式？
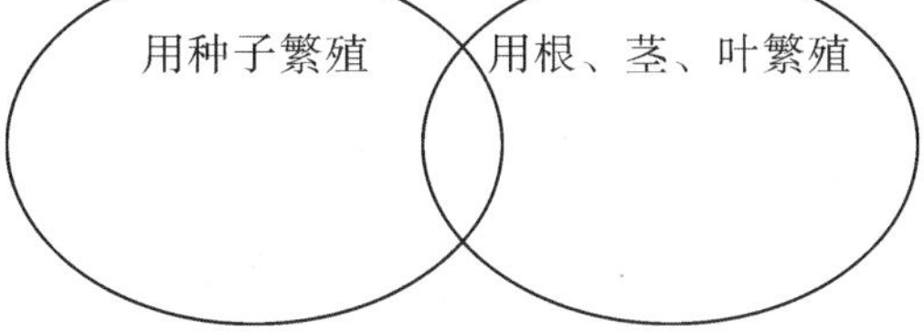	

持续反馈与应用设计

项目式作业　我是小小园艺师

【任务】

在“生生不息的植物”单元中，你了解到了植物们都有哪些有趣的繁殖方式？请你扮演一位“小小园艺师”，先参观当地植物园，实地调查研究后，为自己的学校设计并打造一个“迷你植物园”。

【要求】

参观当地植物园。

通过实地考察、查阅图书、借助网络、询问专家等方法，寻找植物多种多样的繁殖方式。根据自己的兴趣和校园环境的特点，选择你喜欢的方式记录你的发现。

基础版：根据你所在地区植物园中的植物名牌和展区介绍，找出适合种植在校园“迷你植物园”中的 5 种植物，并记录在观察日记上，同时注明它们的繁殖方式。

进阶版：绘制出校园“迷你植物园”的设计图，包含阴生植物区、沙漠植物区、百果园、水生植物区、裸子植物区等五大区域，每个区域至少包含 3 种植物，并注明它们的繁殖方式。

单元教学反思

本单元的学习是建立在学生一年级亲身经历获得一株植物新生命的活动基础上的，是在学生感受了植物的多样性以及生命的神奇之后的又一关于植物的探究之旅。本单元指向的核心概念是生命的延续与进化，围绕“植物通过多种方式进行繁殖”的主题展开学习，因此本单元命名为“生生不息的植物”。根据三四年级学生特点,安排了有性繁殖中的种子繁殖和无性繁殖中的用根、茎、叶繁殖两方面的内容,一共通过6个课时完成。本单元的学习主要是让学生亲身经历用种子、根、茎、叶繁殖的活动,在活动中感受植物新生命诞生的神奇;认识植物的各种繁殖方式及不同繁殖器官,经历不同植物的繁殖过程,学习对比实验变量的控制,建立“事实”和“结论”的联系,理解“器官结构与功能”的关系等。

新课标明确把科学思维作为科学课程重要目标,而以种植体验为主的探究活动,很难落实科学思维能力和科学思维方法的培养。“在这类课程中如何培养学生的思维方法和思维品质?”成为本单元编写和实施中努力突破的地方。在本单元的教学中,我们努力在以下方面进行了尝试。

一、将“掌握思维方法,培养思维品质”定位为重要的教学目标

2001年秋,国家开始用科学课程取代自然课程,随着对科学课程实施的研究,我们将“探究”引入科学课堂,不仅作为主要的学习方式,也把“学会探究”作为科学课程的学习目标。2022年,新课标又把“科学思维”作为素养目标的核心。那么,现阶段如何处理“探究”和“思维”目标的关系呢?从过程上来看,思维活动是探究教与学的核心;从目标上来看,科学思维是促进学生科学探究能力发展,加深学生对科学探究理解的关键。因此,我们在定位教学目标时要将科学思维作为素养目标中的核心。

二、根据学生思维特点,围绕核心概念和核心目标精心设计和组织教学内容

三四年级学生思维能力处于由具体形象思维向抽象逻辑思维过渡的关键时期,因此,教学中可以在关注具体现象和外部特征的基础上,引导学生分析现象和事件发生的条件、过程、原因等,涉及归纳、推理、控制变量等方法。针对该年级段学生的思维特点,我们围绕“生命的延续”这一核心概念,设计了用种子、根、茎、叶进行繁殖的体验活动。因大多数植物用种子繁殖,围绕用种子繁殖设计编写了3课时的内容。在体验用不同器官进行繁殖的活动中,我们围绕着“科学思维”设计组织了以下活动:

在用不同器官进行繁殖的体验活动中,我们都设计了认识种子、根、茎、叶等器官的共同特征,并根据其共同特征辨析某一部分是否属于该器官的

辨析活动。在这些活动的组织过程中,我们都遵循了先认识具体的种子、根、茎、叶等,在观察、比较、总结这些器官外部特征、内部结构的基础上,抽象概括它们的共同特征,并根据共同特征进行辨认某些个体的活动。这类活动重点培养了学生的比较、分类、抽象、概括等思维能力。

在用不同器官进行繁殖的活动中,都有选取典型植物的种子(或根、茎、叶等)进行繁殖,以建立理想模型的方式,以典型植物为例研究植物新生命的诞生过程,如了解种子萌发过程,观察扦插后植物茎的生长变化等,引导学生发现结构与功能之间的关系。

在通过"有完整子叶、一半子叶、没有子叶探究其发芽状况"等对比实验中,引导学生学习控制变量的思维方法,在实验过程中教会学生收集证据,用证据来验证猜测,并学会用证据对研究问题进行有逻辑的解释。

三、让学生经历完整的探究过程,将科学思维的培养落实到每个环节

传统的科学活动,一般会非常重视让学生经历观察、实验探究过程,注重让学生在这个过程中收集证据,但往往忽视提出假设、制订计划、分析数据等环节。而这些恰好是培养高阶思维能力的关键环节。在本单元的教学中,我们非常重视这些环节,舍得花时间让学生充分经历这些环节。如在种子萌发的第一课,让学生充分观察种子的各部分特点,并根据特点进行功能的猜测。拿出几乎半节课的时间让学生交流猜测的内容及猜测的理由。同样,在后续实验方案的设计、实验结论的得出也都非常舍得拿出时间让学生充分的研讨、论证。让学生明白假设是建立在对问题的分析和自己已有知识建构基础之上的,而实验方案也是根据假设来制订的。最后,结论的获得更要依赖证据是否充分、正确。同样,在用根、茎、叶繁殖的学习过程中,第1课时让学生通过查阅资料等方式了解,第2课时则是通过亲身实践验证植物能否用根、茎、叶繁殖,收集到哪些证据说明获得了新证据。

总而言之,只要我们"心中"有培养思维的目标,我们就会想方设法去落实这些目标。

案例提供者:姜玉晗,深圳市南山区第二外国语学校(集团)海岸小学
王玲玲,深圳市南山区第二外国语学校(集团)海德学校
指导教师:童海云,深圳市教育科学研究院

宇宙中的地球

案例9　太阳、地球和月球

单元教学内容规划

(一)本单元学习指向的核心概念及学习进阶路线

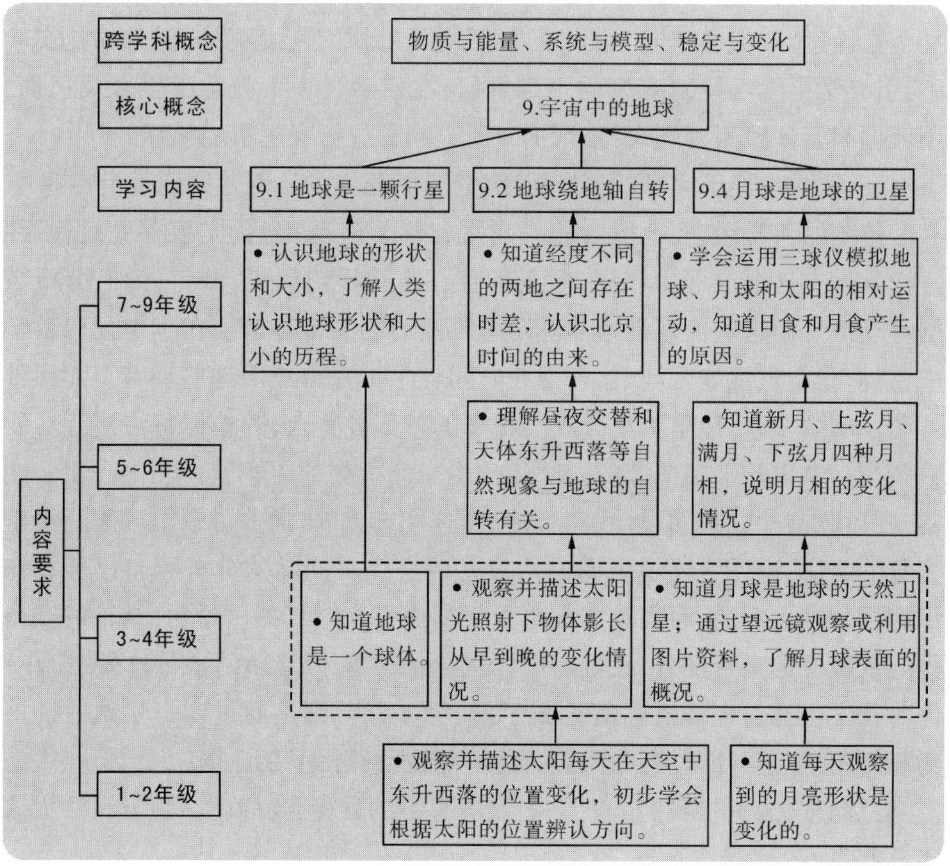

本单元聚焦“宇宙中的地球”核心概念，落实课标中“地球是一颗行星”“地球绕地轴自转”“月球是地球的卫星”的学习内容要求。

1～2年级初步认识太阳东升西落、月亮形状变化和季节变化等自然现象，能利用太阳的位置辨认方向。

3～4年级通过图片资料或模拟实验，了解月球表面的概况，认识地球、月球和太阳的运动关系。

5～6年级借助动画演示或制作简单模型，理解地球、月球和太阳等天体有规律的运动与相关的周期性自然现象之间的关系。

7～9年级通过观察或运用三球仪，认识天体的大小、亮度等特征，解释日食、月食和节气等与天体运动的关系。

在层层深入的学习过程中，建构宇宙中的地球概念模型，也有助于学生形成物质与能量、系统与模型、稳定与变化的跨学科概念。

（二）本单元学习内容的组织线索

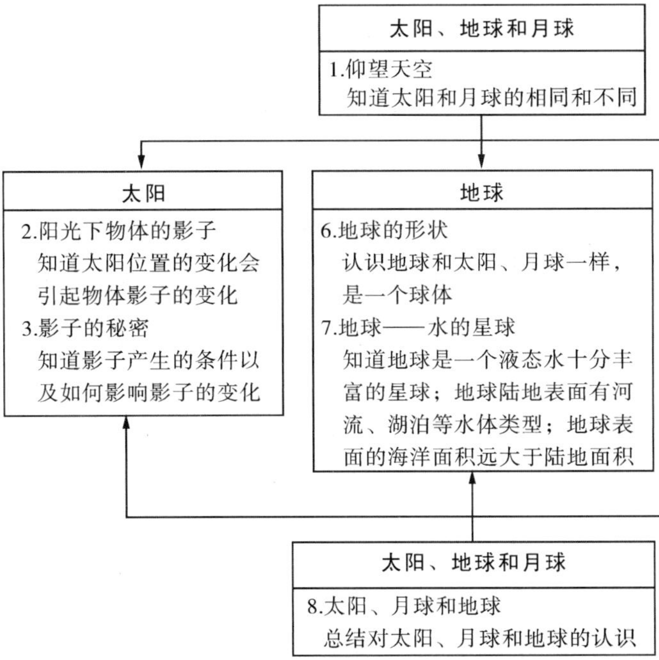

单元学习目标设计

核心素养	学习目标
科学观念	1. 知道太阳是一颗恒星，它的位置变化会引起物体影子的变化。 2. 认识月球及其特征，知道月相变化有一定的规律。 3. 知道地球是一个液态水十分丰富的星球

续表

核心素养	学习目标
科学思维	1. 利用维恩图进行信息对比，找出重要的、共同的特征。 2. 能运用模型分析、解释现象和数据，初步形成批判性思维、类比推理思维、重组和发散思维等创造性思维
探究实践	1. 能运用观察、模拟实验等方式推理、论证实验猜想。 2. 能使用较科学的词汇、图示符号等方式记录实验的结果。 3. 能通过各种途径获取、加工、筛选和整理资料
态度责任	1. 对探索天文现象保持兴趣和好奇心，在亲历人类认识和探索宇宙的过程中，感受技术的进步对人类认知深度的推动作用。 2. 了解并意识到与其他星球相比，地球是十分特别的星球，是我们的家园，我们要保护地球

单元学习评价设计

“太阳、地球和月球”评价量表

核心素养	评价指标	评价等级			同伴互评	教师评价
		★	★★	★★★		
科学观念	初步了解太阳、地球、月球的基本特征	知道太阳、月球、地球都是球体	知道太阳、月球、地球的基本特征	知道太阳、月球、地球的相同和不同特征	☆☆☆	☆☆☆
科学思维	能运用模型分析、解释现象和数据	能运用模型分析、解释物体影子形成的原因及变化	能运用模型分析、解释太阳的位置变化会引起物体影子的变化	能运用模型分析、解释月相变化与太阳、地球和月球的运动关系	☆☆☆	☆☆☆
探究实践	能运用观察、模拟实验等方式推理、论证实验猜想	能在教师的引导下，通过观察实验探究太阳、地球和月球的特征	能运用观察和模拟探究，对比发现太阳、地球、月球的相同和不同特征	能通过观察实验以及各种途径获取、加工、筛选和整理资料，设计制作地球海报	☆☆☆	☆☆☆

续表

核心素养	评价指标	评价等级			同伴互评	教师评价
		★	★★	★★★		
态度责任	意识到地球是一个十分特别的星球，我们要保护地球	能意识到与其他星球相比，地球是十分特别的星球	感受技术的进步对人类探索宇宙的推动作用，意识到地球是我们人类的家园	能通过自主查阅资料、制作海报，树立环保意识，地球是我们的家园，我们要保护地球	☆☆☆	☆☆☆

学生情况分析

太阳、地球和月球是生活中最常见的天体，学生通过日常观察、课外阅读等途径对三个天体已经有了初步的认识，同时，通过之前的科学学习，学生对太阳每天在天空中东升西落的位置变化以及月相变化都有了一定的了解，具备了一定的观察能力，对天体的运动以及与之相关的自然现象产生了浓厚的探究兴趣。在进行观察、记录、实验、交流等一系列活动时，学生的小组合作意识和能力也得到了培养。

但因年龄特点，他们依旧处于形象思维阶段，抽象概括和语言表达能力比较弱，教师的指导和帮助仍然非常重要。教师在单元教学中，要注重观察、记录方法、语言表达的示范和引导。同时，他们的自制力也不够强，意志力也较差，活动的自觉性和持久性都不够，但好奇心强、精力旺盛、活泼好动，所以在探究活动过程中，需要教师用多种形式来激发他们的兴趣，巡视并督促他们更好地开展观察、体验等活动。

单元学习进程设计

单元主要概念	学习进阶	学习问题链	主要学习活动	思维型教学原理	课时建议
宇宙中的地球	记忆理解	关于太阳和月球，它们有什么相同和不同？	科学阅读：认识太阳、月球的特点，用维恩图记录其相同和不同。 现象分析：创设问题情境，用纸筒观察大小不同的圆纸片，分析太阳和月球看起来差不多大小的原因。	概念初始水平（动机激发）（自主建构）	1课时
	理解运用	一天中，影子有什么变化规律？	案例探究：用同心圆观察纸，观察记录阳光下物体一天中影子的变化，找到规律。	概念具体化（认知冲突）（自主建构）	1课时
		影子的变化是怎么产生的呢？	案例探究：用材料制造影子，发现影子产生的原因和条件以及影子的变化与光的关系。		1课时
		月相的变化有什么规律呢？	案例探究：整理月相观察记录，用卡片演示一个月内月相变化的规律。		1课时
		月球是怎样的一颗星球？	科学阅读：进一步了解月球的基本情况。 现象分析：模拟制造环形山，推测分析环形山的成因。	概念深度理解（自主建构）（自我监控）	1课时
		人们怎样知道地球是一个球体的呢？	案例探究：模拟船在不同面上的行驶，推测大地的形状；模拟月食现象，寻找地球是球体的证据。		1课时
		地球有哪些独特的地方？	现象分析：创设问题情境，用格子纸统计、比较地表水域和陆地的数据，分析地球上丰富的液态水会带来哪些好处。		1课时
	评价创造	我们该用哪些色彩来做一张有关地球的主题海报？	问题解决：应用获得的观念，选择合适的图片、文字，制作关于地球主题的海报。	概念迁移创造（应用迁移）	1课时

第1课时 仰望天空

核心问题：关于太阳和月球，它们有什么相同和不同？

【教学目标】

1. 通过研讨和观看资料，分析太阳和月球的相同和不同。

2. 在教师的引导下,尝试用模拟实验的方式去探索宇宙空间问题。

3. 通过模拟实验,解释太阳和月球看上去差不多大小的科学现象。

4. 乐于陈述,善于倾听,激发对天空的好奇心和探索欲。

【教学重难点】

重点:知道太阳和月球的相同点和不同点。

难点:能利用维恩图、图片比较、模拟实验等方式交流、完善和整理知识,比较两个天体的相同点和不同点。

【教学准备】

教师准备:多媒体课件等。

学生准备:圆形纸筒、大圆纸片(代表太阳)、小圆纸片(代表月球)、学习单等。

【教学过程】

一、谈话导入,激发兴趣

1. 提问:同学们,平时你们抬头仰望天空,都可以看见什么?

(预设:太阳、白云、彩虹、月亮、星星。)

2. 揭示课题:看来平时你们都非常善于观察。今天我们就一起来仰望天空,探索太阳和月球的奥秘吧!

3. 提问:关于太阳和月球,你们都知道什么? 它们有什么相同和不同?

(预设:它们都是球体,东升西落;太阳大,出现在白天,月球小,出现在夜晚等。)

【设计意图】通过谈话了解学生前概念,调动学生积极思考,并激发学生探索天体的兴趣。

二、明确问题,梳理概念

1. 观察图片,深度认识

太阳和月球距离我们很远。除了直接用眼睛观测,科学家还会通过从太空中拍摄的一些照片来进行观察。教师展示几组太阳和月球的照片,让学生仔细观察并小组讨论,太阳和月球分别有什么特点? 它们有什么相同和不同?

（预设：太阳表面有小黑点，也有大而亮的斑块；月球表面布满了大大小小的圆环形的坑。太阳发光发热，温度高；月球不发光，没有空气，昼夜温差较大。）

太阳表面的这些小黑点叫黑子，大而亮的斑块叫耀斑，月球上圆环形的坑叫环形山。

2. 使用维恩图，用关键词记录

教师追问：大家都观察得很仔细，那你们能不能用关键词把我们的发现记录在维恩图里面呢？两边记录不同点，中间记录相同点。

3. 播放视频，补充记录

提出任务：观看介绍太阳和月球的视频，把其他发现也记录下来。

4. 展示记录，梳理小结

教师展示几个同学的维恩图记录，全班对记录进行梳理和汇总。

【设计意图】通过观察图片、小组讨论以及补充视频资源，帮助学生深度认识太阳和月球，让学生学会利用维恩图的方式收集、整理信息，对比太阳、月球的特征，进而找到它们之间重要的、共同的特征，培养学生形成逻辑思维的能力。

三、认知冲突，模拟建构

1. 提出疑问，进行猜想

提问：我们已经知道太阳大，月球小。可为什么看上去它们差不多大小呢？（展示太阳和月球的大小比例图片）

（预设：太阳和月球离地球的距离远近不同，距离越远，看起来就越小。）

追问：怎么来证明我们的想法是正确的呢？请小组讨论一下。

2. 提供材料，进行实验

提问：老师这里有三种材料，请想一想，它们分别模拟的是什么？

（预设：大圆纸片模拟太阳，小圆纸片模拟月球，纸筒模拟地球上的观察者。）

追问：那我们可以怎么来进行模拟实验呢？

（预设：一个同学用纸筒观察，保持位置不变；另外两个同学分别模拟月球和太阳，一个近，一个远。）

继续追问：到底要多近多远，太阳和月球才看起来差不多大小呢？

（预设：模拟月球的同学保持位置不变，模拟太阳的同学往后逐渐移动位置，直到它们看起来差不多大小。）

教师请三个同学上来模拟演示，其余的同学注意观察。

提问：这个实验中，有什么需要注意的吗？

（预设：①三者要在一条直线上；②纸筒和小圆纸片位置保持不动，逐渐移动大圆纸片；③当观察到大、小圆纸片差不多大小时，停下来固定位置。）

补充说明：同学们的观察很细致，待会实验时还需要大家用“跨步”的方法，分别测量一下大、小圆纸片和纸筒之间的距离。

3. 分工合作，完成实验。

4. 交流感受，统一认识。

5. 观察图片，更新记录。

小结：请观察太阳和月球离地球的实地距离，记录在维恩图里。

【设计意图】通过观察太阳和月球的大小比例图片，引发学生认知冲突，开展以太阳和月球的模型建构思维来解决问题活动。

四、总结归纳，拓展迁移

1. 研讨：关于太阳和月球，你知道了什么？

（预设：今天我们通过观察和模拟实验，知道了太阳和月球有哪些相同和不同。）

2. 拓展：关于太阳和月球，你还想知道什么？

（预设：环形山是怎么形成的？月球的阴晴圆缺是怎么回事？太阳光会给地球带来哪些影响？）

【设计意图】通过深度研讨和模拟实验活动，教师带领学生总结和归纳所学内容，帮助学生梳理本节课的知识，并激发他们对未来学习的兴趣。

【精彩片段】——对比太阳、月球大小，引发认知冲突，激发探究兴趣

师：我们已经知道太阳大，月球小。可为什么看上去它们差不多大小呢？

生：因为太阳和月球离我们的距离不同。

师:怎么来证明我们的想法是正确的呢? 请小组讨论一下。

师:我这里有三种材料,请想一想,它们分别模拟的是什么?

生:大圆纸片模拟太阳,小圆纸片模拟月球。

师:那这个纸筒是用来做什么的呢?

生:可以用它做望远镜。

师:同学们很有想象力,这个可以方便我们观察,用它来模拟地球上的观察者。那我们可以怎么来进行模拟实验呢?

生:一个人拿着纸筒,另外两个人分别拿"太阳"和"月球"。

师:到底要多近多远,太阳和月球才看起来差不多大小呢?

生:拿纸筒和"月球"的同学不动,拿"太阳"的同学往后退,退到"太阳"和"月球"看起来差不多大小。

师:很好,下面请三个同学上来模拟演示一下,其余的同学注意观察。

【教学评析】

通过之前的研讨,学生已经知道太阳和月球的体积大小相差非常大,教师依据学生整理的信息引发新的矛盾,体积相差如此大的两者,为什么看上去差不多大小呢? 由此学生开展了模拟实验,学生的概念建构在逐层递进。

【学习单】

请在下面的维恩图里填写你了解到的太阳和月球的相同点和不同点。

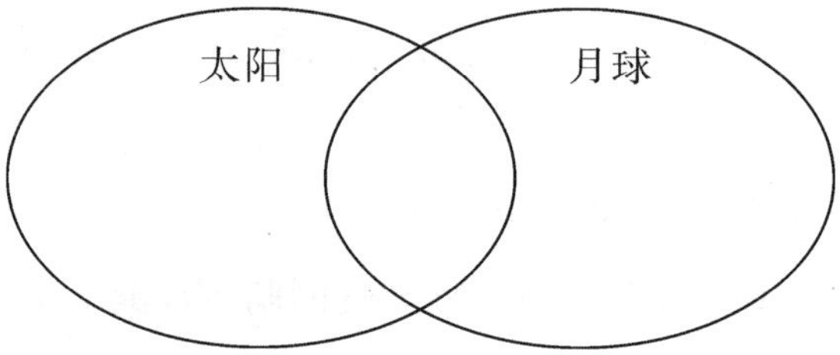

第2课时 阳光下物体的影子

核心问题:一天中,影子有什么变化规律?

【教学目标】

1. 能结合观察记录,实事求是地分析一天之中影子的变化情况。

2. 能利用日晷模型和实验观察，解释一天中影子变化的现象并分析影子变化与太阳的关系。

3. 能开展长时间持续观察的活动，培养坚持科学研究的精神以及敢于质疑的精神。

【教学重难点】

重点：知道一天中，在太阳光的照射下，物体的影子变化有一定的规律。

难点：进行长时间规范地观察记录，研讨并分析一天中阳光下物体影子变化的规律以及与太阳位置变化的关系。

【教学准备】

教师准备：多媒体课件、学生材料等。

学生准备：观察记录纸、短杆、指南针、铅笔、直尺等。

【教学过程】

课前作业布置：

1. 在班级群发布“制作简易日晷记录影子变化”微课。

2. 布置作业：以 4 人小组为单位提前记录一天中物体的影子变化，记录时间为 8 点、10 点、12 点、14 点、16 点。

一、问题情境，导入新课

1. 聚焦问题：不同时刻拍摄的影子有什么不同

提问：今天老师带了两张照片，请同学们猜一猜，第一张（上午拍摄的老师背面影子照片：双脚站在了一张方位纸上）是谁的影子？

（预设：是老师。）

追问：那第二张（中午拍摄的老师背面影子照片：双脚站在同一张方位纸上，背景和参照物与第一张照片相同）是谁的影子？

继续追问：同学们都猜对了，这两张照片都是老师的影子，那你们发现这两个影子有什么不同吗？

（预设：影子的长短、方向有所不同。）

2. 揭示课题

同学们观察得非常细致，也发现了生活中影子变化的一些特点，今天我们就一起来研究阳光下物体的影子。

【设计意图】通过猜影子游戏，极大地提高了学生的兴趣，从关注照片影子的不同引出生活中影子变化的一些特点。

二、明确问题，认知冲突

1. 一天中阳光下物体影子的变化规律

提问：观察老师的这两张照片，你们能猜到分别是什么时候拍摄的吗？

（预设1：照片1是上午，照片2是下午。预设2：照片1是下午，照片2是上午。预设3：照片1是上午，照片2是中午……）

追问：如何验证我们的结果是对的呢？通过影子可以判断我们处在哪一个时刻吗？

教师让学生把上周布置的观察记录作业拿出来，小组讨论并汇报他们的观察结果。

2. 学生分组汇报课前作业的成果

（预设：一天中物体的影子由长变短再变长，影子会转动，影子的方向从西到北再到东。）

3. 总结影子的变化规律

小结：我们发现一天中物体的影子上午长、中午短、下午长，还发现影子的方向会像时钟一样顺时针转动，会由西到北再到东。

4. 建构概念，解决问题

小结：让我们来总结梳理一下，一天内影子的长短有“长→短→长”的变化，影子的方向有“西→北→东”的变化。

提问：现在能判断老师的两张照片是什么时候拍摄的了吗？

（预设：根据照片线索，老师影子朝向偏西边的照片是大约10点拍摄，老师影子朝向正北边的照片大约是12点拍摄。）

【设计意图】通过猜测照片中影子的拍摄时间，引发学生思考：影子的变化规律究竟如何？通过分析之前的观察记录，总结影子变化的规律，由此解决生活中的实际问题，学生的科学概念在这次研讨活动中得以建构和迁移。

三、合作探究，体验交流

1. 太阳的位置是怎样变化的

提问：你们能根据影子的变化规律，说一说太阳的位置是如何变化的吗？

（预设：学生根据上午影子在西北方，推测太阳在东南方；中午影子在正北方，推测太阳在正南方；下午影子在东北方，推测太阳在西南方。）

追问：影子的长短是如何随太阳变化的呢？同学们的推测能否用模拟实验来证明？

教师出示标准科学观测记录的影子变化图、立杆、手电筒，让学生思考：利用这些材料怎么模拟太阳和影子的变化呢？

（预设：在变化图的中心立杆，手电筒模拟太阳光照射，观察手电筒运动痕迹，从而推测太阳的运动规律。）

2. 学生实验，教师课件展示实验要求

①用手电筒模拟太阳，找到其他几个时间点太阳的位置；

②想一想：太阳的位置从8:00到16:00是怎样变化的？

3. 汇报交流

提问：哪个小组先来汇报一下你们的观察结果？

4. 归纳总结

小结：通过刚才的模拟实验我们进一步证实，由于太阳的位置发生了“低→高→低”的变化，所以影子的长短发生了“长→短→长”的变化；又由于太阳是东升到南，再到西，而影子的方向和太阳正好相反，所以影子的方向发生了这样的变化。

【设计意图】根据影子的规律推测太阳的位置变化，让学生通过模拟实验进一步验证自己的想法，总结影子的方向变化是因为太阳的位置发生了变化，充分调动学生的积极性。

四、总结反思，应用迁移

1. 播放视频：同学们，古人早就发现了影子的变化规律，并制造出了用来计时的工具——日晷，让我们一起来通过视频认识它（播放日晷相关视频）。

2. 思考：视频中的日晷和我们制作的简易日晷有什么不同？

（预设：晷面角度不同，刻度不同，视频中日晷上的标注更方便查看时间。）

3. 教师播放简易日晷制作视频，学生可以回家学习制作，并进一步研究。

【设计意图】通过认识日晷，发现古人利用太阳位置变化来计时的智慧，增长学生的见识。

【精彩片段】——猜测影子照片的拍摄时间,研讨影子的变化规律

师:观察老师的这两张照片,你们能猜到分别是什么时候拍摄的吗?

生1:照片1是上午,照片2是下午。

师:你为什么这样判断呢?

生1:因为两个影子的方向不同。

师:你们赞同他的意见吗?

生2:我觉得照片1是下午,照片2是上午。

生3:我觉得不仅要看影子的方向,还要看影子的长短。

生4:我觉得照片2是中午。

师:如何验证我们的结果是对的呢?通过影子可以判断我们处在哪个时刻吗?

师:请同学们把上周老师布置的观察记录作业拿出来,小组讨论并汇报你们的观察结果。

生:我们发现一天中物体的影子由长变短再变长,影子会转动,影子的方向从西到北再到东。

【教学评析】

通过创设情境让学生猜测影子照片拍摄的时间,并通过分析影子的观察记录,归纳总结影子的变化规律。整个研讨部分围绕解决情境问题产生,培养了学生分析问题和应用知识迁移的能力。

【学习单】

请准备一根短杆,用橡皮泥固定在纸的圆心上,并按照准确方位摆放在水平地面上,用铅笔和直尺来记录阳光下短杆影子的变化吧!

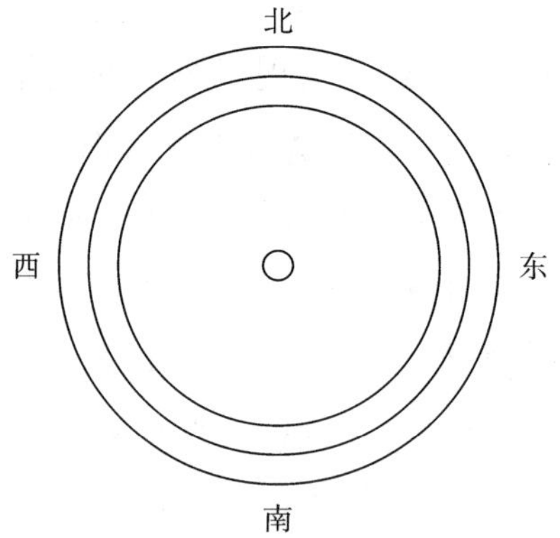

第3课时　影子的秘密

核心问题:影子的变化是怎么产生的呢?

【教学目标】

1. 能用正向和逆向思维归纳影子产生的原因和条件。

2. 在教师的指导下,能利用材料设计实验,探究影子的变化。

3. 通过创作有趣的手影,对影子的形成和变化产生兴趣。

【教学重难点】

重点:通过实验能总结影子形成和变化的条件。

难点:通过实验和游戏等活动,理解影子产生的三个条件和影响影子变化的因素。

【教学准备】

教师准备:多媒体课件、手电筒、圆柱体小木块、剪刀、透明玻璃纸、黑色马克笔、白纸等。

学生准备:学习单等。

【教学过程】

一、回顾导入,揭示课题

1. 回顾:上节课我们观察到阳光下影子的变化,影子的变化是怎么产生的呢?

(预设:太阳的位置变化导致影子的变化。)

2. 揭示课题:影子千变万化,今天我们就一起来研究影子的秘密。

【设计意图】本节课学生将更深入地研究影子,教师以回顾上节课的知识为导入,将学生的前概念和本节课即将研究的内容进行更快的连接。

二、联系生活,探秘影子

(一)探究影子形成的条件

1. 条件一:光源

提问:你们在哪里见过影子?

(预设:太阳下、教室灯光下、蜡烛燃烧时等。)

追问:比如老师桌上有一个手电筒(未打开电源),有了它就能让影子出现吗?

(预设:需要将手电筒电源打开,并且在它前面放置东西。)

教师总结:像这样正在发光的物体我们把它叫作光源。

2. 条件二:不透明的物体

提出任务:老师把几项制造影子的任务交给你们,你们愿意来挑战一下吗?请仔细阅读挑战要求并观察老师提供给你们的材料。

任务一:用手做一个动物影子(材料:手电筒、白纸)。

任务二:用透明玻璃纸做一个云朵影子(材料:手电筒、透明玻璃纸、剪刀、黑色马克笔、白纸)。

任务三:用圆柱体小木块做两个不同的影子(材料:手电筒、圆柱体小木块、白纸)。

过渡:完成任务时,可以把你们的发现填写在学习单里,待会请同学们上台分享。

小组合作完成影子挑战,教师邀请三组同学上台展示。

小结:你们的手、透明玻璃纸上画的云朵、圆柱体小木块都叫遮挡物。

3. 条件三:屏(让影子出现)

谈话:刚刚同学们都挑战成功了,现在老师手中的白纸上也有一个圆柱体影子,但是我想让这个圆柱体消失,有什么办法呢?

(预设:关闭电源或者挪开圆柱体,教师肯定学生的做法,归纳去掉影子产生的条件之一皆可使影子消失。)

接着教师撤去后方的白纸,提问:影子同样消失了,这是怎么回事呢?谁又能让影子再次出现呢?

(预设:学生意识到屏的作用是让影子出现,并且找到其他替代屏的方法。)

追问:把手电筒和遮挡物往后靠近墙,是谁变成了屏?把手电筒和遮挡物朝下照射地面,是谁变成了屏?

教师总结:行进中的光被阻挡时,就形成了阻挡物的阴影。光源、不透明的遮挡物和屏(接收影子的平面)是影子产生的条件。

（二）探究影子变化的规律

1. 思考：在上个挑战中，我们让圆柱体小木块产生了两个不同的影子，你们还能让它的影子有哪些变化？圆柱体小木块影子的改变与什么有关？

2. 课件展示实验要求

①寻找多种方式改变圆柱体小木块的影子；

②用不同颜色的笔在白纸上记录变化的影子；

③整理材料，准备汇报。

3. 学生实验。

4. 交流汇报：你们是怎么改变影子的？影子的什么发生了变化？

学生根据记录单交流。

5. 教师总结：当我们改变光源的照射角度时，影子的长短和方向会发生变化。当我们改变遮挡物的形状时，影子的形状会发生变化。

（三）手影游戏

1. 通过改变手形，可以变化出许多有趣的手影。让我们通过视频一起来看一个神奇的手影表演。

2. 提问：视频中的手影表演，影子发生了哪些变化？这些变化是什么导致的呢？

（预设：影子的大小、形状发生了变化，有光源和遮挡物的变化，也有光源和遮挡物距离的变化。）

3. 追问：你们想不想也来玩一玩手影游戏？看一看哪个小组变化出了最多的手影。

4. 学生创作手影。

【设计意图】在探究影子形成的条件时，教师设置了几组有梯度的任务来达到教学目的，通过任务一让学生知道影子的产生需要遮挡物的位置在光源和纸的中间，通过任务二让学生知道影子的产生需要的遮挡物是不透明的物体，通过任务三让学生知道从不同方向照射遮挡物能产生不同的投影。教师通过让学生想办法使影子消失，引导学生用逆向思维解决问题，归纳去掉影子产生的条件之一都会让影子消失。在探究影子变化的规律时，通过改变圆柱体小木块的影子到玩手影游戏，从只改变光源的远近和角度到光源和遮挡物均有变化,学生的思维活动也有了梯度发展。

三、归纳整理,迁移拓展

1.提问:同学们,经过本节课的学习,你们知道影子是怎样产生的吗?

(预设:行进中的光被阻挡时,就形成了阻挡物的阴影。光源、不透明的遮挡物和屏(接收影子的平面)是影子产生的条件。)

追问:影子可以发生哪些变化?

(预设:影子的大小、方向、长短和形状都可以发生变化。)

继续追问:太阳的位置与影子的变化有什么关系?

(预设:上午太阳在东南方,影子在西北方;中午太阳在正南方,影子在正北方;下午太阳在西南方,影子在东北方。)

2.过渡:生活中还有一些容易被我们忽略的影子,今天我们一起来研究影子的秘密。

提问:阴天的时候,有影子吗?是谁的影子?屏在哪里?

(预设:阴天的时候,太阳光源全部被云遮挡了,我们看不到影子是因为我们处在云的影子里,大地是屏。)

追问:地球也是不透明的球体,当太阳光照射的时候,地球的影子在哪里?此时屏在哪里?

(预设:每到月食发生时,我们看到的就是地球的影子,月球就是屏。)

【设计意图】梳理本节课的知识,落实教学目标。通过思考阴天的时候为何看不到影子,地球的影子在哪里,地球影子会投在哪个屏上等问题,发散学生思维,联系日常生活,学以致用。

【精彩片段】——以影子产生的条件为研究要素,发展学生逆向思考的能力

师:刚刚同学们都挑战成功了,现在老师手中的白纸上也有一个圆柱体影子,但是我想让这个影子消失,有什么办法呢?

生:关闭电源。

师:很好,还有什么办法吗?

生:把圆柱体拿走。

师:我还有个好办法(教师撤去后方的白纸)。

师:影子同样消失了,这是怎么回事呢?谁又能让影子再次出现呢?

生:没有东西接住那个影子了。

师:接住指的是什么?

生:影子没有呈现的地方了。

师:我们把它叫作屏。

师:现在我把手电筒和圆柱体换个方向,你看到了什么?

生:墙上出现了影子。

师:把手电筒和遮挡物往后靠近墙,是谁变成了屏?

生:墙。

师:把手电筒和遮挡物朝下照射地面,是谁变成了屏?

生:地面。

师:行进中的光被阻挡时,就形成了阻挡物的阴影。光源、不透明的遮挡物和屏(接收影子的平面)是影子产生的条件。

【教学评析】

以任务挑战的模式,层层递进探究影子产生的条件。根据生活经验,学生很容易关注光源、遮挡物这两个条件,但是往往容易忽视屏的存在,教学设计通过逆向思考让影子消失的方法进一步关注到影子产生的第三个条件——屏,并意识到影子产生的三个条件缺一不可。该环节与最后关注生活中容易被忽略的地球影子相联系,训练学生的重组和发散思维,进一步完善影子产生的三个条件之间的联系。

【学习单】

根据任务要求,填写观察到的现象,总结我的发现。

任务	观察到的现象
任务一:用手做一个动物影子	
任务二:用透明玻璃纸做一个云朵影子	
任务三:用圆柱体小木块做两个不同的影子	
我的发现:	

第4课时 月相变化的规律

核心问题：月相的变化有什么规律呢？

【教学目标】

1. 通过对月相变化资料的整理、分析、归纳，知道一个月的月相变化有一定的规律。

2. 能通过图片排序、制作月相图片手册等多种多样的方式，概括月相变化的规律。

3. 通过模拟实验，观测月球亮面变化的规律。

4. 能对月相变化的规律保持好奇心，保持观察月相的兴趣。

【教学重难点】

重点：通过模拟实验对月相进行观察，归纳、总结一个月内月相变化的规律。

难点：根据一个月内月相变化的规律给月相图片排序。

【教学准备】

教师准备：多媒体课件、月相变化模拟器等。

学生准备：学习单、燕尾夹等。

【教学过程】

一、创设情境，导入新课

1. 教师展示一张“月饼”图片，提问：这是什么？我们什么时候会吃它？那时的月亮是什么样的？

（预设：月饼，每年中秋节的时候会吃月饼，月亮是圆月。）

追问：我们已经知道月球发亮部分的形状，就是月相。八月十五月儿圆，那其他时候月相是什么样子的？每年只有八月十五才会月圆吗？

（预设：我见过弯弯的月亮；我在其他时候也见过圆月。）

2. 教师选择部分同学上来画月相，并给其中几幅典型月相编号1、2、3、4。如果没有合适的月相，教师也可适时补充。

谈话：看来月相在一直变化，那么月相的变化有什么规律呢？今天我们就一起来研究月相变化的规律。

【设计意图】以学生熟悉的“月饼”导入，激发兴趣，关注到中秋月圆的现象，提出适时的问题，除了八月十五，其他时候的月相是什么样子的？只有八月十五月亮才会圆吗？引发学生更深入地思考问题，学生的探究欲望自然产生。

二、明确问题，认知冲突

活动一：给编号1、2、3、4月相排序

1. 谈话：这是同学们刚刚画的月相，老师已经给它们编上了序号，你们能给它们先排序吗？

（预设：按照月球光亮部分由多到少排序；再按照月球光亮部分由少到多排序；并且月球光亮部分朝同一个方向。）

2. 设问引导：同学们会有很多不同的想法，那哪个在前，哪个在后呢？在一个月里，月相到底是怎样变化的？让我们通过一个模拟实验来寻找答案。

活动二：模拟月相变化实验

1. 教师展示月相变化模拟器（由8个半边涂黑的乒乓球和1个呼啦圈组成，乒乓球模拟月球，呼啦圈模拟月球绕地球行驶轨道），播放月相变化模拟器如何使用的视频。

2. 课件展示注意事项。

①4人小组，其中3人固定模拟器始终保持不动，1人站在圆圈中间逆时针自转观察乒乓球月相。

②每个乒乓球下方有对应的农历时间，记录好时间和画好对应观察的月相。

③轮流观察后，汇总月相图，准备汇报。

提问：一个月内，月相变化的规律是怎样的？

（预设：上半月，从初一到十五，月球的光亮部分越来越多，亮面朝向右侧；下半月，从十五到三十，月球光亮部分越来越少，亮面朝左。）

3. 教师总结：上半月月相由缺到圆，亮面朝右；下半月月相由圆到缺，亮面朝左。

【设计意图】学生通过给月相排序，引发认知冲突，思维进入困局，如何解决问题？教师展示“月相变化模拟器”，给学生的思维搭梯子，让学生通过模拟和观察，明确月相变化的规律。

三、合作探究，体验交流

1. 提问：你们觉得是谁在影响着月相的变化？

（预设：月球在围绕地球转的时候，我们在地球上看到月球光亮的部分不同。）

2. 提出任务：现在老师给你们提供一个月完整的月相变化照片，你们能给它们正确排序，做一个月相纸牌吗？

活动三：制作月相变化纸牌

解说：同学们翻动月相变化纸牌就能看到完整的月相变化过程，这里有一个拍摄月相变化的视频，看一看和同学们做的变化过程一样吗？如果不对，可以调整自己的制作。

【设计意图】通过制作月相纸牌活动，让学生从动态的角度观察月相的变化，帮助学生再次梳理月相变化的规律。

四、总结反思，应用迁移

1. 总结：同学们，我们经过今天的学习，发现了在一个月里，月相变化是有规律的，上半月月相由缺到圆，亮面朝右；下半月月相由圆到缺，亮面朝左。

2. 拓展：观察月球的运动。

（1）学生观察星空视频。

（2）观察星空后，你有什么发现？

【设计意图】总结本课的内容，帮助学生巩固知识；拓展活动引导学生观察月球的运动，进一步提高学生对天文探索的兴趣，同时为下节课学生学习月球做铺垫。

【精彩片段】——通过使用月相变化模拟器，帮助学生从抽象空间迁移到具象实验

师：如何知道同学们的月相排序是否正确？

生：查阅资料，看别人拍摄的月相变化的视频。

师：实践出真知，今天我们现场来模拟月相变化。

师：我手上这个叫月相变化模拟器。它由 8 个半边涂黑的乒乓球和 1 个呼啦圈组成，乒乓球模拟月球，呼啦圈模拟月球绕地球运行轨道。

师：让我们一起来看一个月相变化模拟器如何使用的视频。

师：清楚怎么操作了吗？

课件展示注意事项：

①4 人小组，其中 3 人固定模拟器始终保持不动，1 人站在圆圈中间逆时针自转观察乒乓球月相。

②每个乒乓球下方有对应的农历时间，记录好时间和画好对应观察的月相。

③轮流观察后，汇总月相图，准备汇报。

【教学评析】

因天气或者个人原因，学生很难做到长时间的观察月相，在实际模拟的过程中，引导学生以自己在地球上的视角，使用月相变化模拟器观察月相，让学生的思维从抽象转为具象，降低了理解的难度，学生更容易总结出上半月和下半月的月球亮面变化和朝向，最终排序制作出来一个月的月相变化图册。

【学习单】

请将月相图片按虚线裁剪下来，按照月相变化的规律用燕尾夹夹起，翻动月相纸牌，观察变化。

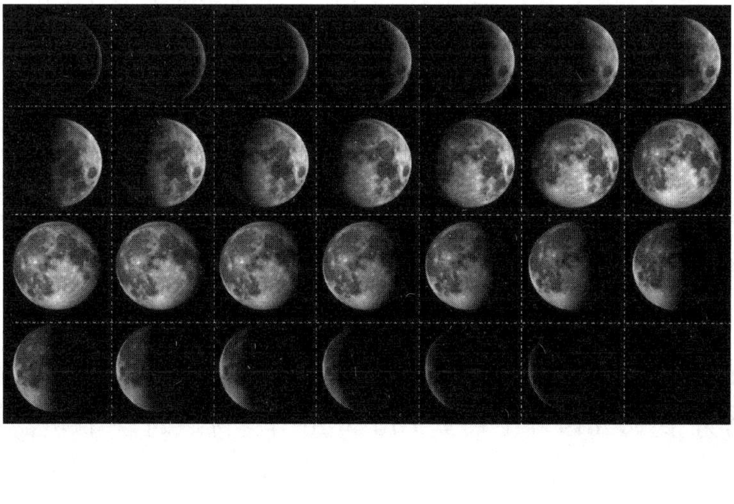

第5课时 月球——地球的卫星

核心问题:月球是怎样的一颗星球?

【教学目标】

1. 通过阅读和整理资料信息,能较全面地了解月球。

2. 通过观察、比较、分析,推理环形山形成的原因。

3. 通过模拟环形山实验,意识到模拟实验是理解和推理天文预测的方法。

4. 通过多种方法探索月球的秘密,保持探索月球秘密的好奇心和兴趣。

【教学重难点】

重点:通过多种方法探索月球的秘密。

难点:通过多种方法探索月球的秘密并进行月球信息的整理汇报。

【教学准备】

教师准备:多媒体课件、月球资料等。

学生准备:盘子、面粉、各种大小轻重形状不同的物体、学习单等。

【教学过程】

一、联系时事,导入新课

1. 创设情境:2023 年 7 月 12 日,中国载人航天工程办公室公布了中国载人登月初步方案,计划 2030 年前实现载人登月开展科学探索。

2. 谈话导入:登上月球一直是人类航天计划里非常重要的一项。如今中国也即将要登上月球,月球是怎样的一颗星球呢?今天我们一起来探秘月球!

【设计意图】通过了解我国登月工程的发展现状,引发思考,为什么经济发展大国都争相登月?月球是一个怎样的星球?激发学生学习兴趣。

二、阅读资料,整理信息

(一)对比观察月球正面和背面

1. 导入课题:要想登上月球,我们就得先了解它,为此中国科学家们做了很多努力,比如 2019 年 1 月 3 日 10 时 26 分,“嫦娥四号”探测器成功着陆在月球背面,并传回了世界第一张近距离拍摄的月背影像图。让我们一起来揭开月球背面这层神秘面纱。

课件展示月球正面和背面高清拍摄图。

提问:比一比月球的正面和背面,你们观察到了什么?小组讨论,总结你们的观点。

(预设:月球正面比背面暗,月球正面坑洼处没有背面多。)

2. 教师总结:月球正面和背面都有平原或盆地,我们称之为月海,都有山脉和环形山,并且月球背面有更多的环形山。

(二)阅读月球资料

1. 提问:人类已经知道了哪些月球的知识?假如你是宇航员,你觉得哪些信息对你登陆月球非常重要?

接下来,我们将以小组为单位进行讨论和汇总观点,然后一起分享。

2. 教师分发月球资料,课前也布置了同学们收集资料,讨论时将所有资料整合分析。

3. 学生汇报整理的月球信息,教师可引导学生从四个方面综合表述:月球的运动、月球的基本数据、月球的地形地貌、人类登月相关历史。

4. 过渡:同学们整理信息的能力非常强,相信你们对月球的相关知识已经了解。

【设计意图】教师提供大量关于月球的资料,加上学生课前收集的信息,组织学生以小组的形式进行交流和整理,训练学生的逻辑思维和整理信息的能力。

三、合作探究,体验交流

1. 提问:回到刚开始我们观察的月球表面,最直观看到的是什么?

(预设:环形山。)

教师引导:让我们再走进看一看(课件展示一系列环形山照片),说一说你们看到的环形山有什么特点。

(预设:数量很多、形似圆形、深浅不一、大小各异、环中套环、相互叠挤。)

追问:那这些环形山是怎么形成的呢?

2. 学生提出不同观点。

（预设：撞击、外星文明、火山喷发等。）

3. 过渡：这些只是我们的猜测，其中陨石撞击说是公认可能性最高的，为什么呢？今天让我们来模拟环形山的形成，看一看这个说法有哪些证据支持，又有哪些反对。

4. 提问：以下这些材料——盘子、面粉、各种大小轻重形状不同的物体，你们觉得它们模拟的是什么？

（预设：盘子用来装面粉，面粉模拟的是月壤，大小轻重形状不同的物体模拟的是陨石。）

5. 学生进行实验并记录模拟后的月球表面。

6. 学生交流汇报。

（预设：支持撞击说的证据是面粉表面能形成数量很多、形似圆形、深浅不一、大小各异、环中套环、相互叠挤的凹陷；反对撞击说的证据是撞击物会留在面粉表面，然而月球表面并没有撞击物残留。）

7. 提问：如果让你继续研究环形山，你还想了解什么？

【设计意图】利用面粉、各类撞击物等材料，启发学生用模拟实验验证自己的猜想，引导学生关注实验现象，将实验结果和真实拍摄到的月球表面情况做对比分析，锻炼学生的模型建构思维。

四、总结反思，应用迁移

1. 提问：人类从古至今从未停止过对月球的探索，通过我们今天的学习，你认为月球适合人类居住吗？

（预设：不适合，月球没有氧气、没有大气层、缺少水、引力小等都不符合宜居条件。）

2. 提问：月球对地球的影响还有哪些？

教师播放月球对地球的影响视频。

【设计意图】学生通过回答月球是否适合人类居住的问题，梳理本节课了解到的月球知识，最后通过教师播放月球对地球的影响视频来拓展学生的知识面。

【精彩片段】——观察月球表面现象，反推其形成的原理，培养证据意识

师：回到刚开始我们观察的月球表面，最直观看到的是什么？

生：环形山。

师：让我们再走进看一看（课件展示一系列环形山照片）。说一说你们看到的环形山有什么特点。

生 1：数量很多、形似圆形。

生 2：深浅不一、大小各异。

生 3：环中套环、相互叠挤。

师：那这些环形山是怎么形成的呢？

生 4：是外来撞击物。

生 5：可能有外星文明。

生 6：可能月球也像地球一样有火山喷发。

师：这些只是我们的猜测，其中陨石撞击说是公认可能性最高的，为什么呢？今天让我们来模拟环形山的形成，看一看这个说法有哪些证据支持，又有哪些反对。

【教学评析】

学生在认识了月球的概况基础上，根据观察到的环形山的特点猜测并模拟了陨石撞击，能从证据的角度，辩证地看待撞击说的可能性，也训练了学生用模型建构的思维研究问题。

【学习单】

通过阅读资料和收集到的信息，选择你感兴趣的项目归纳月球的特点并填入下表。

项目	内容
月球的运动	
月球的基本数据	
月球的地形地貌	
人类登月相关历史	

第6课时 地球的形状

核心问题:人们怎样知道地球是一个球体的呢?

【教学目标】

1. 能在反复质疑求真中,寻找和提供地球是球体的支撑性证据。

2. 通过观察演示行驶的帆船在平面和球面上运动的不同现象以及模拟月食的形成,进一步论证观点。

3. 通过阅读资料,了解人类认识地球形状的探索过程。

4. 培养敢于、善于对自然现象和规律进行反省和怀疑的科学精神。

【教学重难点】

重点:模拟实验探究月食的成因,理解"地球投射在月球上的影子总是圆形的"。

难点:以古人的视角,站在有限的证据上推测地球的形状。

【教学准备】

教师准备:多媒体课件、船模、乒乓球、地球仪、手电筒等。

学生准备:学习单等。

【教学过程】

一、创设情境,导入新课

1. 提问:地球是什么形状?你们是如何得知的?

(预设:球体,通过查阅资料等得知这些信息。)

2. 谈话:我国南北朝时期,有一首民歌《敕勒歌》中有"天似穹庐,笼盖四野"的诗句,意思是说我们头顶的天空仿佛是一顶圆圆的大帐篷,笼罩着四面的原野。那你们觉得在古人眼中,地球是什么样子的?

(预设:古人认为地球是平面,天圆地方。)

追问:他们为什么会有这样的认识?

(预设:古时候科技不发达,观测距离有限,人们往往凭自己的直觉认识世界,看到眼前的地面是平的,就以为整个大地也是平的,并且把天空看作是倒扣着的一口巨大的锅。)

3. 导入课题：从古至今，跨越几千年，人类是怎样一步步知道地球是个球体的呢？今天我们就一起来重走古人探究地球形状之路。

【设计意图】通过引入古诗，引导学生从古人的角度来思考地球的形状，既揭示课题也为后面开展的活动做铺垫。

二、明确问题，认知冲突

（一）肉眼观测：地球是平面

1. 提问：人们以观测到什么现象为证据猜测天圆地方？（课件展示“天圆地方”图片）

（预设：太阳东升西落，天空看上去有弧度。）

2. 追问：这种现象可以证明地球是平面吗？在古代技术有限的情况下，还有什么现象可以反驳地球是平面？

（二）帆船实验：地球是球体或曲面

1. 谈话：“孤帆远影碧空尽，唯见长江天际流”是诗人李白在黄鹤楼目送友人孟浩然乘船远去，只见船只越来越小直到无，如果地球是平面的话，可以看到这个现象吗？

我们可以通过模拟当时的场景来找一找证据。根据提供的模拟实验材料，思考这些材料模拟的是什么。

（预设：船模模拟船只，地球仪模拟地球，桌面模拟平面。）

2. 提问：根据实验观察到的现象可以得出什么观点？

（预设：地球是球体。）

追问：如果地球是曲面，能看到这个现象吗？

3. 修正结论：地球是球体或者是曲面。

（三）麦哲伦环球航海：地球是球体或封闭的曲面

1. 谈话：人类对地球形状的认识经历了几千年，有一些现象被发现，从而指引人们向正确的认识前进，在探索地球形状的过程中，还有哪些伟大的科学家的事迹呢？

2. 课件展示麦哲伦环球航海图，提问：麦哲伦事件能证明地球一定是球体吗？

（预设：不一定，封闭的曲面，比如甜甜圈形状，环绕一周也能到达原点。）

3. 修正结论:地球是球体或封闭的曲面。

4. 提问:还有哪些现象或者证据能够帮助我们认识地球的形状呢?(展示“影子的秘密”一课时研究过的问题)

(四)月食投影:地球是球体

1. 回顾:在“影子的秘密”一课中,我们研究过在太阳光源照射下,地球的影子在哪里,月食就是地球的影子。根据月食的现象,人们猜测地球的形状是球体,这个证据充分吗?让我们来做模拟月食的实验。根据提供的模拟实验材料,思考这些材料模拟的是什么。

(预设:手电筒模拟太阳光,乒乓球模拟地球,白色卡纸模拟月球表面。)

2. 教师演示模拟月食现象实验。

3. 小结:通过这次模拟月食的实验,我们可以再次修正观点——地球的形状是球体。

【设计意图】从引入古文,到实验论证,再到了解麦哲伦环海航行事迹,最后通过模拟月食实验,学生的观点也在反复建立,推翻,再建立,这一系列的活动都在锻炼学生的批判性思维。

三、总结反思,拓展延伸

1. 总结:人类对地球形状的认识,经历了漫长的过程。从1972年阿波罗17号从宇宙中拍摄到地球的全貌,到后来可以直接用卫星全方位扫描探测。随着科技的发展,人类认识地球的深度不断加深,脚步也从未停下。

2. 思考:经过今天的学习,你们能回答人们是怎样认识地球是球体了吗?

(预设:在反复的质疑和寻求更多的证据中认识地球是球体。)

3. 过渡:希望同学们也能像人类探寻真理一样,坚持不懈,保持着质疑的科学精神。

【设计意图】通过古今人类认识地球形状的过程对比,向学生传达,科技的发展,可以助推人类更全面地认识地球的形状。

【精彩片段】——根据现有证据反复猜想地球的形状,引发认知冲突,提出质疑

师:人类对地球形状的认识经历了几千年,有一些现象被发现,从而指

引人们向正确的认识前进，在探索地球形状的过程中，还有哪些伟大的科学家的事迹呢？（课件展示麦哲伦环球航海图）

师：麦哲伦事件能证明地球是球体吗？

生1：如果地球是曲面的话，能证明地球是球体。

生2：我觉得还有别的形状，比如橄榄球的形状，麦哲伦也能回到原点。

师：还有更多的可能吗？

生3：我发现如果地球是个甜甜圈的形状，麦哲伦也能回到原点。

（教师拿出一个游泳圈模型）

师：如果是这样的形状，老师的手指代表航行的路线，让我们绕一圈，看能不能回到原点。

师：所以现在站在古人的角度，他们可能认为地球是个什么形状呢？

修正结论：地球是球体或封闭的曲面。

【教学评析】

生活中，学生对于地球的形状并不陌生，教师要引导学生以当时现有的证据来推测地球的形状，以古人的视角来思考问题。教师通过提供麦哲伦环球航海的证据，让学生初步猜测地球的形状，再以打破常规追问到底的方法，让学生的观点推翻，建立，质疑，再推翻，建立，修正。通过一次次的质疑和求真，寻找证据，模拟实验，让学生的批判性思维得到了很大的锻炼。

【学习单】

阅读资料，人类是怎样逐步认识地球的形状？将你的发现按照顺序填入下表中。

序号	现象	地球的形状
1		
2		
3		

第7课时 地球——水的星球

核心问题：地球有哪些独特的地方？

【教学目标】

1. 通过观察地球仪和世界地图，知道地球是一个液态水十分丰富的星球。

2. 在教师的引导下，尝试使用不同的方法收集证据，知道地球表面的海洋面积远大于陆地面积。

3. 能对地球上水域、陆地的数据进行分析，形成观点。

4. 乐于分工合作完成探究活动，分享彼此的想法，贡献自己的力量。

【教学重难点】

重点：通过观察地球仪和世界地图，整理、记录陆地和海洋的相关信息。

难点：能对自己的探究过程、方法和结果进行反思，作出自我评价与调整。

【教学准备】

教师准备：多媒体课件、透明卡纸、地球仪、世界地图等。

学生准备：学习单等。

【教学过程】

一、创设想象，导入新课

1. 教师引导：同学们，让我们想象一下，如果你们有机会去太空旅行，你们觉得会看到地球是什么样子的？

2. 教师展示一张从中国空间站拍摄的地球照片，提问：你们看到了什么？（预设：一颗蓝色的星球。）

3. 导入课题：是的，我们只有一个地球，这颗星球诞生了文明和生命，是我们赖以生存的地方。上节课我们已经知道地球的形状是球体，那么地球表面有什么独特的地方呢？今天我们一起来进一步地认识它。

【设计意图】以一张从中国空间站拍摄的地球照片引发学生关注地球的表面，通过发现照片上大片的蓝色区域，突出地球“水”的主题。

二、明确问题，认知冲突

（一）观察地球上的水域

1. 教师提供地球仪，提问：让我们一起先来观察一下地球仪，从地球仪上你们能发现什么？

2. 学生观察、交流分享。

（预设：我发现地球仪上蓝色的区域非常多，说明海洋面积大，并且海洋之间是相互连通的，这就解释了为什么排放污染，最终会影响到每一个人。）

追问：那不靠近海洋的国家也有很多，它们会受到影响吗？

（预设：这些国家内部也有湖泊、河流，地球上的水是循环的，最终它们也会受到影响。）

3. 教师小结：地球上大部分的水集中在各大海洋，这些都是地球上的咸水。还有小部分的水是以淡水的形式分布在湖泊、河流中。

（二）比较陆地和海洋的面积

1. 提问：地球是一颗水的星球，怎样才能证明这是一个事实？

（预设：需要证明海洋面积比陆地面积大。）

追问：那如何计算面积比较大小呢？

2. 教师出示内部带有小格子的长方形和多边形图案。

提问：请同学们仔细观察，比一比，这两个图形谁的面积大？谁的面积小？

（预设：把两个图形里的小格子加起来进行比较，多边形的面积大。）

3. 教师出示透明卡纸（含格子），提问：有了它，可以帮助我们测量吗？

提问：①怎样数不容易遗漏格子数？②遇到半格、小半格、大半格怎么办？

（预设：①将其覆盖在世界地图上，然后通过数格子的办法，统计格子数。②用横着数或竖着数的方式，超过半格记一格，不到半格不计，以打“√”的形式统计陆地的格子数，海洋格子数用总格子数减去陆地格子数。）

4. 教师分发材料，学生小组实验并记录。

5. 提问：这个数据说明了什么？

（预设：说明地球是一颗有着丰富液态水的星球。）

追问：地球上水资源这么丰富，我们为什么还要节约用水？

（预设：地球上的水以咸水为主，淡水资源较少。）

教师类比总结：如果把地球的体积比作一个篮球的话，所有的水集中到一起仅有乒乓球大小，而可直接饮用的淡水资源就只有一粒芝麻大小。

【设计意图】学生通过观察地球仪的色块分布，发现地球上的液态水非常丰富。在随后的活动中，教师充分运用类比推理，帮助学生思维进阶，先让学生比较带格子的长方形和多边形面积，再将这种方法类比到海洋和陆地面积，最后又用篮球、乒乓球和芝麻类比地球、水资源和淡水资源，让学生更能直观感受到差距，更加意识到淡水资源的宝贵。

三、交流信息，归纳整理

1. 谈话：通过今天进一步的学习，对比一下，地球和太阳、月球有什么相同和不同？把你们的结果填写在学习单里，待会请同学们分享。

2. 学生交流汇报。

【设计意图】教师带领学生再次梳理前面学习的内容，培养学生归纳整理能力，通过交流分析，查漏补缺，完善学生脑海中的知识建构。

四、阅读资料，拓展思维

1. 教师展示人类对外太空探索的资料，提问：你们知道地球在对外太空探索时，会把水作为重要的证据吗？

2. 拓展：课后同学们还可以了解更多关于地球的知识。

【设计意图】教师向学生展示人类对外太空探索的资料，学生通过阅读或者观看视频的方式，进一步意识到地球上存在水这一条件的重要性，也激发了想要更多地探索地球这颗水的星球的兴趣。

【精彩片段】——引入数学学科，巧用类比推理比较海洋和陆地面积

师：请同学们仔细观察内部带有小格子的长方形和多边形图案，比一比，这两个图形谁的面积大？谁的面积小？

师：用眼睛看好像有点难，老师今天带来了一个小帮手。（教师出示内部带有小格子的透明卡纸，比在两个图案上）。

师：你们有想法了吗？

生：把图形里的小格子加起来进行数量比较。

师:那遇到这种不满一个格子的怎么办呢?

生:可以把两个都是一半的拼起来,算一个,大的就和小的拼一起。

师:经过计算,我们发现多边形的面积更大。

教师出示透明卡纸(含格子)。

师:有了它,可以帮助我们比较海洋和陆地的面积吗?

师:怎样数不容易遗漏格子数?遇到半格、小半格、大半格怎么办?

生:将其覆盖在世界地图上,然后通过数格子的办法,统计格子数。

生:用横着数或竖着数的方式,超过半格记一格,不到半格不计,以打"√"的形式统计陆地的格子数,海洋格子数用总格子数减去陆地格子数。

教师分发材料,学生小组实验并记录。

【教学评析】

面对陆地和海洋的不规则图形,如何比较两者的面积大小呢?教师通过引入类比推理,以数学计算中数格子算面积的方法类比海洋和陆地的面积,以此证明地球是一颗水的星球,紧密围绕核心问题展开,激发学生探究的兴趣,引导学生掌握科学的探究方法。

【学习单】

请将地球和太阳、月球的不同点和相同点填在下表中。

项目	太阳	月球	地球
不同点			
相同点			

第8课时 太阳、月球和地球

核心问题:我们该用哪些色彩来做一张有关地球的主题海报?

【教学目标】

1. 通过制作地球主题海报,了解地球的资源十分丰富,颜色也是五彩缤纷的。

2. 能用比较科学的方式获取、加工、筛选、整理信息。

3. 初步具有交流、反思以及评价海报制作过程和结果的意识。

4. 能分工合作，进行多人合作的探究学习，在小组合作中贡献自己的智慧和力量。

【教学重难点】

重点：掌握收集有关太阳、月球和地球信息的方法。

难点：能制作地球主题海报，对地球产生充分的认识。

【教学准备】

教师准备：多媒体课件等。

学生准备：海报资料、双面胶、彩色笔、卡纸、学习单等。

【教学过程】

一、创设情境，导入新课

1. 思考：如果我们把太阳、月球拟人化，你会为它们选择一件什么样的外衣？说一说你的理由。课件展示拟人化形象的太阳和月球以及多种不同色彩的衣服。

（预设 1：我认为太阳是“火辣辣”的，温度很高，所以我为它选择一件红色的外衣。预设 2：我认为月球是“冷冰冰”的，为它选择一件白色的外衣。预设 3：我知道月相总在变化，我想为它选择一件黑色和白色相间的外衣。）

过渡：看来同学们经过一个单元的学习，对太阳和月球都有一定的了解，能根据它们的特征量身打造。

2. 上节课我们学习了地球，思考：你觉得地球的专属色是什么呢？说一说你的理由。

（预设 1：我觉得地球应该是蓝色的，因为上节课我们知道了地球是一颗水的星球，海洋面积比陆地面积大。预设 2：我觉得地球是绿色的，因为绿色代表生命，地球是我们已知的太阳系中唯一一颗有生命的星球。预设 3：我觉得地球是彩色的，因为地球上的资源丰富多彩，彩色才是它的专属色。）

3. 谈话导入：同学们说得都很有道理，今天我们就通过制作一张地球海报来总结学习这个单元的课程。

【设计意图】将太阳、地球、月球拟人化，为它们挑选合适的外衣，以学生的视角来揭开本节课将要进行的学习互动，鼓励学生的多样化表达，从侧面也反映了本单元学生的学习情况。

二、明确目标，开展活动

1. 确定地球海报的主题颜色

提问：你会选择哪种色彩来做一张有关地球的主题海报？

追问：当确定了地球主题海报的颜色后，假如有同学选择了绿色，哪些地方该画上绿色？怎么设计海报呢？接下来需要做些什么？

（课件举例：如果选择绿色，那么对应的主题海报也最好呈现地球的绿色资源，如树木、草原等。）

2. 筛选收集到的资料

谈话：老师收集了许多关于地球的资料，同学们也带来了自己收集的资料，确定好主题色彩后，面对这么多信息我们该怎么处理比较合理？如何判断我们获取的信息是否准确？

3. 比较资料

比较：将你收集到的资料和其他同学收集到的资料做对比，查验资料的真实性、科学性，若有疑问也可以寻求老师的帮助。

4. 制作海报并展览

思考：如何制作海报？制作流程是什么？

（预设：可以划分区域、设计布局，也可以用画画、贴图片、写字等方式图文并茂地展示地球。）

教师布置任务，让学生根据自己的主题及收集的资料，并准备好卡纸、彩色笔等制作材料和工具，开始制作海报。

制作完成后举办地球海报展览会，每个学生手上有3票，可以投给自己喜欢的地球主题海报。

【设计意图】主题海报最主要的就是选择色彩，在该环节，教师指导学生确定小组拟选择的主题颜色及相关材料，然后从复杂多样的信息里，抽取自己所需的线索，以特定的颜色主题整理归纳，考验学生处理信息的能力。学生根据准备好的文字资料和图片，开始制作海报，多以粘贴的形式进行，能节约大量时间，制作完成的海报贴在黑板上，参与全班评价，学生也能从别人的作品里了解到更多的信息，落实教—学—评一体化原则。

三、课堂研讨，总结交流

1. 提问：通过观摩主题海报，同学们了解到了地球的什么新知识？

2. 思考：太阳、月球、地球三个星球相比，有哪些相同和不同？

3. 小结：通过制作海报，我们对地球有了更加详细的了解，更重要的是我们学会了收集整理信息，以特定的主题来完成我们的作品。

【设计意图】通过让学生分享自己在活动中了解到的地球新知识，引导学生养成相互学习的好习惯。通过组织学生总结交流，让学生对太阳、月球、地球的有关知识进行系统梳理，培养学生对知识的建构能力。

【精彩片段】——通过给地球选专属色的趣味情境，明确任务

师：上节课我们学习了地球，你觉得地球的专属色是什么呢？说一说你的理由。

生1：我觉得地球应该是蓝色的，因为上节课我们知道了地球是一颗水的星球，海洋面积比陆地面积大。

生2：我觉得地球是绿色的，因为绿色代表生命，地球是我们已知的太阳系中唯一一颗有生命的星球。

生3：我觉得地球是彩色的，因为地球上的资源丰富多彩，彩色才是它的专属色。

师：同学们说得都很有道理，今天我们就通过制作一张地球海报来总结学习这个单元的课程。

【教学评析】

给地球选专属色，是一个非常有趣的话题，容易调动学生的积极性，激励学生的创造性思维。他们以自己的认知角度选择，然而地球的专属色并没有特定的答案，通过回答开放性的问题，能从侧面反映学生在本单元的学习情况，也能呈现出学生对于地球相关知识的储备情况，教师借此趣味情境，明确任务——制作一张地球海报。

【学习单】

你认为太阳、月球、地球的主题颜色和特点各是什么？填写下表。

项目	太阳	月球	地球
主题颜色			
特点			

持续反馈与应用设计

项目式作业　小小三球仪

【任务】

通过本单元的学习，我们了解了太阳、地球、月球的基本特征，请利用身边的材料，制作一个“三球仪”模型，跟家人、朋友介绍一下你所了解的太阳、地球和月球吧！

【要求】

根据太阳、地球、月球的基本特征，用不同颜色、大小的球来模拟三个星球的不同特征。

基础版：制作出太阳、地球、月球三个星球的模型。

进阶版：用可发光材料制作太阳（透明罩＋小电珠），模拟影子的变化。

高阶版：用可运动的三球仪模型，模拟出月相变化的过程。

评价标准：

等级	A	B	C
科学性	模拟的太阳可以发光，三个星球都有固定轨道，且能灵活绕轨道转动	模拟的太阳可以发光，地球可以转动	完全固定，只能模拟三个星球的形态
美观性	做工精美，造型美观，外形符合太阳、地球、月球的基本特征	做工较工整，外形基本符合太阳、地球、月球的基本特征	做工粗糙，三个球体的外形基本特征不明显

单元教学反思

在本单元教学之前，需要对学生进行前测，通过前测可以发现，学生对于太阳、月球和地球的了解属于比较浅显的层次，如学生知道太阳是一颗星球，但是不知道太阳是一颗恒星；对于科学知识的获取大多来源于课外书籍，但是课外书籍提供的大多是已经形成的观点和概念，而形成观点和概念的过程，学生是不知道的，如学生知道影子会变化，但是很少关注影子变化的规律和形成的原因。基于以上学情，在本单元开展教学时，教师要培养学生坚持观察和记录的兴趣，所以在起始课时，要带领学生关注太阳、月球和地球三颗星球，激发学生探究的兴趣。后面在学生对天体运动进行模拟时，教师要及时搭建思维"脚手架"，让学生在课前调查有关环形山的资料，便于学生根据观察到的图片进行合理的猜测。

本单元有大量的模拟实验，需要综合运用学生的类比推理能力，如学生在研究地球的形状时，学生做了帆船模拟实验和月食模拟实验，但是仅仅凭这两个实验就判定地球是球体是不利于学生的逻辑思维发展的，要采取反复论证和推翻论证的方式去探究地球的形状，让学生从古人的视角来解释如何通过多种现象推理判断出地球的形状，这样才能真正地促进学生类比思维的发展。

案例提供者：田　鸪，长沙市芙蓉区教育科研中心
王　珂，长沙市芙蓉区燕山小学
吴厚明，怀化市湘西土家族苗族自治州保靖县迁陵小学
指导教师：张　敏，湖南省教育科学研究院

地球系统

案例 10　岩石与土壤

单元教学内容规划

(一) 本单元学习指向的核心概念及学习进阶路线

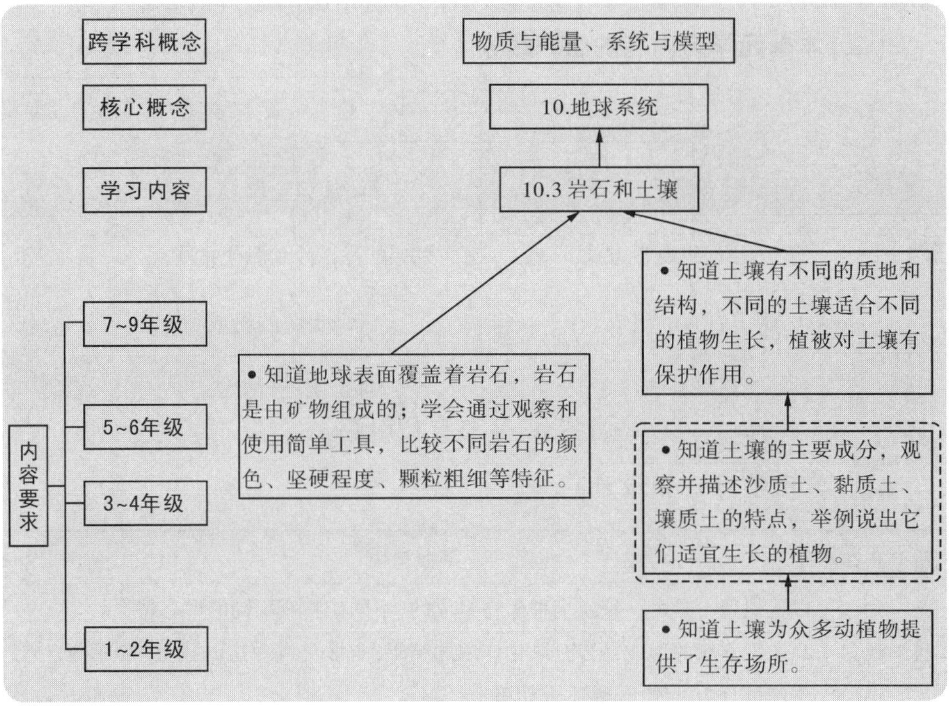

本单元聚焦“地球系统”核心概念，落实课标中“岩石和土壤”的学习内容要求。

土壤是地球系统的活档案，过去的气候与生物活动影响今天土壤的结构与组成。

1 ~ 2 年级通过整体感知，初步认识土壤与生命的关系，指向建立岩石圈与生物圈整体的、初步的连接。

3 ~ 4 年级使用分析的方法，认识土壤的基本组成成分，以此为基础分类、归纳不同类型土壤的简单特点及对生物生长的关系，指向建立岩石圈与生物圈的相关关系；初步建立岩石和土壤的关系，指向建构岩石圈。

5～6 年级使用对比观察的方法，认识岩石，建立岩石与矿物的关系，并学会简单区分与辨别岩石、矿物的方法。

7～9 年级使用归纳的方法，建构不同类型土壤的结构组成，以及与不同植物之间更加具体的因果联系。

在层层深入的学习过程中，岩石圈与生物圈的关系逐步建构，为进一步建构地球五个圈层之间关系的认识做好进阶学习，指向建构地球系统核心概念，也有助于学生形成物质与能量、系统与模型的跨学科概念。

（二）本单元学习内容的组织线索

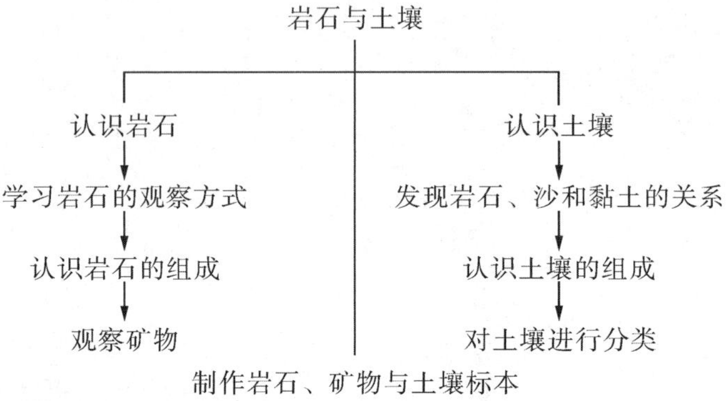

单元学习目标设计

核心素养	学习目标
科学观念	1. 认识岩石是由一种或多种矿物组成的，不同矿物有不同的形态特征。 2. 认识土壤的形成是岩石风化作用的结果，土壤具有一定的成分，按成分含量不同可分为沙质土、黏质土和壤土
科学思维	1. 通过对岩石与矿物的观察，解释岩石与矿物的关系。 2. 运用推理论证的方式，认识土壤与岩石的关系，发现土壤具有一定的成分
探究实践	1. 通过观察、实验、比较等多种方法，描述和记录岩石、矿物和土壤的特征。 2. 能在教师引导下，通过实验，识别土壤的主要成分，了解不同质地的土壤适宜生长的植物
态度责任	1. 认识岩石和土壤的重要性，理解岩石和土壤都是地球上的重要自然资源。 2. 对岩石、土壤等事物具有好奇心和探究热情，乐于动手实验，如实记录观察结果，具有用事实说话的意识

单元学习评价设计

单元学习评价设计一

"岩石与土壤"评价量表

核心素养	评价指标	评价等级			同伴互评	教师评价
		★	★★	★★★		
科学观念	认识岩石	能在教师的引导下,观察岩石与矿物的外部特征	能在教师的引导下,辨别岩石与矿物的外部特征	能自主辨别岩石与矿物的外部特征	☆☆☆	☆☆☆
	认识土壤	能在教师的引导下,观察土壤的特征,比较不同的土壤	能在教师的引导下,辨别土壤的特征,说明不同土壤的特点	能自主辨别土壤的特征,说明不同土壤的特点	☆☆☆	☆☆☆
科学思维	理解岩石的组成	能在教师的引导下,简单描述岩石与矿物的外部特征	能在教师的引导下,自己归纳岩石与矿物的外部特征	能自主归纳岩石与矿物的外部特征	☆☆☆	☆☆☆
	理解土壤的形成及成分	能在教师的引导下,简单描述土壤的特征,比较不同的土壤	能在教师的引导下,自己归纳土壤的特征,比较不同土壤的特点	能自主归纳并描述土壤的特征,比较不同土壤的特点	☆☆☆	☆☆☆
探究实践	观察岩石	能运用对比观察的方法,多角度观察岩石与矿物	能在实验过程中,记录、整理实验结果,认识岩石与矿物	能依据观察证据,从多角度辨识岩石与矿物	☆☆☆	☆☆☆
	观察土壤	能运用对比观察的方法,多角度观察土壤	能在实验过程中,记录、整理实验结果,认识土壤的成分	能依据观察证据,从多角度辨识土壤的成分,发现土壤与岩石的关系	☆☆☆	☆☆☆

续表

核心素养	评价指标	评价等级			同伴互评	教师评价
		★	★★	★★★		
态度责任	认识岩石与土壤的作用	能如实记录和报告观察与实验的信息，具有基于事实表达观念的意识	乐于动手实验，能在观察结论的基础上，意识到岩石与土壤的作用	能在观察结论与沟通交流的基础上，理解岩石与土壤是地球上的重要资源	☆☆☆	☆☆☆

单元学习评价设计二

我的岩石/矿物/土壤标本

<table>
<tr><td colspan="2">（标本摆放处）</td><td rowspan="4">“它”给我讲述的故事：
____
____
____
____
____
____
________________</td></tr>
<tr><td>名称</td><td></td></tr>
<tr><td>采集人</td><td></td></tr>
<tr><td>采集地</td><td></td></tr>
</table>

学生情况分析

从知识层面来看，四年级学生已经学习过有关土壤的知识，实地观察了土壤，知道土壤是动植物的生存场所，也从土壤中见过岩石，对岩石与土壤有了基本认识；从能力层面来看，四年级学生在一定程度上掌握了收集和分析资料的能力，观察标本及简单记录的能力，也能在小组中分工合作进行探究，较为流畅地表达自己的想法和观点。

但他们对于各种岩石与土壤的了解还不够充分，缺乏对岩石、土壤的系统认知，也难以理解岩石、土壤是地球上的重要资源。本单元让学生收集岩石、土壤，观察岩石、土壤，系统性地认识岩石与土壤，在这个过程中，发现并认识到地球上随处可见的岩石、土壤是何其重要，从而最终理解岩石与土壤是地球上的重要资源，是环境保护的重要内容。

单元学习进程设计

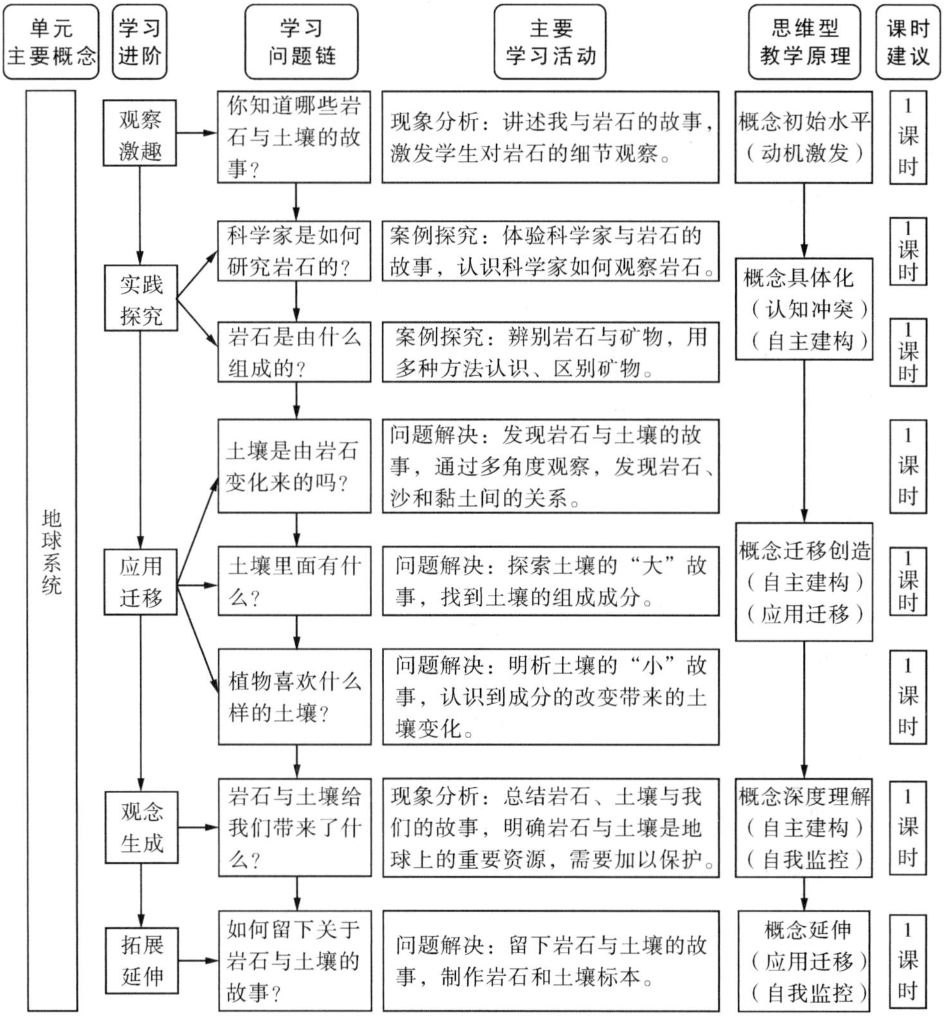

第1课时　岩石与土壤的故事

核心问题：你知道哪些岩石与土壤的故事？

【教学目标】

1. 了解到岩石和土壤是自然界中天然存在的物质，用途广泛，它们的形成过程记录了地球形成与演化的历史。

2. 在观察岩石的过程中，能运用分析、推理等思维方法，感悟学习岩石和土壤的意义与价值。

3. 能通过阅读资料，用自学的方式归纳、整理有关岩石和土壤的知识。

4. 发展研究岩石和土壤的兴趣，愿意倾听，积极分享。认识到自然环境为人类的生活和生产提供了丰富的资源。

【教学重难点】

重点：能通过多种途径收集信息，了解岩石和土壤的相关知识。

难点：能运用分析、推理等思维方法，感悟学习岩石和土壤的意义与价值。

【教学准备】

教师准备：一些岩石和土壤等。

学生准备：记录单等。

【教学过程】

一、创设情境，导入新课

导入：同学们已经初步了解了大地、天空、天气、季节等，今天让我们继续凝视我们脚下的土地，来认识岩石与土壤。

【设计意图】创设情境，点名学习主题，引导学生明确学习意图。

二、明确问题，认知冲突

（一）观察并描述我们采集到的岩石与土壤

1. 仔细观察、比较我们采集到的岩石与土壤，以小组为单位，说一说你是在哪儿找到它们的。它们有哪些特点？它们还会分布在哪些地方？

2. 结合你的生活经验，谈一谈它们都有哪些用途。

（二）了解岩石和土壤背后的故事

1. 教师将自己作为故事讲述人，分享自己通过仔细观察手中的岩石后，发现岩石背后的故事，鼓励学生认真观察、大胆分享。

2. 学生经过细致观察后，分享自己所发现的岩石和土壤背后的故事。

3. 教师出示学生自学资料，鼓励学生站在科学家的“肩膀”上去了解更多岩石与土壤背后的故事。明确学习要求，以魔鬼塔、蕨类植物化石、鹦鹉螺化石以及土壤的故事为代表，学生收集信息，获取知识。

4. 归纳岩石和土壤的特点，完成记录单。

5. 汇报交流。让学生分别说一说魔鬼塔、蕨类植物化石、鹦鹉螺化石、土壤告诉我们的故事。师生共同梳理,教师板书。

(三)整理我们知道的岩石和土壤的知识

1. 让学生课后结合所学知识,填写记录单。

2. 小组内相互交流记录的内容,相互提示,补充完整。

【设计意图】通过对岩石和土壤细节的认真观察,以及恰当的想象,编写成一个个有趣的故事,激发学生的探究欲望,让学生变被动参与为主动发现,发现岩石和土壤并不是潜意识中的那么普普通通,而是多姿多彩。

三、总结反思,自主建构

1. 思考:岩石和土壤的作用是什么?

(预设:它们的形成过程记录了地球形成及演变的历史。)

2. 小结:正是因为土壤和岩石有着这样特殊的作用,所以我们人类才一直不断地研究它们。

【设计意图】总结本课学习过程,发现岩石和土壤具有记录的功能,让学生自主建构,观察岩石和土壤,研究岩石和土壤的作用。

四、拓展思维,应用迁移

1. 学习了这节课以后,我们再去观察周围的岩石和土壤,会有什么不同的发现呢?

2. 学生课后继续观察当地的岩石和土壤。

【设计意图】衍生性学习,巩固课堂所学,引导学生开展课后自学。

【精彩片段】——观察岩石细节特征,引发认知冲突,激发探究兴趣

教师随机挑选学生所携带的一块岩石,在仔细观察后,现场编排一则简短的故事。

师:这块岩石,给我讲了一个故事。它告诉我它从前长时间生活在水里面,开始也是有棱角的,不过经过河水长时间的冲刷,还有它和周围小伙伴之间的互相摩擦,导致它变成了现在光滑的样子。对于它上面的红色痕迹,它告诉我,这是它之前的“邻居”——一块红色的石头,跟它在相互挤压摩擦的过程中,在它的身上留下的印记。这就是这块岩石悄悄告诉我的,仔细观察你们的岩石,它有没有告诉你们什么小故事呢?

生1:老师,我的这块石头一开始我问它的时候,它一直不愿意跟我说话,直到它这里边的一些小石头告诉我,我才知道这个石头其实是一家"旅馆"。它这里面的很多小石头是"旅客",一直住在它那里边,这个石头你别看它很丑,其实它里边装修得很豪华。这是楼梯,以方便"旅客"下楼去购买东西……又一个"旅客"告诉我这家"旅馆"的名字叫"石头妙屋",里边的服务很周到,这么一说我也想去里面住了,可是我太大了,住不进去,这就是这块石头告诉我的故事。

生2:老师,我带的这块石头是我从土里挖出来的,它告诉我它原本是一块跟其他石头复合在一起的完整石头,经过其他大石头的挤压,它就被砸下来了。然后再经过其他岩石的撞击,它就变得这么粗糙。它的上面还有一个非常小的洞,它告诉我,这是以前它在和其他的石头打架的时候,被别人打穿的。

【教学评析】

岩石只是生活中平淡无奇的一个物体,对大部分学生来说,可能会因为某些岩石颜色瑰丽,形状独特多加关注,而普通岩石,则不会引起过多关注,所以如何让学生把注意力集中到普通的岩石上,去发现普通的岩石也有不一样的有趣内容,从而激发观察、认识、研究的欲望,就成为本环节的主要侧重点,利用故事的方法,就体现在此,把观察与想象相结合,用观察带来想象,用想象表现观察,既诞生了故事,也激发了学习的兴趣。

第2课时 认识几种常见的岩石

核心问题:科学家是如何研究岩石的?

【教学目标】

1. 知道花岗岩、砂岩、大理岩是生活中常见的岩石,它们具有不同的特征。

2. 在细致地观察岩石的过程中,能运用感官、借助工具认识到岩石更加全面的特征。

3. 通过观察、描述三种常见的岩石的特征,总结出观察、描述岩石的一般方法。

4. 保持对岩石的探究兴趣。

【教学重难点】

重点：会用感官、工具对花岗岩、砂岩、大理岩的特征进行细致的观察。

难点：会用科学词汇描述、记录岩石的特征。

【教学准备】

教师准备：多媒体课件，花岗岩、砂岩、大理岩标本，放大镜、铜钥匙、手电等。

学生准备：学习单等。

【教学过程】

一、创设情境，导入新课

1. 在上一节课中，我们了解了岩石的故事，岩石经常出现在我们身边，你们知道生活中用岩石制作成的物品有哪些吗？

2. 观察三种岩石标本，你们知道它们的名称吗？

【设计意图】第一次的“初步观察”，目的在于以调查学生前概念为主，看看学生是否认识这三种岩石，是否在哪儿见过这三种岩石。

二、明确问题，认知冲突

1. 自行观察三种岩石标本

你准备用什么方法观察三种岩石标本？观察三种岩石标本的什么特征？

2. 像科学家那样观察三种岩石标本

你知道科学家是怎样观察岩石的吗？

3. 发放观察岩石操作指南，播放指导微课，说明实验注意事项。

4. 学生分小组观察三种岩石标本并填写学习单。

5. 总结汇报三种岩石的特征。

【设计意图】通过自行观察和像科学家那样观察的对比，学生发现了三种岩石的更多细节，从而认识到运用科学的方式、方法观察岩石，可以观察到三种岩石更多的细节特征。

三、总结反思，自主建构

1. 科学家的观察方法和你的观察方法有什么不同？

2. 我们如何去观察、描述一种未知的岩石？

【设计意图】通过比较科学家的观察方法和自己的观察方法，学生认识到科学家的观察方法更有条理性、更全面、更有指向性，从而有了自主认识更多岩石的可能性。第二个问题则是帮助学生再次梳理科学家的观察方式。

四、拓展思维，应用迁移

在新的观察现象支撑下，继续书写岩石的故事。

【设计意图】让学生通过回顾课堂教学内容，把所学概念转化为自身观念，并通过故事的形式去表达。

【精彩片段】——观察岩石细节，发现岩石不同特征，建构岩石认知

师：今天的岩石又告诉了你们什么样的故事？请同学们分享一下。

生1：老师，我的这块石头上有一层一层的结构，它告诉我，一些具有类似特征的小颗粒同时聚集在这里形成了这样的结构，可能是水的作用，也可能是风的作用，让它们相聚在这里，经过很漫长的时间，才最终形成了我手里这块奇特的石头。

生2：老师，我的这块石头是我去海边旅游的时候在沙滩上捡的，它上面有很多和沙粒类似大小的颗粒，看来这块石头和它附近的沙粒关系紧密。另外，我还观察到一些亮晶晶的颗粒，我很好奇它们是什么，看一看经过本单元的学习，我能不能自己解答心中的疑问。

生3：今天我带来了一块浑身都是小孔的石头，我想了很久，还没弄清它背后的故事，它经历了什么才有可能形成这样的结构呢？有同学可以帮忙解答吗？

【教学评析】

通过引导学生观察岩石细节，从简单的对几种常见岩石的认识，升华到对观察方法的学习上，学生认识到的不再仅仅是几种常见的岩石，而是自主认识更多岩石，从而获知更多关于岩石的故事。

在这个过程中，学生的观察始终保持主动，并且他们不断运用已知的或所学习到的观察方法，逐步递进式地观察岩石，不断丰富观察所得，自主建构关于岩石的认知。

【学习单】

岩石观察记录表

名称	颜色	软硬	光滑	光泽	有无层次、小孔、斑点、条纹	组成岩石的颗粒特征		
						大小	颜色	种类
花岗岩								
砂岩								
大理岩								

第3课时 岩石的组成

核心问题:岩石是由什么组成的?

【教学目标】

1. 知道岩石是由矿物组成的,了解不同矿物具有不同的特征,颜色、条痕、透明度和光泽是识别矿物的重要依据。

2. 在观察的过程中,发现并认识矿物具有不同特征。

3. 能用科学方法观察矿物的外表颜色、条痕颜色、光泽、透明度等特征,能用科学词汇描述矿物的特征,并能够做好记录。

4. 培养对矿物观察研究的兴趣,认识到细致地观察、比较、记录、描述是十分重要的。

【教学重难点】

重点:掌握科学观察岩石中的矿物的方法,了解矿物的特性。

难点:运用科学观察岩石中的矿物的方法,理解岩石是由矿物组成的。

【教学准备】

教师准备:石英、长石、云母等矿物标本、矿物资料卡,手电筒等。

学生准备:学习单等。

【教学过程】

一、创设情境,导入新课

1. 在上一次的故事中,有同学写道:“我还观察到一些亮晶晶的颗粒,我很好奇它们是什么……”他已经发现了岩石是由不同的颗粒组成的。

2. 揭示课题：今天我们以花岗岩为例，具体看看组成花岗岩的不同颗粒究竟是什么。

【设计意图】由原有教学认知引入新课，用学生自己的发现，引出新的教学任务。

二、明确问题，认知冲突

（一）观察组成花岗岩的三种矿物

1. 提问：我们可以从哪些方面来观察组成花岗岩的三种矿物呢？怎样观察矿物的这些特征呢？

2. 全班交流，回顾旧知，确认观察组成花岗岩的三种矿物的方法。然后分小组活动，观察组成花岗岩的矿物的特征。

3. 交流汇报所观察到的组成花岗岩的矿物的特征。

4. 针对汇报过程中出现的矛盾现象，思考：为什么同一种矿物，我们对于矿物特征的判断却不一样呢？究竟是什么原因导致了这样的现象？

5. 教师引导学生分析产生矛盾的原因，发现在观察过程中存在不规范操作，展开二次观察，尽量避免不规范操作，再次观察矿物的特征。

6. 在全班交流二次观察的矿物特征后，教师小结组成花岗岩的三种矿物具有不同特征。

（二）识别组成花岗岩的三种矿物

1. 判别：花岗岩中哪些颗粒是云母，哪些颗粒是长石，哪些颗粒是石英？

2. 汇报：对花岗岩中矿物的识别。

3. 思考：（出示外观不同的花岗岩图片）为什么它们都是花岗岩，外观上却有差异呢？

4. 小结：对矿物与岩石的新的认识。

【设计意图】通过两次观察，训练学生正确的观察与操作方式，并通过多角度的观察，提升准确辨识矿物的能力。

三、总结反思，自主建构

1. 总结：岩石是由矿物组成的，不同的矿物其特征也不同。

2. 拓展:认识更多的矿物。

【设计意图】在细致观察的基础上,建构岩石与矿物的关系,认识到岩石由多种矿物组成,不同的矿物有不同的表现特征。

四、拓展思维,应用迁移

回顾整理岩石与矿物的关系,再次观察手中的岩石,发现它们之间的关系,书写岩石与矿物的故事。

【设计意图】书写岩石与矿物的故事,深化岩石与矿物的关系,进一步加深学生对两者关系的理解,并在细节中再度明确,不同的矿物是有着不同表现特征的。

【精彩片段】——观察岩石细节特征,认知岩石的组成,激发探究兴趣

师:岩石是由矿物组成的,你们的岩石朋友有没有告诉你们这个秘密呢?它们又是如何描述的呢?

生:今天我和我的"伤员"小石头做了更多的交流,它在那儿不停地吹嘘自己的"丰功伟绩",我觉得肢体的冲突是不对的,但还是很好奇,它为什么这么坚硬,能取得这么多的胜利,"伤员"小石头得意地展示着自己的身体,它的身体由几种颗粒紧紧挤压形成,相互支撑,在"伤员"小石头的大方展示下,我拿着放大镜和它聊天,这个黑色的是云母吗?那个浅色的是不是长石呢?那么石英在哪儿?我怎么看不见?

【教学评析】

教学情境的延续,让学生的思维得以继续延伸,从岩石的细微之处入手,发现细节特征,并猜测这些特征的由来,从而认识到,这些相同的细节,有着共同的称呼——矿物,而矿物与矿物之间又是不同的,教学遵从整体设计,思维链条清晰明确,教师极为有效地为学生建构了思维阶梯,帮助学生有效学习。

通过仔细观察,学生从岩石是"一块石头"这样一个单一概念产生冲突,发现岩石由更多细小的颗粒组合而成,从而产生探究欲望,这些细小的颗粒是什么?一块完整的岩石,如果不是"一块石头",那么它是由什么组成的?学生在主动探究的过程中,把"一块石头"这个单一概念,建构为"一块石头由多种矿物组成"这样一个复杂概念。

【学习单】

矿物观察记录表

项目	石英	长石	云母
颜色			
条痕			
透明度			
光泽			

第4课时 岩石、沙和黏土

核心问题：土壤是由岩石变化来的吗？

【教学目标】

1. 认识到岩石破碎会形成沙和黏土。

2. 能用多种方式观察岩石、沙和黏土的特征；运用分析与比较的思维方法建立三者之间的联系；运用证据与推理对岩石的变化进行预测、描述和解释。

3. 通过观察比较岩石、沙和黏土的特征。

4. 热爱自然，意识到大自然为人类提供了丰富的资源。

【教学重难点】

重点：能够通过观察，比较岩石、沙和黏土的特征。

难点：能够根据观察到的特征，推测岩石变化的过程。

【教学准备】

教师准备：岩石、沙和黏土的标本，浅盘，放大镜等。

学生准备：筛子、白纸、干湿纸巾、记录单等。

【教学过程】

一、创设情境，导入新课

1. 创设情境：周末，老师在野外泥土中采集岩石，准备制作岩石标本，可是在制作的时候，发现除所需要的岩石外，还带回其他一些东西。

2. 播放视频：包含采集岩石与制作过程，最后突出岩石上的附着物——沙等。

3. 提出问题:岩石上的附着物是什么?

【设计意图】从普通的生活情境入手,在告知学生这是一个普通的生活场景的同时,也暗示所要观察与研究的对象是自然界中的普遍现象。

二、明确问题,认知冲突

活动一:分离岩石、沙和黏土

用筛子分离岩石、沙和黏土。

活动二:观察岩石、沙和黏土

1. 我们可以怎样观察岩石、沙和黏土?

学生活动:初步思考,结合之前学习过的观察方法,联想到需要用到眼睛、鼻子、手等。

教师活动:凝练学生观点,总结观察方法,并注意强调规范操作。

2. 比较岩石和沙,它们之间有什么区别与联系?

学生活动:根据观察活动填写的记录单结果进行展示交流。

教师活动:总结学生观点。

3. 比较沙和黏土,它们之间又有什么区别与联系?

学生活动:根据观察活动填写的记录单结果进行展示交流。

教师活动:总结学生观点。

尝试寻找更多的特征进行比较。

活动三:观察沙和黏土的黏性与涂痕

1. 同学们,在生活中我们还会看到一些潮湿的沙和黏土,猜一猜它们哪一个可以团成小球的样子?(预设:黏土。)说明理由。(预设:黏土有黏性。)沙和黏土到底谁有黏性?让我们用实验来验证一下。

团一团:分别将潮湿的沙和黏土团成小球,观察经过多长时间它们能被平摊在纸上。

涂一涂:用手指分别蘸少量潮湿的沙和黏土,在白纸上涂痕,观察涂痕颜色的深浅以及是否容易掉落。

教师活动:强化操作步骤,指导学生进行分组实验。

学生活动:分组开展观察活动,边观察边记录,完成记录单。

2. 通过这两个实验,你发现它们之间有什么新的区别与联系?

学生活动:根据观察活动填写的记录单结果进行展示交流。

教师活动：总结学生观点。

3. 什么原因导致沙和黏土的黏性不同？

【设计意图】通过三个活动，让学生在发现岩石、沙和黏土三者区别的同时，更重要的是发现三者存在的相似性，为建构岩石、沙和黏土的关系奠定基础。

三、总结反思，自主建构

1. 总结岩石的变化过程。

2. 认识风化现象。

【设计意图】学生在发现岩石、沙和黏土的相似性的基础上，思考其可能存在的关系，最终建构风化概念，认识到岩石到黏土的演化过程。

四、拓展思维，应用迁移

回顾课堂中观察到的现象，以及生活中的偶然发现，激发学生创作欲望，书写岩石与土壤的故事。

【设计意图】把所学知识融入故事，把概念融入创作，让观念更为立体。

【精彩片段】——对比岩石、沙和黏土，发现它们的相同点与不同点，建构联系

师：在时间与风化的共同作用下，岩石被打磨成沙，沙被打磨成更小的黏土，它们之间会发生什么样的故事呢？

生1：老师，岩石经过大自然的打磨会发生变化吗？我猜是会有变化的。我在观察一块岩石的时候，不小心将其摔到了地上，拾起碎屑，我发现它和我平时看到的沙很类似。我猜想，在大自然外力的作用下，岩石会破碎，会变成细小的沙。

生2：老师，岩石和黏土之间有联系吗？我用肉眼和放大镜观察了它们的外部特征，发现它们的性质大体不同，看样子想要找到它们之间的联系，还需要像科学家一样继续研究，不断探索。

【教学评析】

本环节围绕岩石、沙和黏土的关系展开，引导学生把这种发现与联系体现在故事中，利用故事让学生梳理本节课的学习内容，发现岩石、沙和黏土的相同点与不同点，让学生自主建构三者的关系，并反思证据的完善程度，实现自我监控。

【学习单】

沙与黏土的对比观察表

物质		沙	黏土
现象	团球(能或不能)		
	涂痕(浅或深)		
特征	黏性(有或无)		

第5课时 观察土壤

核心问题:土壤里面有什么?

【教学目标】

1. 知道土壤的主要成分是大小不同的颗粒(沙砾、沙、粉沙和黏土)、腐殖质、水和空气等。

2. 用分类、分析等方法归纳土壤的组成。

3. 通过不同的观察实验,了解土壤的组成成分。

4. 通过观察、实验等活动,产生进一步探究土壤的兴趣。

【教学重难点】

重点:通过实验观察,分析土壤由哪些物质组成,了解土壤成分。

难点:感知土壤颗粒大小。

【教学准备】

教师准备:不同成分的土壤标本、筛网、放大镜、白纸、烧杯等。

学生准备:学习单等。

【教学过程】

一、创设情境,导入新课

坚硬的岩石,在风化的作用下,破碎成沙和黏土,它们构成了我们脚下土壤的基本组成成分,那么,在这普普通通的泥土中,除了已经知道的沙、黏土以及小石子以外,还有其他没有发现的成分吗?

【设计意图】在认识岩石到黏土的演化过程基础上,激发学生更进一步的思考。

二、明确问题，认知冲突

活动一：用感官观察土壤

1. 讨论如何用感官观察土壤。

2. 明确观察方式，学生以小组为单位，计时 3 分钟开展感官观察土壤活动，并填写学习单中对应表格。

3. 活动结束，学生代表汇报活动观察结果。

4. 教师引导学生展开讨论，着重突出大小不同的颗粒。

活动二：用简单工具观察土壤

1. 讨论如何按土壤颗粒大小进行分类。

2. 教师介绍 2 毫米孔径、0.06 毫米孔径的筛网，演示使用方法。

3. 学生以小组为单位，计时 4 分钟开展简单工具观察土壤活动，并填写学习单中对应内容。

4. 汇总学生观察结果，讲解、介绍沙砾、沙、粉沙和黏土。

活动三：与水混合后观察土壤

1. 借助盛有水的烧杯，观察土壤是否含有空气。

2. 学生分组实验，并填写学习单中对应表格。

3. 汇报活动观察结果。

【设计意图】多角度、有条理性地逐步观察土壤，让学生借助各种方式，全面观察，土壤是一种由沙砾、沙、粉沙、黏土、空气、水等多种物质组成的混合物。

三、总结反思，自主建构

1. 交流：结合三种不同的观察方法，你能总结土壤是由什么组成的吗？

2. 思考：土壤中还有其他物质吗？

3. 小结：同学们，观察不息，探究不止。希望你们也能像地质学家一样不断观察，不断发现！

【设计意图】在操作与观察的基础上，层层递进，帮助学生正确认识并建构土壤是一种混合物的科学观念。

四、拓展思维，应用迁移

通过观察土壤，所得到的对土壤的新认识，书写土壤的故事。

【设计意图】把学习到的概念,内化后用故事的形式再表达,成为自身观念,结合故事这一载体,让观念的建立更为立体。

【精彩片段】——依托观察实验,总结实验认知,建构土壤完整概念

师:土壤是一种复杂的混合物,在探寻土壤组成物质的过程中,土壤本身告诉了你们什么样的故事呢?

生:土壤真是一个大家族啊!以前,我以为它们家只有三个好兄弟,岩石、沙和黏土。今天,我去它们家做客,才发现,原来还有几个异常低调的家庭成员。腐殖质长得黑黝黝的,可是本领大,是植物的好朋友;水是家里的黏合剂,把家庭成员聚合在一起;空气是家里的小调皮,不用特殊的方法根本找不到它。

【教学评析】

土壤里面有什么?怎么让学生多角度地观察到,从而形成切切实实的证据链条,亲身发现土壤中的成分,这就需要在教学中先从感官观察开始,逐步深入到用简单的工具观察,最终与水混合后观察,让学生在每一步观察中,都能发现以前没有意识到的新物质,从而认识到土壤不仅仅是泥沙,而是包含多种组成成分的混合物,在土壤中混合有小石子、沙子、水、动植物残体等。学生在多次观察的过程中,不断总结每一次的发现,逐步建构关于土壤的完整认知,这些认知,最终体现在了学生所书写的故事之中,书写故事即学生梳理、建构教学所得的实践活动。

【学习单】

1. 用感官观察土壤,将你观察到的现象填入下表。

观察方法	我观察到的现象
眼睛——看	
鼻子——闻	
手——摸、捻	
通过观察我发现土壤的组成成分有:	

温馨提示:触摸过土壤的手一定要清洗干净。

2. 请使用简单工具——筛网分类土壤颗粒，在下列装置处各选取土壤颗粒进行粘贴，并填写我的发现。

简单工具

简单工具	粘贴处
上层筛网	(　　)
下层筛网	(　　)
底部白纸	(　　)

我的发现

颗粒(　　)，直径大于(　　)毫米

颗粒(　　)，直径在(　　)毫米和(　　)毫米之间

颗粒(　　)，直径小于(　　)毫米

温馨提示：为了防止土壤散落，请在白纸上方左右摇晃筛子。

3. 与水混合后观察土壤，将你观察到的现象填入下表。

项目	我观察到的现象
与水混合后的土壤	
通过观察我发现土壤的组成成分还有：	

第6课时 比较不同的土壤

核心问题：植物喜欢什么样的土壤？

【教学目标】

1. 认识土壤按成分含量不同可分为沙质土、黏质土和壤土，建立土壤与植物间的联系。

2. 在对比观察的过程中，理解不同土壤与植物的关系。

3. 能够运用观察和实验的方法对三种土壤的特性进行细致的观察、比较、记录。

4. 认识到人类生活的许多需求都来源于土壤。

【教学重难点】

重点：通过观察、实验的方法，认识沙质土、黏质土和壤土三种土壤的特性。

难点：能仔细观察并记录土壤的特性，分析出不同土壤对植物生长的不同影响。

【教学准备】

教师准备：三种土壤、放大镜、水杯带滴管、湿纸巾、量筒、水杯、过滤装置等。

学生准备：学习单等。

【教学过程】

一、创设情境，导入新课

在上一节课中，我们认识到，土壤并不是一种单一物质，而是由多种物质组成的混合物，这些组成物质有多有少，并不固定，如果组成土壤的成分多少发生变化，土壤会有所改变吗？

【设计意图】由原有教学知识导入，延续单元教学的整体性以及学生思考的整体性。

二、明确问题，认知冲突

活动一：初步观察三种土壤的黏性

1. 学生观察三种不同的土壤，填写土壤观察表1。

2. 学生汇报，师生总结。

3. 预测三种土壤的黏性。

活动二：比较三种土壤的黏性

1. 通过团揉的方式比较土壤的黏性。

2. 学生分小组实验，根据成团的难易程度比较三种土壤的黏性，填写土壤观察表2。

3. 学生汇报。

4. 提问：土壤的黏性与什么有关？

5. 学生回答，教师补充。

活动三:比较三种土壤的渗水性

1. 学生预测三种土壤的渗水性强弱,并说明猜测理由。

2. 为了保证实验的准确性,我们要注意些什么?

土一样多、水同时加、水一样多。

3. 学生分组实验,观察并填写土壤观察表3。

4. 学生汇报,教师板书渗水性。

5. 提问:土壤的渗水性与什么有关?

【设计意图】引导学生从肉眼观察到对比实验,多角度地认识到土壤存在区别,同时训练学生规范的实验操作,提升实践能力。

三、总结反思,自主建构

1. 出示饼状图,依据观察现象,小组内讨论交流后,总结三种土壤的各自特点。

2. 思考土壤与植物的关系,为特定植物选择合适的土壤。

【设计意图】建构科学观念,让学生把观察到的现象,得到的探究证据,生成自己的观点。

四、拓展思维,应用迁移

结合三种土壤的特点,以及与植物喜水性之间的关系,书写土壤与植物的故事。

【设计意图】学习的目的是为了应用,了解土壤的分类不应止步于此,而是要继续思考土壤和生活的关系,其中土壤和植物的关系就是最为直接的。

【精彩片段】——整理土壤特征,建构土壤和植物的联系

师:三种土壤,三种不同的特点,适宜不同的植物生长,它们之间又有什么样的故事呢?

“大家好!我是大哥,从遥远的北边来,历经了千辛万苦才和你们见面。路途中,当我从茫茫的戈壁走过,我的身体壮大了许多,面孔变得粗糙;当我从清澈的小溪走过,我大口地喝水,留下了深黄的痕迹,水却一会儿就消失了,同时我的体重也大大减轻。仙人掌是我的好朋友,我的身体存不住水,它却很能储水哟!”

——沙质土

“大家好！我是老二，来自广袤的平原，农民伯伯特别喜欢我。春天，他们在我的身体里播种，到了秋天，就能有满满的收获。这是因为我的身体里有小秘密哦！我既不像哥哥那么粗糙，也不像妹妹那么细腻，水和肥料都能在我这里保留一定的时间，特别适合农作物的生长。”

——壤土

“大家好！我是最小的妹妹，有着特别细腻的外表，水是我最好的朋友，遇到了水就不想和它分开。你们知道吗？在我的身体里可以开出美丽的荷花哟，还有金灿灿的水稻也是由我孕育的。”

——黏质土

【教学评析】

本环节围绕“认识并区分三种土壤展开”，学生通过对比，会发现土壤的组成成分是不同的。不同的土壤，储水能力也是不一样的，正是这种不一样，形成了三种不同的土壤与植物的关系。学生的思维并不仅仅停留在对土壤的认识上，而是要结合植物对水的需求，来思考什么样的土壤适合什么样的植物，并将其书写成为一则故事，在书写过程中，不断建构土壤成分与植物之间的关系，从而实现自主建构。

【学习单】

土壤观察表1

观察方法	1号土壤	2号土壤	3号土壤
用肉眼观察			
用放大镜观察			
用手摸、捻			

土壤观察表2

项目	1号土壤	2号土壤	3号土壤
预测黏性			
是否容易成团			
黏性			

土壤观察表 3

项目	1 号土壤	2 号土壤	3 号土壤
观察到的现象			
渗水性			

第7课时 岩石、矿物、土壤和我们

核心问题：岩石与土壤给我们带来了什么？

【教学目标】

1. 知道并理解岩石和土壤在生产和生活中用途很广，是地球上的重要资源，人类的生存离不开岩石和土壤。

2. 通过调查、阅读资料等形式，理解岩石与土壤的作用。

3. 通过调查、访问、交流等形式，了解人类在开发、利用、保护岩石、矿物和土壤等方面的行为。

4. 了解人类的生产和生活可能对环境造成的破坏，愿意采取行动保护环境、合理利用资源。

【教学重难点】

重点：通过调查、交流等形式，理解岩石、土壤的作用。

难点：理解岩石与土壤是地球上的重要资源。

【教学准备】

教师准备：多媒体课件，岩石、矿物制品等。

学生准备：学习单等。

【教学过程】

一、创设情境，导入新课

从岩石开始，我们知道了岩石由矿物组成，也知道随着岩石的风化，形成的沙和黏土，构成了土壤的基础，这是岩石、矿物和土壤之间的关系。那么，在地球上生存的我们，与岩石、矿物、土壤之间又有什么关系呢？

【设计意图】总结本单元学习过程，引导学生回顾所书写的故事，积极思考岩石、矿物、土壤与人类生活的关系。

二、明确问题,认知冲突

探索一:用思维导图表示岩石、矿物和土壤之间的关系

1. 过渡:回顾本单元的内容,我们对岩石、矿物和土壤进行了观察和学习,大家能说一说它们之间存在的联系吗?

2. 提问:我们可以用什么方式表示岩石和土壤的成分以及它们之间的关系呢?

3. 活动:引导学生分组讨论,并用思维导图建构岩石、矿物与土壤的关系。

探索二:了解岩石、矿物和土壤的用途

1. 讲解:岩石和土壤在人们的生产、生活中用途很广。如岩石可以铺设道路,建造房屋和桥梁,建造雕塑等艺术品;一些矿物还能够供我们食用;土壤可用于种植蔬菜、果树等。它们在许多地方发挥着重要作用。

2. 活动:出示资料,指导学生认真阅读、总结。

3. 提问:阅读了以上资料,你们有什么新的体会?

探索三:保护自然资源

1. 讲解:岩石、矿物与土壤的形成需要一个漫长的自然生产过程,相对于人类社会的短暂过程而言是不可再生的、有限的,过度开采与开垦会造成资源枯竭。为了生存和可持续发展,我们必须要好好保护、合理利用这些资源。

2. 布置任务:大家围绕资源保护的问题展开讨论,并进行集体汇报。

【设计意图】通过思维导图,串联单元学习内容,明确内容之间的关联性,同时利用思维导图,衍生学生思维,让学生了解更多的岩石与土壤的用途,激发学生保护自然资源的欲望。

三、总结反思,自主建构

总结本课所学,归纳在活动中,发现并认识到的岩石、矿物和土壤的联系、作用及诞生条件,认识到它们是地球上的重要资源。

【设计意图】由意识生成观念,把思维转化为学生的行为认识。

四、拓展思维,应用迁移

回顾自身周边可以接触到的岩石和土壤,选取一个记忆深刻的细节,书写岩石、土壤与我们的故事。

【设计意图】观念与想象相结合，生成灵动、富有童趣的故事，让观念真正扎根落实在学生心中。

【精彩片段】——借助生活体验，建构人与岩石、土壤的关系

师：岩石、矿物、土壤是生活中我们能够接触的物体，在接触过程中带给了我们什么样的体验，这又是一段怎样的故事呢？

生1：家里的地板是大理石的，它上面有着许多自然的条纹，这些条纹可以组成不同的图案，我有时总想着把它们描绘下来，可总也做不到那么自然、灵动。夏天，我喜欢光着脚丫站在地板上，冰冰凉的，可舒服了，可是总会被妈妈批评一顿。

生2：家里小院子里的土壤又板结了，“板结”这个词，是院子里的土壤朋友告诉我的。它说，它的身体里缺少腐殖质，缺少各种营养，所以身体总是长得不好，一块块，干的像石头一样，连小草都不想长在它身上，我听了才明白，为什么妈妈种的菜，总长不好，我们家这么一点儿小土地“板结”了，就长不好植物，那更多的土地板结，会怎么样？可以改善吗？

【教学评析】

岩石、土壤和我们是息息相关的，学生已经把岩石、土壤当作了自己的朋友，那么与“朋友”的交流，就不再是蜻蜓点水，而是真切地意识到岩石、土壤确实与我们的生活息息相关。他们能在主动观察的过程中发现身边的各种证据，主动建构岩石、土壤所代表的环境与生活的关系，从而理解岩石、土壤与我们的关联。

【学习单】

岩石、矿物与土壤的关系记录单

第8课时　制作岩石、矿物和土壤标本

核心问题:如何留下关于岩石与土壤的故事?

【教学目标】

1. 知道岩石、矿物和土壤的不同特征是识别它们的依据。

2. 通过对标本的制作,理解它们的不同特征是识别岩石、矿物和土壤的关键。

3. 能够用采集来的岩石、矿物及土壤制作标本。

4. 理解岩石、矿物和土壤标本的制作为科学研究提供重要依据。

【教学重难点】

重点:制作岩石、矿物和土壤标本。

难点:理解标本制作为科学研究提供重要依据。

【教学准备】

教师准备:标本制作盒等。

学生准备:岩石、矿物、土壤等。

【教学过程】

一、创设情境,导入新课

在前面的学习过程中,各位同学书写了大量的岩石、矿物与土壤的故事,回顾同学们所写的这些故事,大家还记得多少?让我们在遗忘之前,把这些故事留下吧!

【设计意图】明确教学任务,学生在一个单元的学习与书写过程中,对于故事已经疲惫,在此基础上,引导学生把"故事"转变成实物留存,再次激发学生的学习动机。

二、明确问题,认知冲突

探索一:识别采集到的岩石、矿物和土壤

1. 提问:大家能简单介绍一下自己的岩石、矿物和土壤的故事吗?

2. 如果要制作一个岩石、矿物和土壤的标本,我们要怎么做?

(预设:识别采集到的岩石、矿物和土壤标本,记录下它们的名称、采集地、采集时间、特征等。)

3. 提问:同学们觉得最关键的是哪一步?我们该怎么识别采集到的岩石、矿物和土壤呢?

4. 活动:分发标本图鉴,指导学生分组学习标本图鉴。

5. 布置任务:观察采集到的岩石、矿物和土壤标本。

探索二:制作标本并展示

1. 过渡:我们已经识别出了采集到的标本,接下来就要进行制作了。

2. 提问:刚才我们为什么要给标本编号?除了简单地按照序号来编号,如①②③,还可以怎么编号呢?(预设:地点、类别等。)

3. 讲解:除了编号,标签上还应该注明岩石、矿物和土壤标本的名称、采集地、采集人、采集日期等信息,这样制作的标本信息更完整。

4. 活动:指导学生将标本信息补充完整,并将采集到的标本按照编号顺序放置在小盒的格内,标签对应放好。完成标本制作后分小组进行交流展示,归纳总结出完整的制作方法与步骤,书写留存的故事。

【设计意图】充分指导学生如何制作岩石、矿物与土壤标本,让学生学会制作方法,并能自行制作岩石、矿物与土壤标本。

三、总结反思,自主建构

1. 小结:收集岩石、矿物和土壤,将它们做成标本保存起来,是一件非常有意义和有趣味的事情。大家可以借此留下更多的故事与记忆,丰富我们对岩石、矿物和土壤的认识。

2. 通过制作标本,你留下了哪些岩石、矿物和土壤的故事?

【设计意图】单元总结,岩石、矿物和土壤标本,既是一个物化的成品,供学生留存,也是一种研究方式,可以让学生在学习结束后继续使用;所书写的故事,就是学生思维与观念的直观表达,更让观念深植于学生心中。

【精彩片段】——总结梳理,回顾所学,激发生活应用

师:讲述了这么多岩石、矿物和土壤的故事,有哪些是以前不知道,而现在知道的?又有哪些是你想要留下的?可以记录下来吗?

生 1:老师,通过和我的岩石朋友多次交流,它终于为我介绍了居住在它身体里的“客人”,那些黑黑的“小矮人”叫云母,和它们围坐在一起,比较白净的叫长石,本来应该还有石英在旁边,可不仔细看,总是找不到那些喜欢躲起来的小家伙。

生 2：老师，我把家里仙人球里的土壤，挖了一点儿出来做标本，那种土轻轻一捏，就散开了，怎么都团不到一起去，就算加水，也很快就渗出来了，它悄悄告诉我，仙人掌就喜欢它这样的朋友，这是最适合它的，而碗莲就很讨厌它，碗莲喜欢的是那种黏糊糊的，能黏的到处都是的那种土壤。

【教学评析】

制作标本是本单元的收官之课，其意义在于，让一个完整的故事拥有结尾，让一个精彩的故事得以延续，学生通过制作标本，理解标本在科学研究中的作用，认同研究来源于生活，可以用来解释生活现象，可以指导生活中的相关事件，同时回顾整个单元所书写的故事，串联为一个整体，通过故事的勾连，实现思维的建构，当故事成为一个整体，思维自然而然成为一个整体。

同时，标本的制作，并不代表学生对岩石、土壤关注的结束，而是一轮新的开始。学生在历经观察、发现和标本制作后，已经体验了完整的“像科学家一样观察”的研究方式，他们有足够的方法和技能，把观察变成兴趣与爱好，把喜爱的岩石、土壤留在自己身边，所以，学习岩石、土壤的标本制作，不仅仅是本单元学习的总结与回顾，更是激发学生把探究从课堂向课外的开始。

持续反馈与应用设计

项目式作业　制作岩石、矿物和土壤标本

【任务】

通过本单元的学习，我们了解了岩石、矿物和土壤之间的联系，以及它们的作用，请收集身边的岩石、矿物以及土壤，制作标本，并向你的家人、朋友分享你的标本，以及标本所带来的认识。

【要求】

分别制作一个岩石、矿物和土壤标本，并记录其特征。

基础版：制作岩石、矿物和土壤标本。

进阶版：准确记录岩石、矿物和土壤标本的外在特征。

高阶版：能辨析岩石标本由何种矿物组成，能利用采集的土壤种植合适的植物。

评价标准：

等级	A	B	C
科学性	能寻找证据辨析岩石标本由何种矿物组成，能有针对性地利用采集到的土壤设计合适的种植植物	能准确辨识并记录岩石、矿物和土壤标本的外在特征	能按要求制作岩石、矿物和土壤标本

单元教学反思

本单元主要让学生理解研究岩石和土壤的意义，即为什么人们一直在对岩石和土壤进行研究？为什么认为岩石与土壤是地球上的重要资源？我们又该如何研究岩石与土壤？如何在单元的整体学习中，让学生始终充满激情与兴致？本单元用“故事”的方式展开，来唤起学生学习的兴趣与动力，用“故事”的方式串联，来激发学生的思维与活力，故事源于兴趣，兴趣激发想象，当学生展开想象，创编属于自己与岩石、土壤的故事时，思维即得以发展。

在本单元教学过程中，从学生的概念初始水平，开始激发学生的参与欲望与热情，做到聚焦与激趣，在认知与建构阶段，让学生学会如何像科学家一样观察岩石，区别矿物，并将观察的方式、方法，迁移到对土壤的认知与学习中。当对岩石、矿物与土壤有了足够的了解与认知后，让学生理解岩石、矿物和土壤是地球上的重要资源，建构保护岩石、矿物和土壤亦是保护地球的概念。在制作标本活动中，让学习得以迁移，从教师引导到学生自主，从课堂教学到课外活动，从一段学习经历到可能的兴趣爱好，关于岩石、矿物与土壤的学习并未因单元教学的结束而停止，而是延伸到学生平时的生活中。

案例提供者：易正杰，武汉经济技术开发区教科研中心
指 导 教 师：易传发，武汉市教育科学研究院

人类活动与环境

案例11　自然资源的保护和利用

单元教学内容规划

(一)本单元学习指向的核心概念及学习进阶路线

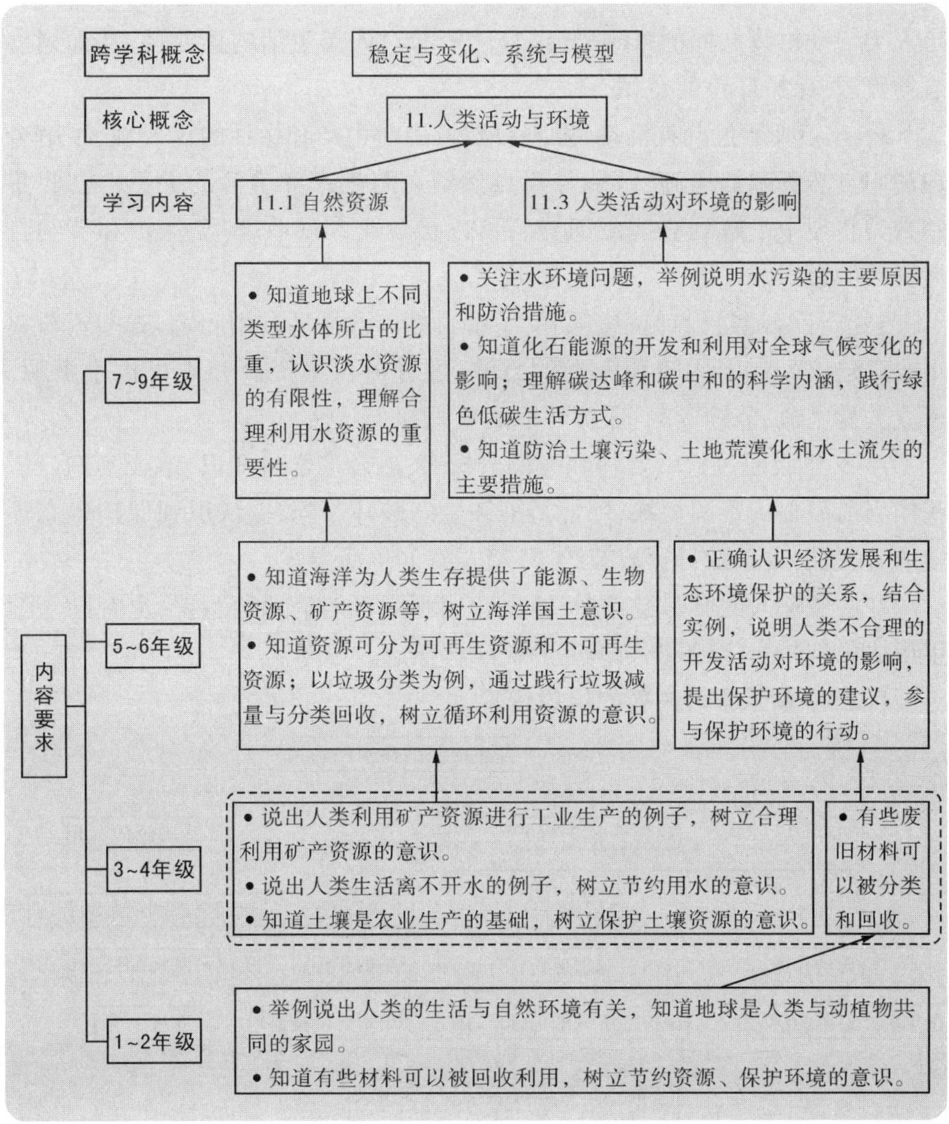

本单元聚焦“人类活动与环境”核心概念，落实课标中“自然资源”“人类活动对环境的影响”的学习内容要求。

人类只有一个地球，人类的生存和发展都需要开发和利用自然资源，自然资源是人类赖以生存和发展的物质基础。在一定的生产力水平下，自然资源的数量、质量及其开发利用程度，会对社会发展产生重要影响。随着生产力水平的发展，越来越多的自然要素成为自然资源，人类对同种自然资源的利用程度逐步加深。

1～2 年级初步具备收集和交流信息的能力。通过观察生活，认识地球是人类与动植物共同的家园，知道自然资源对人类生活的重要性，从而树立节约资源、保护环境的意识。

3～4 年级通过调查活动，发现自然资源对生产和生活的重要性，了解合理利用自然资源的措施，并能分析自然资源与生产和生活的关系。在收集和分类整理中了解到有些废旧材料可以被分类和回收，树立保护和节约自然资源的意识。

5～6 年级通过设计调查问卷，了解自然资源循环利用问题，查阅资料提出改进建议。利用比较和分类的方法，区分可再生资源和不可再生资源。树立关爱生命、节约资源、保护环境的意识和责任感。

7～9 年级通过查阅资料和案例分析等，融合多学科知识，结合实例分析我国当前面临的资源短缺、环境污染和生态破坏等问题，认识到保护生态环境的重要性，主动践行资源节约、环境友好的生活方式。

在层层深入的学习过程中，树立合理利用自然资源的意识，也有助于学生形成稳定与变化、系统与模型的跨学科概念。

（二）本单元学习内容的组织线索

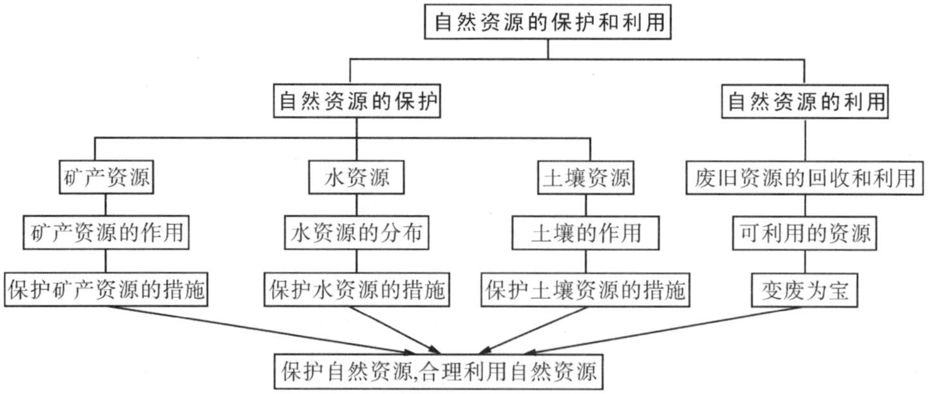

单元学习目标设计

核心素养	学习目标
科学观念	1. 了解自然界中各种各样的自然资源,知道矿产、淡水、土壤等自然资源的分布与用途。 2. 知道人类生活离不开自然资源,认识到节约自然资源和保护环境的重要性。 3. 能举例说出矿产、淡水、土壤等自然资源在生产和生活中的应用,了解保护矿产、淡水、土壤资源的措施
科学思维	1. 在观察和比较中,认识到矿产、淡水、土壤等自然资源与生产和生活的关系。 2. 能基于调查数据,运用分析和综合方法,发现家庭用水存在的问题,提出节约用水的方案。 3. 能在调查、收集、利用废旧资源的过程中,初步形成创新思维和批判性思维
探究实践	1. 会用科学词汇或思维导图等记录和整理常见的自然资源。 2. 能准确讲述探究过程和调查的结果,认识到人类活动对矿产、水资源、土壤等的影响。 3. 会使用常见的工具,选择合适的废旧资源,设计制作一件作品装点我们的生活
态度责任	1. 能如实记录所观察与调查到的各种自然资源的相关信息,具有基于调查数据表达观点的意识。 2. 培养强烈的资源意识,能意识到节约自然资源和保护环境的重要性,养成节约资源的习惯

单元学习评价设计

“自然资源的保护和利用”评价量表

核心素养	评价指标	评价等级			同伴互评	教师评价
		★	★★	★★★		
科学观念	了解自然资源	知道自然资源包括水资源、土壤资源、矿产资源等	能举例说出自然资源在生产和生活中的应用	能联系自然资源在实际生产和生活中的应用,提出保护措施	☆☆☆	☆☆☆

续表

核心素养	评价指标	评价等级			同伴互评	教师评价
		★	★★	★★★		
科学思维	推测并解释观察到的实验现象、调查研究结果	分析并解释实验现象、调查数据	能用科学语言、图画等多种形式表达探究结果	能在调查、探究实践和利用废旧自然资源制作作品的过程中,初步掌握重组思维、发散思维等创造性思维	☆☆☆	☆☆☆
探究实践	进行有关自然资源的探究实践、调查研究	能在教师引导下,进行探究实践、设计调查活动,了解合理利用自然资源的特点	能自行设计调查研究,分析合理利用自然资源的措施和原因	能通过调查研究、收集身边的废旧自然资源,设计制作一件作品	☆☆☆	☆☆☆
态度责任	树立保护自然资源的意识	能意识到自然资源对生产和生活的重要性	能感知人类活动对自然资源的破坏,树立保护自然资源的意识	能通过学习知道自然资源的重要性,并在实际生活中用实际行动保护自然资源	☆☆☆	☆☆☆

学生情况分析

四年级的学生已初步具备了一定的思维技能和实验探究能力,如比较、概括、观察、记录、调查等。在本单元中,学生将通过研究金属矿物与非金属矿物的不同特点,发展归纳与概括的思维技能,并学习使用科学语言、概念图等形式归纳自然资源的种类;在调查家庭用水活动中,学生将进行较长时间的动态观察和原因探究;在研究人类活动对环境的影响时,学生将通过收集、整理废旧资源并分析属于哪一类自然资源,从而发展推理、解释等高阶思维能力。

在之前的学习中,学生知道了地球是人类与动植物共同的家园,并初步认识了部分材料。本单元在此基础上带领学生进一步研究人类活动与环境的关系。本单元的活动设计围绕“自然资源”“矿产资源”“水资源”“土壤资源”“资源的分类和回收”五大主题展开，按照“身边的自然资源—各种资源的特点及如何保护—资源的分类和回收”的逻辑线索层层深入，探究人类活动与环境的关系，使学生形成保护自然资源的意识和习惯。

单元学习进程设计

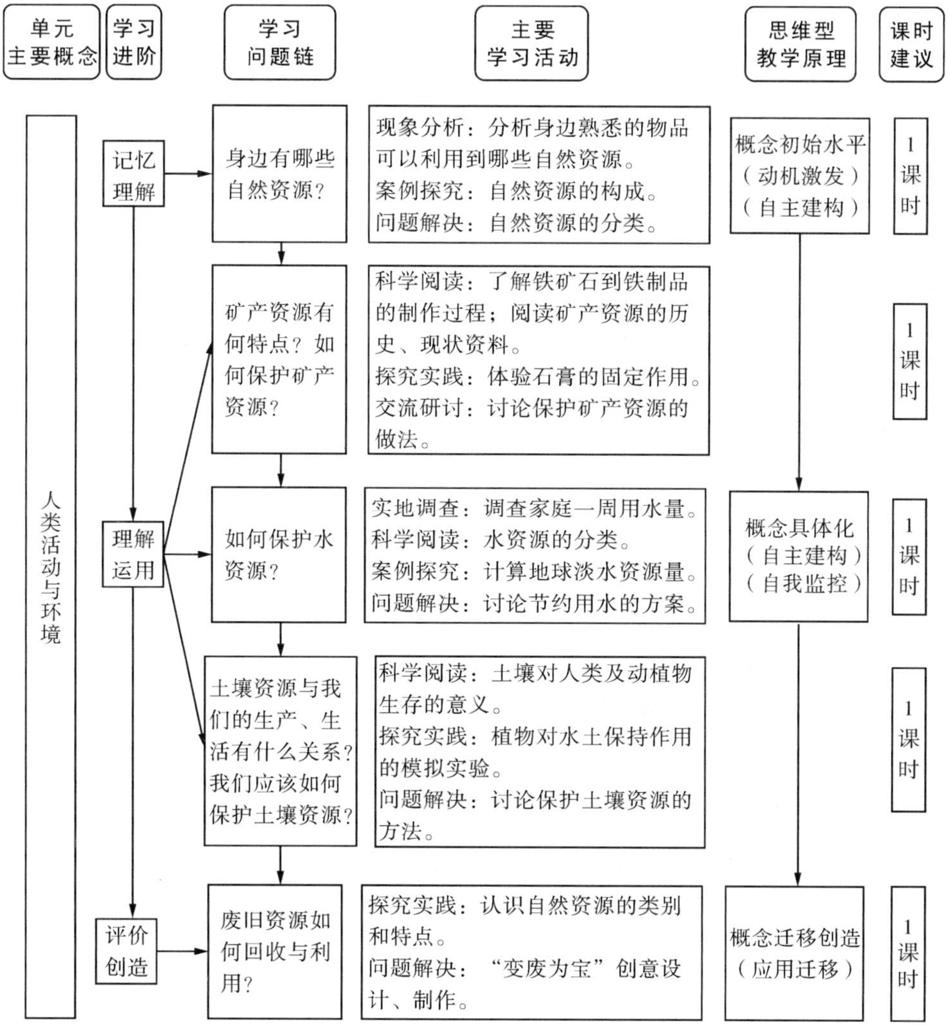

第1课时 多种多样的自然资源

核心问题：身边有哪些自然资源？

【教学目标】

1. 能有条理地分析和描述生产某个物品可能用到的自然资源，知道地球为人类生产、生活提供了矿产、土壤、水、生物等多种资源，人类的生产、生活离不开自然资源。

2. 通过观察、调查、查阅资料等方式获取自然资源的相关知识，并能用科学语言或思维导图等方式记录、整理资源信息，将常见的自然资源归类。

【教学重难点】

重点：能联系实际生活说出地球为人类生产生活提供的矿产、土壤、水、生物等多种资源，并意识到人类的生产、生活离不开自然资源。

难点：能用科学语言或思维导图等方式记录、整理资源信息，将常见的自然资源归类。

【教学准备】

教师准备：多媒体课件、图文并茂的自然资源阅读材料等。

学生准备：课前调查自己家庭每天在衣、食、住、行等方面需要利用的物资及其数量；自主收集、查阅到的各种各样的自然资源信息等。

【教学过程】

一、创设情境，导入新课

1. 分享课前调查：学生家庭每天在衣、食、住、行等方面需要利用的物资，所用物资的数量及其来源。

2. 学生分小组进行汇报交流。

3. 教师小结：老师发现每个家庭使用的物资种类丰富，需求的数量也比较多，它们主要来自水、矿产、土壤等。自然资源真是多种多样，我们的生活中到处都要用到自然资源。

4. 追问过渡：地球上有哪些自然资源呢？这些自然资源各有什么特征？它们有哪些作用？

【设计意图】从汇报学生课前调查结果入手，贴近学生的生活，从生活中的问题出发，让学生了解自然资源的种类多种多样，意识到自然资源对我们生产、生活的重要性。

二、明确问题，建构概念

1. 学生阅读地球的相关资料，教师提问：地球是我们的家园，为我们提供了哪些自然资源？这些自然资源各有什么特征？它们有哪些作用？

2. 学生根据资料，用科学语言、概念图等方式分析、记录、整理地球为人类提供的自然资源。（地球为人类生活提供了矿产资源、土壤资源、水资源、动植物资源、海洋资源等。）

3. 思考：这些自然资源是否能被任意开发和利用呢？它们是取之不尽、用之不竭的吗？

【设计意图】学生带着问题阅读资料，运用分析、比较、概括等方法，并用思维导图等形式记录和整理信息，建构自然资源的概念、类型及特点。

三、合作探究，交流讨论

1. 探究一件衣服用到的自然资源。学生通过分析衣服的材料，思考生产一件衣服可能会用到哪些自然资源。

2. 学生分小组活动，并用思维导图的方式记录衣服所用到的自然资源。

3. 学生交流汇报。

4. 课堂小结：我们发现一件衣服可能会用到矿产资源、土壤资源、水资源、生物资源等多种自然资源。

【设计意图】衣服是我们常见的生活用品，学生在小组交流中有条理地分析出一件衣服需要消耗多种自然资源，从而树立保护自然资源的意识。

四、总结反思，应用迁移

1. 分析其他物品利用的自然资源。

要求：参照刚才分析一件衣服的例子，利用思维导图的方法分析身边的一件物品可能用到的自然资源。

2. 课堂总结：大家可以利用今天学习到的方法，分析其他的物品可能用到的自然资源。自然界有许多可以被人类利用的物质和能量，它们被统称为自然资源。不同的自然资源用途不同,我们的日常生活需要用到多种多样的资源,人类的生存离不开它。

【设计意图】在前面探究的基础上,运用探究一件衣服所用到的自然资源的方法,迁移应用到身边的其他物品,体现了思维型教学理论五大基本原理中的应用迁移。基于一系列探究过程,初步知道地球为人类提供了矿产资源、土壤资源、水资源、生物资源等多种资源,人类的生产、生活离不开自然资源。

【精彩片段】——阅读资料,自主建构“多种多样的自然资源”

师:请自主阅读资料,结合生活经验思考:地球是我们的家园,为我们提供了哪些自然资源?用概念图等将获取到的信息整理、记录下来。

学生阅读整理,教师巡视并随机指导。

(选取3~6幅作品展示,并请学生汇报。)

生1:我用思维导图的方式整理,知道了土地资源包括耕地、林地、草地等多种类型。虽然我们的土地资源总量丰富,但是人均占有量非常少,而且主要土地利用类型分布很不均衡。

生2:通过阅读资料,我知道了煤、石油、天然气、铁矿、有色金属矿、非金属矿都是矿产资源。

生3:原来我们说的水资源,只是指地球上的淡水资源,比如河流水、湖泊水、浅层地下水。而且我们国家水资源分布不均——南丰北缺,所以我国实施“南水北调”工程。

生4:我知道了自然资源包括矿产资源、土壤资源、水资源、动植物资源、海洋资源等。

师:是的,地球为我们人类提供了多种多样的自然资源。

思考:这些自然资源是否能被任意开发和利用呢?它们是取之不尽、用之不竭的吗?

【教学评析】

本片段以一个核心问题:地球是我们的家园,为我们提供了哪些自然资源?引发学生思考,引导学生阅读资料,用科学语言、概念图等方式收集证据,获取信息,自主建构自然资源的概念。

【学习单】

家庭消耗物资调查表

消耗的物资	每日消耗的量	来源
汽油	4 升	石油

第2课时 矿产资源与我们的生活

核心问题:矿产资源有何特点? 如何保护矿产资源?

【教学目标】

1. 通过连一连配对游戏,初步认识我们的生产、生活离不开矿产资源。

2. 通过石膏的固定作用体验活动,了解非金属矿物的特点和作用。

3. 通过观看铁矿的冶炼视频,了解金属矿物的生产过程。

4. 通过阅读,了解矿业生产的基本状况,树立合理利用矿产资源的意识。

【教学重难点】

重点:认识矿产资源在生产、生活中的广泛应用;知道石膏这种非金属矿物的特点和作用。

难点:树立合理开采利用矿产资源的意识。

【教学准备】

教师准备:多媒体课件、石膏粉、水、烧杯、搅拌棒、报纸等。

学生准备:课前收集身边的矿产资源相关资料等。

【教学过程】

一、创设情境,导入新课

教师介绍矿产资源对人类的价值:由于矿产资源对人类有很大的价值,因此人类才开发矿产资源。

①课件展示生活中的一些装饰品图片:金项链、银手镯、钻石戒指、玉镯等——展示矿产资源美化装饰生活的价值。

②课件展示本草纲目,列出药用矿物——展示矿物的药用价值。

③课件展示与科技有关的矿物，如高铁、石英玻璃、电子元件等——展示矿物的科技价值。

【设计意图】通过观赏生活中的物品图片，让学生初步认识生活中的矿产资源，从而意识到矿产资源与人类的生产、生活密切相关。

二、明确问题，认知冲突

1. 学生结合已有的知识、经验，说出以下物品各是用什么矿物做成的。

人类的生产、生活离不开矿产资源。连一连，下面的物品是用哪一种矿物制作成的，利用了这种矿物的什么特点？

物品：铅笔芯、爽身粉、铜丝、赭石颜料、水晶杯。

矿物：滑石、石墨、赤铁矿、石英、黄铜矿。

特点：石墨（颜色黑，软）、滑石（软，吸水）、黄铜矿（导电性强）、赤铁矿（颜色是红色）、石英（硬，容易透光）。

2. 教师总结：我国矿产资源种类丰富，应用广泛。

【设计意图】利用"矿产资源有什么特点？"调取学生对矿产资源认识的前概念。许多学生错误地认为矿产资源等同于宝石、钻石等，它们的特点是坚硬的、亮闪闪的。通过"连一连"活动，帮助学生识别生活中的矿产资源及其特点。

三、合作探究，体验交流

活动一：体验石膏的固定作用

以体验石膏的固定作用为例，体验一种具有代表性的矿物的作用价值。

1. 石墨、石膏属于非金属矿物，它们在生产、生活中同样重要。接下来，同学们体验一下石膏这种非金属矿物的特点和作用。

2. 思考：医生为什么用石膏给骨折病人固定？这是利用了石膏的什么特点？

3. 学生根据实验步骤进行操作。

活动二：了解铁矿石到铁制品的生产过程

1. 矿产资源属于国家所有，为了合理开发利用矿产资源，需了解各种矿产资源的开发提炼过程，下面以铁矿石到铁制品的生产过程为例。

2. 寻找教室中的铁制品，阅读资料，思考从铁矿石到铁制品的生产过程。

3. 课后任务，自主了解云母、石英等矿物的开采提炼过程。

【设计意图】设计"体验石膏的固定作用"和"了解铁矿石到铁制品的生

产过程”两个活动，让学生在观察、对比、实践中，总结并描述非金属矿物和金属矿物的特点及作用。

四、总结反思，知识拓展

1. 阅读资料：

①了解矿石的开采历史；

②了解《中华人民共和国矿产资源法》。

2. 思考：作为一名小学生，应该如何保护矿产资源？列举具体做法。

【设计意图】培养学生阅读、分析图文资料的能力，使学生认识到合理开发、节约资源的必要性，树立正确的资源观及法律意识。

【精彩片段】——合作探究，体验“石膏的固定作用”

师：我国矿产资源种类丰富。人类的生产、生活离不开矿产资源。接下来就让我们通过一个活动来真切感受一下，矿产资源对人类生活的好处。老师给大家准备了石膏粉，请自主阅读实验过程及注意事项，根据实验步骤进行实验操作。

师：将手指放进石膏，待石膏凝固后，弯一弯手指，你有什么感受？

生：手指不能动，也不能弯曲。

生：石膏凝固以后硬邦邦的。

师：根据这个实验结果，你们能尝试分析、解释医生为什么用石膏给骨折病人固定吗？

生：石膏凝固以后，可以固定骨折的部位。同时减少移动，帮助骨骼的恢复。

师：这是利用了石膏的什么特点？

生：石膏易塑形，凝固后强度大。

师：是的。我们利用石膏的这一特点，能更好贴合骨折病人的骨折部位进行固定并减少移动，分散外部压力，帮助骨骼恢复。

【教学评析】

在本教学片段中，学生通过体验将手指放入石膏中，感受到了石膏的固定作用以及矿产资源对人类的好处。基于这样的感受，让学生尝试解释医生为什么用石膏固定骨折病人的骨折部位，知道矿物对于人类的价值，明确人类开发矿产资源的动机，为后续建立矿产资源的分布、开发和保护打下基础。

【学习单】

实验名称	体验石膏的固定作用
实验器材	筷子、一次性杯子、水、石膏粉
实验步骤	1. 将杯子中的水全部倒入装石膏粉的杯子中,调成糊状。 2. 把左手食指全部插入石膏中,再取出。 3. 保持食指不动,轻轻用嘴巴吹,使石膏快速变干。 4. 等石膏变干后,尝试动一动食指。 5. 整理器材、收拾桌面
实验结论	
注意事项	1. 调制石膏请在水槽中进行,防止石膏到处洒。 2. 手指尽可能插得深一点,要没过手指关节。 3. 手指插入调好的石膏中只能插一次。 4. 从实验中能够体会到石膏的作用,能明白为什么医生用石膏给骨折的病人进行固定

第3课时 珍惜水资源

核心问题:如何保护水资源?

【教学目标】

1. 实事求是收集家庭一周用水量,基于调查资料分析出家庭用水主要的用处、用量及存在的问题,在讨论交流中,能举例说明生活离不开水,感受水资源对动植物、人类生活的重要价值与意义。

2. 通过了解地球上的水资源分布、现状,感受水资源的珍贵,树立保护水资源的意识,并结合身边的实例,说一说如何从身边做起,节约、保护水资源,并与同学进行交流。

【教学重难点】

重点:能举例说明生活离不开水的例子,明确水资源对人类及动植物的价值,树立保护水资源的意识。

难点:调查家庭一周用水量,基于调查资料分析出家庭用水主要的用处、用量及存在的问题,讨论出节约用水的方案。

【教学准备】

教师准备:多媒体课件等。

学生准备:调查家庭一周用水量。

【教学过程】

一、回顾旧知,激发认知冲突

1. 教师出示微课,引导学生从太空鸟瞰地球,学生了解到地球表面有70%以上被海洋覆盖,在所有水资源中,大约97%分布在大洋和浅海,在剩下约3%的淡水资源中,有超过2/3的淡水存在于冰川、积雪中,只有不到1%的淡水才是人类可直接利用的。

2. 教师梳理水资源主要现状,学生观看微课,谈谈感受。

3. 播放非洲地区干旱、饮用水缺乏照片。激发认知冲突:为什么地球上水资源分布如此丰富,还有许多地方会水资源紧缺?

【设计意图】提供丰富的资料,激发学生的认知冲突:为什么地球上水资源分布如此丰富,还有许多地方会水资源紧缺?让学生感受淡水资源的宝贵,渗透保护水资源的意识。

二、合作探究,体验交流

1. 教师引导学生回顾、交流分享课前调查家庭一周用水情况,收集、整理每个家庭一周用水量的数据,统计成表并小结家庭水资源的用途。

2. 教师引导学生类推人类对淡水资源的主要用途,展示世界日均用水统计情况,感受每日全世界需要消耗用水量的数量之多。

水资源的主要用途
- 人类的饮用水
- 人类的生活用水:洗衣、做饭、拖地、洗澡等
- 灌溉农田、工业用水
- 动植物生存用水
- 景观用水等

3. 教师小结：地球上的生物（人、动物、植物等）需要用水做这么多事情，可见地球上不足1%的可利用淡水资源是远远不够的。

【设计意图】引导学生从自身调查出发，以身边真实的数据做支撑，交流家庭一周对水的利用情况，了解水资源的主要用途，自主建构，感知人类生活离不开水；通过了解世界日均用水量，再次感受水资源对人类生产、生活的重要意义。

三、总结反思，应用迁移

1. 教师通过图片和视频相结合的方式为学生展示人们浪费、污染水资源的行为，简要介绍我国的水资源现状，引导学生结合前期家庭水资源用途的调查，从个人、家庭、社会层面进行思考，作为一名小学生，应如何珍惜、保护水资源。

2. 课件展示海水淡化技术，启迪学生学好科学、用好科学，探索开发水资源的新技术。

【设计意图】引导学生了解水资源浪费和污染等现状，对比水资源短缺及人类生活离不开水的事实，形成冲突，引导学生自主建构我们必须行动起来，从身边小事出发，节约水资源、保护水资源。通过海水淡化技术拓展分享，引导学生感受科学技术在日常生活中的应用，感受生活与科学学习的链接，尝试利用科学技术解决生活中的问题，激发学生学习科学的热情。

【精彩片段】——聚焦家庭每日用水量，引发认知冲突

师：人类需要用淡水做哪些事情呢？我们一起来看一看上周大家整理的家庭用水记录单。

生1：我们一家5口人，一周用水量约5立方米，主要用于做饭、洗衣服、洗澡、冲厕所等，人均一周用水量约1立方米。

师：2022年11月15日，联合国宣布，世界人口达到80亿。那么，全世界每天需要用大约11亿立方米水。看了这个数据，大家有何感想？

生2：我们每天用的水真多。

生3：全世界每天用掉的水这么多，但是刚才视频中展示出来的人类可利用的淡水资源只有不到1%，我们会不会把淡水资源用完呢？

师：地球上的生物（人、动物、植物等）需要用水做这么多事情，可见地球上仅有的不足1%可利用淡水资源是远远不够的。让我们了解我国水资源的现状（微课学习）。作为一名小学生，你能做些什么呢？请你结合前期的调查结果，从个人、家庭、社会三个层面进行思考，给出你的方案并说明理由。

【教学评析】

学生对课前调查“一周用水量”数据进行分析处理，基于调查资料分析出家庭用水主要的用处、用量及存在的问题，用事实和真实数据，引导学生自主建构生活离不开水。在了解了全球水的分布、可利用水资源的现状，暴露认知冲突，结合全世界每天用水情况，再次形成冲突：每天全世界需要用这么多水，人类可利用的淡水资源却不到1%，我们会不会把淡水资源用完呢？引导学生在不断的分析、对比过程中对水资源的紧缺进行自主建构，认知冲突和自主建构的交替进行，实现学生的积极思维，让学生意识到地球上的水资源可贵，从而树立保护水资源的意识，为后面的应用迁移——开发水资源奠定了基础。

【学习单】

请同学们翔实记录每天家庭用水事件及用水量，连续记录七天。

家庭一周用水量记录表

<table>
<tr><td colspan="4">人口数：</td></tr>
<tr><td>时间</td><td colspan="2">用水事件</td><td>用水量/米^3</td></tr>
<tr><td>第一天</td><td colspan="2"></td><td></td></tr>
<tr><td>第二天</td><td colspan="2"></td><td></td></tr>
<tr><td>第三天</td><td colspan="2"></td><td></td></tr>
<tr><td>第四天</td><td colspan="2"></td><td></td></tr>
<tr><td>第五天</td><td colspan="2"></td><td></td></tr>
<tr><td>第六天</td><td colspan="2"></td><td></td></tr>
<tr><td>第七天</td><td colspan="2"></td><td></td></tr>
<tr><td>总计</td><td></td><td>人均用水量</td><td></td></tr>
</table>

第4课时 土壤资源的保护

核心问题：土壤资源与我们的生产、生活有什么关系？
我们应该如何保护土壤资源？

【教学目标】

1. 基于生活经验，认识到土壤是动植物生存、农业生产的重要基础。

2. 通过探究植物对水土保持的作用模拟实验及资料分析，能准确对比、描述在探究实验中观察到的现象，并思考现象产生的原因，自主建构植物对土壤资源的影响，并作出自我评价与调整。

3. 在探究植物对水土保持的作用过程中，愿意与同伴交流、反思自己的探究过程和结果，辩证理解土壤资源、动植物、人类相互依存的关系，认识到人类活动对土壤资源可能产生正面或负面的影响，知道并愿意采取力所能及的行动保护土壤资源。

【教学重难点】

重点：

1. 通过课前讨论及模拟实验，认识到土壤是动植物生存、农业生产的重要基础，同时理解动植物与土壤是相互依存的关系。

2. 通过结合生活经验及案例分析，了解土壤资源现状，进一步认识到人类的生产、生活对土壤资源会产生影响，树立保护土壤资源的意识，并尝试通过力所能及的方式保护土壤资源。

难点：能够通过模拟实验建构植物对土壤资源有保护作用，理解动植物与土壤是相互依存的关系。

【教学准备】

教师准备：多媒体课件、探究植物对水土保持作用的实验装置等。

学生准备：收集关于土壤对人类及动植物生存重要意义的资料等。

【教学过程】

一、创设情境，导入新课

1. 课前调查，讨论交流：土壤对人类及动植物生存的重要意义体现在哪些方面？

2. 学生结合生活经验及前期资料收集，在班级内进行分享。

3. 教师小结：土壤是自然界非常重要的一种资源，是植物生长、动物生存的基础，人类生活也离不开土壤。

【设计意图】引导学生链接生活，结合已有经验在问题驱动下，尝试从土壤对人类及动植物的意义等方面展开简单调查。通过交流分享，逐步建构“土壤是一种重要的自然资源”的科学观念。

二、明确问题，认知冲突

1. 聚焦问题：植物生长、动物生存或人类活动会对土壤产生影响吗？

2. 学生结合已有知识及生活实例交流讨论：植物生长、动物生存或人类活动对土壤的作用，并阐述观点或理由。

【设计意图】引导学生就“植物生长、动物生存或人类活动会对土壤产生影响吗”问题展开讨论，自主阐述正面或负面影响的观点，让学生初步了解动植物的生存、人类的生活可能会对土壤资源产生影响。

三、合作探究，体验交流

1. 初步感知：教师出示教学图片，展示植物根系对土壤的固着作用，引导学生体验在土壤中拔出豆苗及插在土壤中的牙签，感受植物根系对土壤的固着作用。

2. 模拟实验：进一步模拟自然界中植物生长对土壤的作用。教师出示探究植物对水土保持作用的实验装置，引导学生思考并描述实验装置各个部分分别模拟自然界中的什么条件，两个实验装置如何进行对比；观察、记录、描述实验现象（水流冲击流出水量、冲击后流失泥沙量及其他现象等），对比有植物生长的土壤斜面与没有植物生长的土壤斜面在相同水流冲击后出现的现象。

3. 学生根据模拟实验观察、对比、描述实验现象，并分析这样的实验现象说明了怎样的实验结论，从而推理建构植物生长对土壤有保持水土的作用，辩证地看待植物（生物）与土壤是相互依存的关系。

4. 知识拓展：视频拓展泥石流的发生及其强大的破坏力，简要描述泥石流形成条件（乱垦滥伐会使植被消失，山坡失去保护、土体疏松，大大加重水土流失,进而破坏山坡稳定性,容易产生泥石流)。

5. 小组交流讨论:人类的哪些活动可能会导致土壤资源遭到破坏?这些行为对地球生态环境产生了哪些影响?

6. 教师出示案例1:《寂静的春天》书中描述过度使用农药对生态环境造成破坏的实例。出示案例2:卫星云图中显示巴西亚马孙热带雨林几十年的植被(被破坏)覆盖变化情况实例。出示案例3:我国土壤资源受污染及土地沙漠化情况。

7. 引导学生小组交流,说一说感受。

【设计意图】引导学生亲身经历从初步感知植物根系对土壤的固着作用到深入观察植物对水土保持作用的实验活动,逐步自主建构动植物与土壤是相互依存的,学生在观察、对比、描述、交流过程中建立现象与观点之间的联系。同时以泥石流为切入点,通过案例分析、交流讨论,了解土壤资源遭受破坏后产生的严重后果,引导学生认识到人类生产、生活可能对环境造成破坏,知道保护自然资源、保护环境的重要性。

四、总结反思,应用迁移

1. 思考:土壤资源的形成需要漫长的时间,一旦遭到破坏将很难在短时间内修复。小组交流讨论,为了保护土壤资源,作为小学生的我们,能够做哪些力所能及的努力?

2. 学生根据生活经验及本课学习,交流力所能及保护土壤资源的方法。

3. 拓展我国对土地沙漠化的防治措施:合理放牧,营造防沙林,多种草种树,控制农垦及合理开发水资源,合理开发矿产资源等。

【设计意图】在课前调研、本课学习基础上,结合学生生活经验,引导学生思考力所能及的保护土壤资源的方法;拓展我国在土地沙漠化防治方面做出的尝试和成果,引导学生树立保护土壤资源的意识。

【精彩片段】——结合拔出豆苗及插在土壤中的牙签,引发认知冲突,自主建构植物生长与土壤的关系

师:这里有两个花盆,一个花盆里种植的是豆芽,另一个花盆里插的是牙签。拔出豆苗及插在土壤中的牙签,你有什么不同的感受?

生1:拔出豆芽费力一些,而牙签轻轻地就被拔出来了。

师:为什么会有这样的感觉呢?

生 2:可能是牙签插得浅,豆芽的根长得深。

师:豆芽和牙签的结构区别在哪里呢?

生 3:豆芽的茎像牙签,但是豆芽还有根。

生 4:豆芽有根,根固着在土壤中,所以很难拔出来。

师:土壤表面生长的植物对土壤也有固着作用吗?接下来我们通过实验来探究。我们不能将自然界搬到课堂,但在科学上有一种方法叫作模拟实验,通过模拟自然界的环境,来探究自然界中植物生长对土壤的作用。这是模拟植物对水土保持作用的实验装置,有植物生长的土坡模拟自然界中植被较为茂盛的山坡;没有植物生长的土坡模拟植被生长不茂盛的荒漠化土坡;流水模拟自然界中的降雨。在这个实验中我们应该注意些什么呢?

生 5:水流大小相同,这样模拟的是同样大小的雨。

师:还有补充吗?

生 6:还要高度相同,这样雨水对土壤的冲击力才会一样大。

师:这个模拟实验中,不同的条件是什么?

生 7:一个是有植物生长的土坡,一个是没有植物生长的土坡。

师:这样设计的好处是什么?

生 8:两者可以更好地对比。

师:是的,这样只有一个条件不同,我们就可以通过实验结果,知道植物生长对土壤有什么作用。接下来,请大家分小组合作进行模拟实验,注意观察实验现象。

学生进行模拟实验,并交流汇报。

生 9:在我们的模拟实验中,植被较少的土坡在雨水冲击后流出的水量大,水流较浑浊,含有大量泥沙;植被较多的土坡在雨水冲击后,流出的水量较小,水流相对清澈,水流中泥沙含量较少。

师:你们对他们的观察结果有疑问或者补充吗?

生 10:我们小组发现,植被较多的土坡在经过雨水冲击后,土壤表面没有明显的变化。而植被较少的土坡在雨水冲击后,表面有很多的沟壑。

师:为什么两个土坡会出现不同的现象呢?

生11:因为土坡上的植物。植物对土壤有保护作用,当雨水冲击时,可以保护土壤,减少水土流失。

师:土壤是植物生长的基础,植物生长有保持水土的作用,土壤资源和动植物是相互依存的。

【教学评析】

通过"拔出豆苗及插在土壤中的牙签,你有什么不同的感受"这个体验活动,激发学生的内在动机;结合前期调查,激发学生认知冲突:"土壤是植物生长、动物生存的基础,那植物生长、动物生存是否会对土壤产生影响呢?"通过模拟实验"探究植物对水土保持的作用",学生基于已有的知识水平和认知水平,讨论如何设置对比实验,在不断讨论中实施自我监控,完善实验方案。在观察、对比两组实验装置中,比较水流冲击后流出的水量和水流中泥沙的含量,记录、分析数据之后,思考不同现象出现的原因,从而自主建构"植物生长具有保持水土的作用",动植物、人类与土壤的关系是相互依存、相互影响的。同时,在观察实验与自主建构的过程中,为拓展迁移保护土壤资源奠定基础。

【学习单】

用图文结合的形式,观察、对比、记录用同样大小的水流,分别冲击有植物生长的土坡和没有植物生长的土坡所出现的现象。

"探究植物对水土保持的作用"观察记录单

观察对象	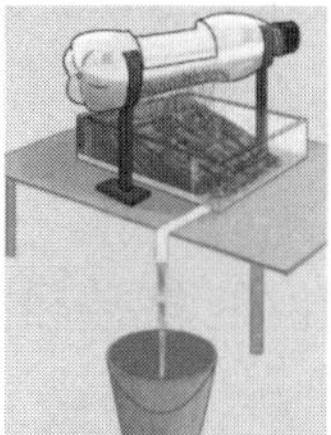	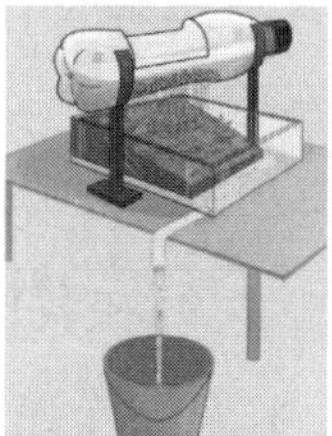
冲击后流出的水量		
冲击后流失的泥沙量		
观察到的其他现象		

第5课时　废旧资源的回收与利用

核心问题：废旧资源如何回收与利用？

【教学目标】

1. 通过废旧资源收集令活动，知道有些废旧资源是可以被分类和回收的，意识到节约自然资源的重要性。

2. 利用收集的废旧材料进行“变废为宝”创意设计、制作，形成保护资源的意识和习惯。

【教学重难点】

重点：在整理、分析废旧材料的过程中，知道有些废旧材料可以被分类和回收。

难点：利用废旧材料进行“变废为宝”创意设计与制作。

【教学准备】

教师准备：多媒体课件、收集令、“变废为宝”创意设计单、工具箱（刀、胶棒、热熔胶等）等。

学生准备：课前收集到的各种废旧资源等。

【教学过程】

课前调查，了解生活中的自然资源。

提前一至两周发布收集令，让学生收集自然界和生活中的废旧资源，如旧衣物、牛奶盒、空饮料瓶等，并对所收集的物品按照一定的分类标准分类，填写表格。

废旧资源收集令

材料分类		具体收集的废旧物
自然类材料	植物类	树枝、叶子等

续表

材料分类		具体收集的废旧物
生活类材料	废旧布料类	衣服、窗帘等

备注:1. 在收集中要注意安全,建议戴上口罩和手套,外出收集需在家长的陪同下。

2. 注意卫生,如果收集的物体还有食物残渣,请将其清洗干净并晾干。

3. 收集的对象可以是废塑料、废纸、废旧衣物等,也可以是大自然中的“废旧物”,如干树枝、树叶等。

【设计意图】通过前面几课的学习,学生对于自然资源的概念、类型及用途已经有了明确的认识。课前设计“废旧资源收集令”,不仅能够巩固前面所学知识,也为本课实践活动做准备。

一、创设情境,导入新课

活动一:对废旧资源分类

1. 教师播放视频:播放一些人类浪费资源行为的视频。

2. 教师追问:大自然和生活中的一些废旧物能被回收吗?展示课前大家收集到的自然界和生活中的废旧物以及分类结果。

3. 学生解释分类的依据。

4. 肯定学生的分类标准,并引导学生先按照自然界中的材料和生活中的材料分类,再按照材料的性质分类。

5. 小结:自然界和生活中有些废旧资源是可以被分类和回收的。

【设计意图】在学生已有经验的基础上,提出问题,激发学生认知冲突,帮助学生了解到废旧资源是可以再次被利用的。通过对废旧资源的分类,培养学生分析处理信息并得出结论的能力。学生在比较不同资源的特征中,能根据不同目的进行分类,培养学生的创新思维。

二、项目研究,体验交流

活动二:“变废为宝”创意设计

1. 教师提问:我们日常生活中回收的废旧材料有什么处理方法吗?

2. 学生先小组讨论,再汇报交流。

(预设:直接扔掉,卖到废品回收站,分类投放,废物再利用等。)

3. 教师总结,学生发言。我们身边的一些旧瓶罐、旧纸盒、旧手提袋等,我们可以让它们摇身一变,成为既美观又实用的家居饰品,可以用来美化我们的生活。这样不仅可以节约大量资源,还能够最大限度地减少垃圾的产生量,降低处理费用,从而使我们的生活质量有明显改善。

4. 教师引导:学生用身边的废旧材料装饰教室。学生欣赏"变废为宝"的一些创意设计视频和图片。

5. 提出任务:刚才我们针对回收的材料提出了许多处理方法,也欣赏了别人的创意设计,接下来我们分小组一起来将收集的这些废旧材料"变废为宝"吧。

6. 制订小组活动方案,完成小组成员分工。

7. 画出改造废旧材料的设计草图。

8. 小组之间交流各自的方案,互相提出建议,修改完善活动方案。

活动三:"变废为宝"创意制作

1. 学生按照方案进行创意制作,教师适时指导。

要求:请同学们大胆创新和积极动手,利用小组内收集的废旧物,将其变成新的可利用的物品或制作一件有欣赏价值的艺术品,可以利用刀具、直尺、热熔胶、胶棒(水)等材料设计制作。

材料名称	用途说明	备注
回收的废旧材料	用来搭建框架	不是所有回收的材料都用
刀具	切割材料	使用时注意安全
热熔胶	粘贴材料	使用时注意安全
胶棒(水)	粘贴材料	
铅笔、彩笔	绘图美化工具	
直尺	测量工具	
圆规	绘图工具	

2. 成果交流:展示小组作品,学生先自我评价,再相互评价。

评价标准:引导学生从制作的速度、作品的工整程度、表现艺术程度的高低等方面进行评价。

评价方法建议:强调学生在教学过程中的主动参与,注重对学习过程的评价。关注学生个体差异,注重评价激励性、多元性、开放性,在自我评价的基础上,尽可能采取小组讨论交流的形式,鼓励同伴之间充分发表意见和建议。

【设计意图】将"美化我们的教室"作为主题,利用身边的场景,能帮助学生更快地找到设计灵感。通过"变废为宝"创意设计与制作两个活动,培养学生想象能力、绘画与设计能力、动手制作能力。

三、总结反思,应用迁移

1. 课堂小结:通过这节课,我们有什么收获?

2. 发布"环保时装秀"策划活动。

【设计意图】通过谈收获,让学生对本节课的学习进行自我监控,在反思中意识到要节约自然资源,减少垃圾的产生,并在以后的学习生活中用实际行动保护自然资源。同时,利用本节课所学知识,全班参与策划"环保时装秀",实现应用迁移。

【精彩片段】——应用迁移,"变废为宝"创意设计

师:我们身边的一些旧瓶罐、旧纸盒、旧手提袋等,我们可以让它们摇身一变,成为既美观又实用的家居饰品,可以用来美化我们的生活。这样不仅可以节约大量资源,还能够最大限度地减少垃圾的产生量,降低处理费用,从而使我们的生活质量有明显改善。

师:让我们一起来欣赏"变废为宝"的一些创意设计视频和图片。

师:接下来请大家利用手上的废旧材料来装饰我们的教室。小组讨论,你们打算用这些材料装饰教室的哪个版块?

生1:我们小组打算装饰讲台,这样老师每天走进教室就能看到我们的作品。

生2:我们打算装饰后墙,以前每次都是老师在为我们付出,现在我们也可以为老师出一份力。

师：你们的想法都很不错，请在组长的带领下制订小组活动方案，并画出利用废旧材料装饰教室作品设计草图，时间5分钟。

师：时间到！老师看到各小组都基本上完成了草图设计，请各小组长将设计图张贴在黑板上。

小组之间交流各自的方案，互相提出建议，修改完善活动方案。

生3：我们小组准备装饰的是后墙，我们利用纸板为底，上面用颜料写上文字“开学快乐”，并用毛球、毛线球、硬纸板制作3D立体文本框。

生4：我们用废旧塑料桶、塑料布料制作雨伞收纳，晴天可以用作失物招领，雨天可放置雨伞。

生5：我们用纸盒制作杂物收纳柜，放置于讲台旁。粉笔、黑板擦等小件物品就可放置其中，讲台就不会乱糟糟的了。

师：大家的设计都很好，既考虑到如何利用废旧材料让我们的教室更美观，又非常实用。下面就根据你们的设计图进行制作吧。

【教学评析】

“变废为宝”是对自然资源与我们的生活知识的继续学习，也是对整个单元的回顾总结。学生通过观看“变废为宝”创意设计案例，初步了解创意设计需要注意的问题，接着学生小组合作设计草图，在交流讨论中逐步完善方案，学生在设计中明白要根据不同材料的特点以及应用场景来进行创作，最后用废旧资源美化我们的教室。

【学习单】

请同学们小组合作，先思考要设计怎样的作品，再小组讨论确定设计方案，并将自己的设计草图画下来。

“变废为宝”作品草图设计

持续反馈与应用设计

项目式作业一　一辆家用汽车需要用到多少种自然资源

【任务】

我们的衣、食、住、行都离不开自然资源，据统计，一辆普通家用轿车需要用到钢铁、橡胶、玻璃等多种材料，这些材料均由不同的自然资源加工而成。为了了解一辆家用汽车需要用到多少种自然资源，请根据本单元学习关于自然资源的类型及其作用，开展一轮科学调查活动。

【要求】

以家用汽车为例，调查一辆家用汽车需要用到多少种自然资源，并对其使用到的自然资源进行分类，最后形成一份调查报告。

项目式作业二　荒岛求生

【任务】

假如你在一个周围是一片茫茫大海的荒岛上醒来，身边没有能喝的淡水，这时你又热又渴，请你想办法进行“海水淡化”，解决口渴难题。

【要求】

利用身边的材料自行设置“海水淡化”装置并能成功获取一杯淡水(海水可用盐水替代)。请将设置好的装置及“海水淡化”过程用视频的形式记录下来。

基础版：设计一个“海水淡化”装置，表明各部分材料、尺寸。

进阶版：设计并制作出一个简易的“海水淡化”装置。

高阶版：设计并制作出一个精美的“海水淡化”装置。

评价标准：

评价维度	等级		
	A	B	C
作品主题	作品能完成“海水淡化”任务	作品基本能完成“海水淡化”任务	作品不能完成“海水淡化”任务
作品内容	方法新颖，原理正确，作品完整	原理正确，作品较完整	作品残缺
美观程度	做工精致，造型美观	做工较工整，造型一般	做工潦草，没有造型

单元教学反思

本单元以“总—分—总”的结构设置为5个课时，以多种多样的资源为起始课，先让学生了解自然资源的种类，激发学生学习自然资源的动机，引发学生的认知冲突，自主建构自然资源的概念模型；再分别了解矿产资源、水资源、土壤资源的特点、分类及保护措施，在自主建构、自我监控交替进行的过程中建构自然资源概念模型，知道自然资源与人类的生产、生活紧密相关，树立保护自然资源的意识；最后一节课在了解自然资源的基础上，找出身边的废旧资源，应用迁移，将其“变废为宝”，实现概念的迁移创造。

在本单元教学中，每节课根据教学目标设置教学活动，围绕核心问题开展教学活动，如在第一节课中，联系学生实际生活设置核心问题“身边有哪些自然资源”，激发学生认知冲突，学生通过自主阅读，用科学语言、概念图等方式收集证据，获取自然资源的信息，在不断自我反思中自主建构自然资源的概念模型。在本单元教学中，教师应该紧密联系学生实际生活，让学生理解自然资源与实际生活的联系，树立保护自然资源的意识，并能在实际生活中用实际行动保护自然资源。

案例提供者：盘　岚，重庆市璧山区教师进修学校
江　乐，重庆市璧山区永嘉实验小学校
刘海英，重庆市璧山区金剑小学校
凌　霞，重庆市璧山区文星实验小学校
指导教师：邵发仙，重庆市教育科学研究院

技术、工程与社会

案例12　仿生

单元教学内容规划

(一)本单元学习指向的核心概念及学习进阶路线

跨学科概念	结构与功能、系统与模型		
核心概念	12.技术、工程与社会	13.工程设计与物化	5.生命系统的构成层次
学习内容	12.3 科学、技术、工程相互影响与促进	13.2 工程的关键是设计	5.2 地球上存在动物、植物、微生物等不同类型的生物
内容要求：7~9年级	• 知道科学对技术与工程具有指导意义；初步认识现代科学、技术与工程越来越密不可分，高度融合。	• 尝试使用合适的方法，对选定的设计方案进行模拟分析和预测。 • 依据不同来源的证据、限制条件等因素，从需求层面优化设计方案。	• 观察有代表性的无脊椎动物和脊椎动物，说出这些动物的主要特点，描述其形态和生活习性。
内容要求：5~6年级	• 初步认识技术与工程对科学发展的促进作用，应用仪器设备进行观察并进行记录；举例说明科学发现可以促进新技术发明（如激光的发明）。	• 利用示意图、影像、文字或实物等多种方式，阐明自己的创意，初步认识设计方案中各影响因素间的关系。	• 根据某些特征，对植物进行分类。
内容要求：3~4年级	• 初步说明一些技术产品涉及的科学概念或原理,尝试应用科学原理设计并制作简易装置(如传声器、听诊器等)。	• 借助表格、草图、实物模型、戏剧或故事等方式说明自己的设计思路。 • 根据需求和限制条件，比较多种可能的解决方案，并初步判断其合理性。	• 识别常见的动物类别，描述某一类动物的共同特征；列举几种我国的珍稀动物。 • 说出植物的某些共同特征；列举当地的植物资源，尤其是与人类生活密切相关的植物。
内容要求：1~2年级	• 初步体验利用工具可以更好地进行观察与测量。	• 学会使用简单的草图，说出自己的思路。	• 说出生活中常见动物的名称及特征，说出动物的某些共同特征（如都会运动）。 • 说出周围常见植物的名称及特征。

本单元主要聚焦“技术、工程与社会”核心概念,落实课标中“科学、技术、工程相互影响与促进”的学习内容要求。

人类在与自然界打交道的过程中,为了适应自然、改善生存条件而产生了技术;人类对已有的物质材料和生活环境加以系统的开发、生产、加工、建造,以满足人们的需求,就产生了工程。早期技术、工程和科学相对比较独立,而现代技术、工程和科学相互影响与相互促进,越来越密不可分,共同推动了社会进步。

1~2年级初步体验利用工具可以更好地进行观察与测量。

3~4年级初步说明一些技术产品涉及的科学概念或原理,尝试应用科学原理设计并制作简易装置。

5~6年级初步认识技术与工程对科学发展的促进作用,应用仪器设备进行观察并记录;举例说明科学发现可以促进新技术发明。

7~9年级知道科学对技术与工程具有指导意义;初步认识现代科学、技术与工程越来越密不可分,高度融合。

在层层深入的学习过程中,建构了科学、技术、工程的相互影响概念,有助于学生逐步形成结构与功能、系统与模型等跨学科概念。

(二)本单元学习内容的组织线索

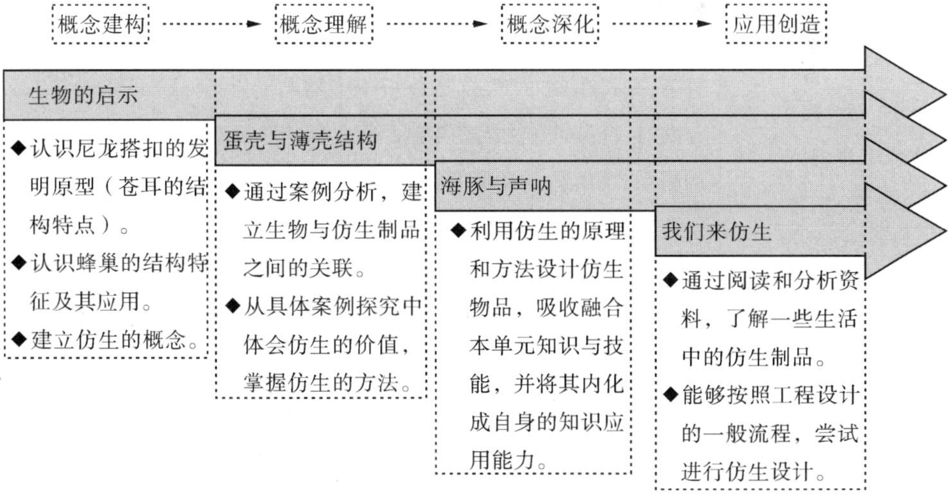

单元学习目标设计

核心素养	学习目标
科学观念	1. 通过案例分析仿生现象,了解仿生的含义,认识常见的仿生制品。 2. 知道蜂巢等生物结构在生活中有广泛的应用
科学思维	能借助阅读、讨论、探究、游戏等多种方式,解释生物的形态、结构、功能及活动方式的特点
探究实践	1. 分析生物特点,设计并制作一款仿生制品。 2. 设计并开展实验,探究生物与仿生制品之间的关联,掌握仿生的方法。 3. 能对探究活动进行过程性反思,及时调整,并对探究活动进行总结性评价,完善探究报告,形成仿生制品的设计方案
态度责任	1. 认识不同的仿生现象,意识到人类的很多发明创造可以在自然界找到原型。 2. 能大胆质疑,从不同视角提出仿生思路并愿意进行工程实践

单元学习评价设计

单元学习评价设计一

"仿生"评价量表

核心素养	评价指标	评价等级			同伴互评	教师评价
		★	★★	★★★		
科学观念	建构仿生概念	能在教师的引导下,分析生物与仿生制品间的联系,理解仿生的含义	能在教师的引导下,自己分析生物与仿生制品间的联系,归纳概括仿生的含义	能自己分析生物与仿生制品间的联系,归纳概括仿生的含义	☆☆☆	☆☆☆
科学思维	分析仿生现象,理解仿生原理	能在教师的引导下,结合学习支持单的补充,对比蛋壳和拱形,对它们形成认知	能在教师的引导下,结合学习支持单的补充,对比蛋壳和拱形,找出两者之间的关联	能根据学习支持单,借助阅读、讨论、探究等多种方式,自主对比蛋壳和拱形,找出两者之间的关联	☆☆☆	☆☆☆

续表

核心素养	评价指标	评价等级			同伴互评	教师评价
		★	★★	★★★		
科学思维	分析仿生现象，理解仿生原理	能在教师的引导下，通过阅读和对比，归纳概括海豚探路的工作原理	能在教师的引导下，通过阅读和对比，自己归纳概括海豚探路与声呐的工作原理	能自己通过阅读和对比，归纳概括出海豚探路、声呐、B 超与雷达的工作原理	☆☆☆	☆☆☆
探究实践	应用仿生原理进行创造	能在教师的引导下，结合学习支持单的范例进行鸭子的蹼的分析，提出仿生制品设计的思路	能在教师的引导下，结合学习支持单的范例进行鸭子的蹼的分析，独立提出仿生制品设计的思路	能自己结合学习支持单的范例进行鸭子的蹼的分析，提出仿生制品设计的思路并画出简单设计图	☆☆☆	☆☆☆
态度责任	对仿生设计产生兴趣	能在教师的引导下，对仿生设计产生一定的兴趣	对仿生设计产生一定的兴趣	对仿生设计产生浓厚兴趣	☆☆☆	☆☆☆

单元学习评价设计二

我是仿生产品设计师

1. 联系生活，头脑风暴

通过前期的资料收集和讨论，我们小组决定仿生的生物是＿＿＿＿＿＿，仿生的产品是＿＿＿＿＿＿，它们的原理相通之处是＿＿＿＿＿＿＿＿＿＿＿＿＿＿＿＿＿＿＿＿＿＿＿＿＿＿＿＿＿＿＿＿。

2. 分工协作,创意设计

(1)请填写小组的角色分工表。

姓名	角色	职责
	产品经理	总负责,分工、协调组织
	产品设计师	设计、构思、绘制工程图纸
	产品工程师	操作工具,使用材料完成制作
	产品造价师	计算、管理材料,控制成本

(2)我们用到的材料:卡纸□、木板□、木棒□、纸杯□、泡沫板□、橡皮筋□、吸管□、牙签□、其他________________。

我们用到的工具:剪刀□、直尺□、量角器□、圆规□、美工刀□、彩笔□、其他________________。

(3)请将小组设计的仿生产品画在下面的方框中,并标明结构、功能等信息。

整体图	局部图

3. 合理选材,工程实践

(1)列出所需材料及其数量,并计算成本。

材料名称	单价/元	数量	成本小计/元
			总成本:　　元

(2)请将小组初次完成的作品拍照并贴在下面的方框中。

4.产品测试,迭代优化

(1)在设计制作的过程中我们发现的问题是:____。

我们是这样解决的:____。

其他同学给我们的建议是:____。

(2)请将小组改进后的仿生产品设计图画在下面的方框中。

整体图	局部图

(3)请将小组改进后的作品拍照并贴在下面的方框中。

5. 交流反思,拓展提升

(1)我们的作品还可能改进的地方是______________________________

______________________________。

(2)本次学习我的收获是______________________________

______________________________。

学生情况分析

四年级的学生对仿生的应用并不陌生,他们在生活中已经知道和使用过多种仿生制品,但对于仿生的概念并不了解,对仿生的方法和价值缺乏认识。学生对于生物与仿生制品在结构、原理上的联系都有所认识,但又都停留在了解层面,没有结合仿生学进行创意设计的经历。

从学生的年龄结构和心理特征来看,此阶段的学生对于感兴趣的事物充满好奇心,有较强的探究欲望,他们总希望能有更多自主思考和实践的机会。同时,随着知识的积累和生活经验的丰富,他们愿意对基于生活中常见的问题进行动手操作、实践探究,期待获得肯定与认可。

对学生来说,仿生概念的建立是一个渐进的过程,是学生对工程和设计的再一次体验和更深入的研究。在过去的工程实践活动中,学生已经初步意识到工程的关键是设计,知道了工程实践活动的一般过程,但对工程认知和应用能力还需加强,这是学生在本单元学习中存在的疑难点。

结合学生的学习起点和学习状态,为帮助学生突破这一疑难点,本单元的教学实践应从学生熟悉的实际事例出发,帮助他们了解生物和仿生制品之间的联系,体会仿生学的思维方法,激发学生的学习兴趣,发展其创造性思维,为接下来更高层次的理解和应用打下基础。

单元学习进程设计

单元主要概念	学习进阶	学习问题链	主要学习活动	思维型教学原理	课时建议
技术、工程与社会	记忆理解	魔术贴为什么可以循环使用？	分析实例：通过观察魔术贴的结构，认识魔术贴和苍耳之间的关系，建立仿生的概念。	概念初始水平（动机激发）（自主建构）	1课时
		你能从蜂巢结构中获得哪些发明创造的启示？	分析实例： 1.用面积相等的正三角形、正方形和正六边形3种图形建蜂巢，计算每种图形的内切圆直径，以及蜂巢壁的总长度，通过数据分析总结归纳蜂巢结构的特点。 2.对比蜂巢的整体和局部，以小组为单位，设计实验证明正六棱柱的抗压能力最强，进一步了解蜂巢结构的优势。		1课时
	理解运用	对比蛋壳和拱形，它们之间有什么关系？	案例探究：通过对比实验，知道蛋壳与拱形的关系及其特点，认识薄壳结构，进一步感知“仿生”现象，理解“仿生”的内涵。	概念具体化（自主建构）	1课时
		声呐的工作原理与海豚探路有什么相似之处？	案例探究：对比与分析海豚探路与声呐的工作原理。		1课时
	评价创造	观察分析鸭子的蹼、翠鸟的喙及野猪的鼻子，你能仿生什么物品？	创建实例：根据鸭子的蹼、翠鸟的喙及野猪的鼻子的形态、结构或功能，完成仿生设计，体会仿生学的思维和方法，学以致用。	概念迁移创造（应用迁移）	1课时

第1课时　生物的启示——魔术贴的奥秘

核心问题：魔术贴为什么可以循环使用？

【教学目标】

1. 通过比较魔术贴和苍耳的结构，分析它们之间的关联，初步建立仿生的概念。

2. 知道很多发明的原型都来自自然界中生物的启示。

3. 认识并了解仿生现象,对仿生设计产生兴趣。

【教学重难点】

重点:认识并了解不同的仿生现象,知道发明的原型来自自然的启示。

难点:分析魔术贴和苍耳结构的关联,初步建立仿生的概念。

【教学准备】

教师准备:多媒体课件、魔术贴、苍耳等。

学生准备:学习单等。

【教学过程】

一、创设情境,导入新课

链接生活:你在哪里见过魔术贴?它是做什么的呢?魔术贴,又叫尼龙搭扣,广泛应用于服装、背包、帐篷、降落伞、窗帘、沙发套等物品上,用来代替拉链、揿钮、纽扣等连接材料。

【设计意图】链接生活,唤起学生的生活经验和已有认知,顺利导入新课。

二、明确问题,认知冲突

1. 聚焦问题:今天老师也给大家带来了一个魔术贴,仔细观察它的使用方法,谁能推测一下,它为什么可以循环使用呢?

2. 学生猜测,教师出示魔术贴尼龙钩带和尼龙绒带的放大图,揭示其结构。

【设计意图】观察是科学研究的重要方法,引导学生在观察后进行描述,可帮助其更好地理解仿生现象。

三、合作探究,体验交流

1. 深入思考:在撕拉魔术贴的时候,这两部分结构会发生什么?

2. 原理揭示:播放魔术贴工作原理视频。

3. 教师提问:魔术贴的发明灵感来源于哪种植物呢?

4. 对比分析:魔术贴和苍耳的结构有什么相似之处呢?

【设计意图】以大问题推动课堂环节,通过这一较为开放的思维问题,引导学生对魔术贴及苍耳的特征进行类比,尝试用科学的语言描述事物的特征和现象,从而进一步感知和理解仿生现象。

四、总结反思，应用迁移

1. 教师在学生回答的基础上进行小结：生物在长期进化的过程中，形成了许多有利于生存的形态结构和生理特点，人们从中获得很多启示，创造出各种人造物。这些做法逐渐发展为一门从自然中学习，进而应用到工程技术中的学科——仿生学。

2. 思维拓展：除了魔术贴，生活中还有很多物品的设计都是受到了动植物的启示，教师出示潜水艇的图片，组织学生分析潜水艇这一仿生制品的启示生物为鱼，尝试解释鱼和潜水艇之间的关联。

3. 教师引导学生分享：哪些物品的设计也受到了生物的启示？

【设计意图】本环节是对课程内容的迁移应用，呼应开课，引导学生利用所学去更好地认识周围的世界。

【精彩片段】——寻找仿生产品，分析仿生对象，激发探究兴趣

师：生物在长期进化的过程中，形成了许多有利于生存的形态结构和生理特点，人们从中获得很多启示，创造出各种人造物。生活中还很多物品的设计都与生物有关。你还知道哪些物品的设计受到了动植物的启示？

生1：老师，我之前看过一个报道，人们根据章鱼脚上的吸盘设计制造出了一个吸盘，并且对吸盘进行了处理，这个吸盘能吊起来几吨的重物。

生2：老师，我还知道降落伞是根据蒲公英的样子设计制造出来的。

生3：老师，防毒面具是根据野猪的形态特征发明的，因为野猪经常用拱地来躲避强烈的气味，所以科学家利用了土能过滤毒气的现象制作了防毒面具，并且防毒面具的样子和野猪的头部很像。

生4：老师，我知道生活中的铁丝网是根据植物的荆棘设计制造出来的。

生5：老师，我在阅读中了解到卫星上面两个类似翅膀的东西，它是模拟蝴蝶翅膀上可以调节温度的微型鳞片制造的，用来帮助卫星调节温度。

师：大家的分享让老师也大开眼界，原来生活中有这么多的仿生制品，对于仿生我们今天只是认识了一小部分，让我们带着一份好奇心继续深入研究，相信大家一定能够有更多的发现与研究成果。

【教学评析】

通过引导学生对生活中常见物品的结构进行观察分析，让学生将仿生制品的结构功能与生物的特点相关联，意识到人类创新设计出的一些物品是受到了动植物的启示，深化学生对仿生的理解，建立仿生的概念。

【学习单】

对比分析尼龙搭扣与苍耳的结构，将你的发现填写在下方表格中。

尼龙搭扣结构图	苍耳结构图
我的发现：	

第2课时 生物的启示——蜂巢形状的奥秘

核心问题：你能从蜂巢结构中获得哪些发明创造的启示？

【教学目标】

1. 了解蜂巢结构的特点。

2. 对比、分析蜂巢结构的特点和优势。

3. 通过实验对比正三棱柱、正四棱柱、正六棱柱的特点，感受结构与功能之间的关系。

4. 了解生活中应用蜂巢结构特征的仿生制品。

【教学重难点】

重点：通过蜂巢结构相关数据的对比与分析，了解蜂巢结构的特点和优势。

难点：通过实验对比正三棱柱、正四棱柱、正六棱柱的特点，能根据其特点分析生活中仿生制品的特点。

【教学准备】

教师准备：多媒体课件、A4 纸等。

学生准备:学习单、薄厚相同的书籍等。

【教学过程】

一、创设情境,导入新课

聚焦问题:人类从蜂巢结构中获得了很多发明创造的启示,教师出示常见的基于蜂巢结构的仿生产品图片(如球网、火箭的整流罩、建筑等照片),组织学生对所举事例进行介绍和辨析。

【设计意图】从生活中常见的物品出发,聚焦仿生现象,拉近学生与仿生之间的关系,激发学生对仿生的探索欲。

二、明确问题,认知冲突

1. 教师提问:你见过蜂巢吗? 蜂巢结构具有怎样的特点呢?

2. 认知冲突:假设蜜蜂用正五边形建蜂巢,结果会怎样?

3. 讨论交流:还有哪些形状像正六边形一样可以密铺? 为什么蜜蜂会选择正六边形来建蜂巢?

【设计意图】利用学生的前概念,通过设计认知冲突情境,可以激发他们的求知欲,进而促进高阶思维的发展,提升学生分析、评价和创新的能力。

三、合作探究,体验交流

1. 深入探究:假设蜜蜂用面积相等的正三角形、正方形和正六边形3种图形建蜂巢,计算每种图形的内切圆直径,以及蜂巢壁的总长度,你会有什么发现?

2. 学生实践,交流小结:分别用正三角形、正方形和正六边形密铺时,相同面积下,正六边形密铺时图形周长最小。

3. 多维观察:出示蜂巢整体和局部对比图,引导学生观察,发现蜂巢的结构是正六棱柱。

4. 对比实验:以小组为单位,设计并进行实验,探究正三棱柱、正四棱柱、正六棱柱的抗压能力。如要用完全相同的3张A4纸分别折成高度相同的正三棱柱、正四棱柱、正六棱柱,引导学生思考,为保证实验严谨公平,实验中的变量和不变量是什么?

5. 学生实践,交流小结:通过逐渐增加重物的方法比较正三棱柱、正四棱柱、正六棱柱的承重力,发现正六棱柱抗压能力最强。

【设计意图】学生通过合理猜想、设计实验、进行实验等环节，最终记录关于不同形状抗压能力测试的数据，分析数据得出结论，进一步认识蜂巢密铺结构的特点，为后面学生理解并利用蜂巢结构进行仿生设计做铺垫。

四、总结反思，应用迁移

1. 拓展延伸：蜂巢结构具有能密铺、用料少和抗压能力强的特点，你能从蜂巢结构中获得哪些发明创造的启示？

2. 学生畅想，并说明应用到了蜂巢结构的哪些特征。

3. 师生共同小结：蜂巢结构有独特的优势，它可以运用到生活中许多物品的设计中，为人类的创造发明提供了很好的借鉴。

【设计意图】通过师生的共同小结，进一步加深了学生对蜂巢结构的全面认识。拓展延伸环节，旨在引导学生在课后能继续自发地去深入研究、实践仿生学的相关知识和应用，将学习延伸到课堂之外，拓宽学生的知识视野，培养学生的创新思维和实践能力。

【精彩片段】——延伸蜂巢结构应用，发展创新思维

师：今天，我们一起研究了蜂巢结构，它的形状很特别，使得整个结构非常结实和稳固，并且能最大限度地利用空间。你还知道生活中哪些物品的设计与蜂巢结构有关？

生1：老师，我知道，在建筑设计中，可以借鉴蜂巢的结构，从而建造出坚固和节约材料的房子。

生2：老师，在家具设计中，可以使用蜂巢的形状，这样可以设计出节省空间，且能够存放更多东西的储存盒。

生3：老师，我在生活中见过使用蜂巢结构的原理设计出轻巧而坚固的包装盒，这样的包装盒不仅能够保护里面的东西不受损，而且可以节约材料。

生4：老师，我觉得还可以将蜂巢结构的原理应用到汽车或飞机上。依据蜂巢结构良好的结构强度和轻量化的特性，设计出来的汽车或飞机就可以更加稳定、更加省油。这对保护环境和节约能源非常有帮助！

师：感谢大家的分享，蜂巢结构是一个非常有趣和有用的设计原型，它不仅能够鼓励我们思考创新的解决方案，更能够帮助我们理解和尊重自然界中的设计。未来，希望大家能从自然界中寻找更多的灵感，设计出更有价值和意义的产品。

【教学评析】

从实际事例出发，以蜂巢为例，帮助学生更进一步地了解生物和仿生物品之间的联系，体会仿生学的思维和方法，从而激发学生的学习兴趣，发展学生的创造性思维，帮助学生理解仿生概念，提升知识应用能力。

【学习单】

1. 假如用 3 种面积相等的图形建蜂巢，每种图形的内切圆直径，以及蜂巢壁总长度如下图所示，根据已有数据，计算并填写下表。

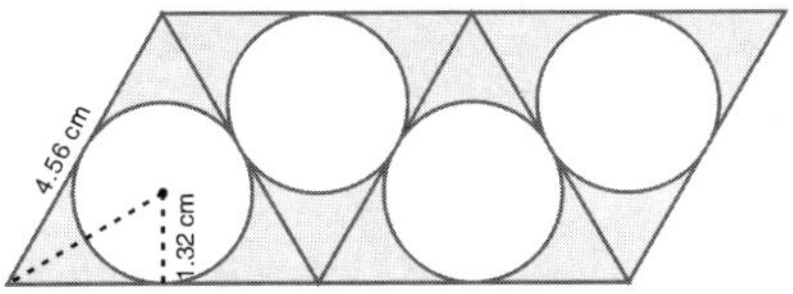

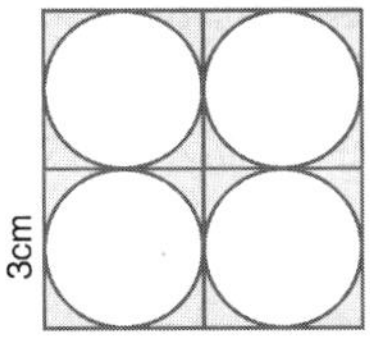

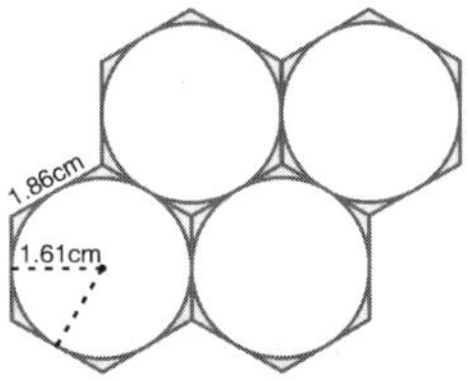

蜂巢截面形状	壁长/厘米	内切圆直径/厘米	4 个密铺后有几道壁	4 个密铺后壁的总长度/厘米
正三角形	4.56			
正方形	3			
正六边形	1.86			

温馨提示：

(1) 内切圆直径可从图中直接读出。

(2) 数每组图形中有几条边，内部的也算，边数就是壁数。

(3) 4 个密铺后壁的总长度 = 壁长 × 壁数。

分析表格中数据，我发现相同面积的情况下，________(形状) 内切圆面积最大，即可以使用的有效面积最大。________(形状) 壁的总长度最小，即建造使用的材料最少，如果我是蜜蜂，使用________(形状) 建造蜂巢最划算。

2. 对比实验：比较正三棱柱、正四棱柱、正六棱柱这三种不同形状的抗压能力。

(1)实验中要变化的是：________________

(2)保持不变的是：________________

(3)在用 A4 纸制作棱柱时，我有哪些小妙招(列举 1 ~2 条)：________

第3课时 蛋壳与薄壳结构

核心问题：对比蛋壳和拱形，它们之间有什么关系？

【教学目标】

1. 通过对比实验，知道蛋壳与拱形的关系及其特点，认识薄壳结构。

2. 进一步感知“仿生”现象，理解“仿生”的内涵。

3. 了解拱形结构、薄壳结构在建筑等领域的应用。

【教学重难点】

重点：比较蛋壳和拱形结构的特点。

难点：通过实验探究拱形的承重能力。

【教学准备】

教师准备：多媒体课件、A4 卡纸、小木块、橡皮等。

学生准备：学习单、鸡蛋、蛋壳等。

【教学过程】

一、明确问题，导入新课

问题导入：在蛋壳上画一条线，这条线是什么样的？蛋壳为什么是这个形状？

【设计意图】由简单的问题引发学生深入思考，聚焦本课研究内容，为后续的实验探究活动做铺垫。

二、分析交流,明晰概念

1. 实践体验:单手握鸡蛋,尝试分析鸡蛋不碎的原因,推测与蛋壳形状之间的关系。

2. 概念明晰:蛋壳曲面可以看成由无数的拱形拼接而成,推测拱形具有良好的承重性能,人们从蛋壳中得到启示,发明了薄壳结构。

【设计意图】创设“鸡蛋易碎”和“手握不碎”的认知冲突,引发学生深入思考,并引导学生通过分析初步认识拱形结构。

三、实验探究,揭示原理

1. 实验探究:如何测试验证拱形的承重能力呢？教师出示实验材料,A4卡纸、小木块、橡皮若干。

2. 头脑风暴:教师组织学生展开头脑风暴,小组讨论梳理实验思路。如何用上述材料进行实验？如何保证实验的科学严谨性？

3. 原理揭示:学生进行实验,发现在其他条件都相同的情况下,拱形的承重能力更强,这是因为拱形能把上端受到的压力向下和向外传递给相邻的部分。

【设计意图】设计实验是科学探究的重要环节,用实验材料启发学生深度思考,小组头脑风暴助力学生的思维建构。

四、总结反思,应用迁移

思维拓展:你还见过哪些拱形建筑或建筑上的拱结构,你能说说它们的优点吗？除了建筑,生活中还有哪些物品也用到了薄壳结构呢？

【设计意图】由本课所研究的形状及结构拓展延伸到其在生活中的广泛应用,进一步感知薄壳结构的优点,深化课堂所学。

【精彩片段】——分析拱形、薄壳结构的应用,拓展学生认知,激发研究兴趣

师:通过实验我们发现原来拱形有这么多的优点,确实是一个承重小能手呢。那么,善于观察的你们,在生活中还见过哪些拱形建筑或建筑上的拱结构,你能说说它们的优点吗？

生:老师,我在生活中见到过许多的桥梁上都有拱形结构,我和妈妈在旅游时专门去看过赵州桥,我现在想想,觉得赵州桥的拱形桥洞应该是为了增加桥的承重,而且这样的结构应该更节省材料,可以降低造桥的成本。

师:你的分析很有道理,利用了我们今天所学习的内容,那薄壳结构呢?

生:好多的体育场馆、剧院、机场建筑也利用了薄壳结构,利用了它受力性好的特点,而且还节省了材料,比如北京的国家大剧院,远远看就像一个大大的蛋壳罩在地面上。

师:大家的描述都很清晰,其实各种各样的薄壳结构经常被用到大跨度的建筑中,正如同学们刚才提到的那些,它们用料少且抗压能力很强,应用非常广泛。那除了在建筑中,生活中还有哪些物品也用到了这些结构呢?

生:我觉得大家骑电动车时佩戴的头盔就是薄壳结构,可以更好地保护我们的头部,减少重击,还有野营时的帐篷、各种各样的灯泡也都是薄壳结构。

师:同学们真是生活中的有心人,善于留心观察。这节课我们从蛋壳身上得到了灵感,通过实验探究进一步感受了拱形结构和薄壳结构的优点,希望同学们在生活中继续观察,从生活的小事物中收获大道理!

【教学评析】

本环节,教师主要围绕"蛋壳和拱形的关系"这一问题展开,关注对学生科学思维的培养,通过层层递进的问题链以及积极思考、交流讨论、实践体验等多元的课堂活动方式,引导学生通过分析、比较、概括等方法了解拱形及薄壳结构的特点,了解其应用领域,帮助学生感知物体结构与功能的联系,进一步深化"仿生"的内涵及意义,产生仿生设计的兴趣。

【学习单】

用 2 张 A4 卡纸分别做成平桥和拱桥的桥面,比较两者的承重能力。

项目	平桥承重(橡皮数量/个)	拱桥承重(橡皮数量/个)
第一次		
第二次		
第三次		
平均值		

实验结论:________能承重的橡皮数更多,因此,________的承重能力更强。

第4课时 海豚与声呐

核心问题:声呐的工作原理与海豚探路有什么相似之处?

【教学目标】

1. 知道回声定位原理。

2. 通过对比分析,发现海豚探路和声呐的工作原理。

3. 在“海豚捉鱼”的游戏活动中,进一步认识模拟活动的特点。

4. 增加对仿生产品设计的兴趣。

【教学重难点】

重点:了解海豚活动以及捕食的工作原理。

难点:通过对比、分析海豚探路和声呐探测现象,理解回声定位原理。

【教学准备】

教师准备:多媒体课件、小鱼模型等。

学生准备:眼罩、学习单等。

【教学过程】

一、创设情境,导入新课

情境导入:将你的眼睛蒙着并在有障碍物的区域行走,你将会有什么样的状态?海豚蒙着眼睛在插满金属棒的水池中游动,又会有什么样的状态?

【设计意图】通过趣味活动引导学生关注海豚特殊的探路方式,激发学生的探究兴趣,为本节课的开展做好铺垫。

二、明确问题,认知冲突

1. 聚焦问题:为什么海豚蒙上眼睛与人蒙着眼睛在有障碍物的区域活动,所表现的状态有所不同?

2. 学生交流,讨论与分享。

3. 教师播放海豚蒙着眼睛在插满金属棒的水池中游动和捕食的视频,使学生了解海豚的捕食原理。

【设计意图】在学生自主交流分析的基础上,结合丰富的多媒体资源,完善学生对海豚探路的认识,建立回声定位原理的概念。

三、合作探究，体验交流

1. 实践体验：模仿海豚用嘴巴和耳朵相互配合捕捉小鱼。

2. 概念明晰：海豚在水里能够发出一种人耳听不见的声波，该声波遇到物体后会反射回来，被海豚的耳朵接收，海豚就能确定物体的形状、大小和位置，这种方法叫回声定位。

3. 资料阅读：教师引导学生阅读声呐的相关资料，归纳梳理声呐是如何在水中完成对目标的探测、定位与通信的。

4. 思维进阶：声呐的工作原理与海豚探路有什么相似之处？

【设计意图】科学阅读是学生习得科学概念的重要途径之一，学生在明确阅读要求后，带着问题进行阅读与思考，并对内容进行归纳总结，不仅提升了学生对于信息的整合与处理能力，同时也加深了学生对于海豚与声呐之间仿生关系的认识与理解。

四、总结反思，应用迁移

1. 梳理总结：声呐与海豚都是利用了回声定位的原理。

2. 拓展延伸：分享交流生活中利用回声定位原理的实例。

【设计意图】本环节是对课程内容的总结拓展，引导学生关注回声定位原理的更多应用领域。

【精彩片段】——分析典型案例，了解仿生原理，拓展认知思维

师：请同学们分享交流一下我们生活中利用回声定位原理的实例。

生1：老师，海豚蒙着眼睛就能在水中进行游泳和捕食，是因为它自己能发出超声波，而这种声波碰到物体就会反射回来，并且反射回来的声波被海豚的耳朵接收，这样就能准确地判断物体的位置，成功进行障碍物的躲避和对“食物”的捕捉。我觉得声呐也是利用了回声定位的原理，因为它和海豚一样，会发出超声波，并且接收反射回来的超声波，从而准确判断物体的位置。

生2：老师，我不仅知道海豚利用了回声定位原理，我还知道B超也利用了回声定位的原理，B超是将超声波射入人体，探测人体内部结构，探头接收投影信号，这样就能看到B超图像了。

生3：老师，我还知道雷达和蝙蝠也是利用类似回声定位的原理进行工作的,它们发出信号,信号遇到物体后就会返回,从而确定物体的位置。

师:感谢大家的分享,回声定位原理在生活中确实有着广泛的应用。课后,我们可以通过观察生物,从中获取更多的启示,并将其运用于设计和制造中。

【教学评析】

生活中的仿生制品有很多,此部分聚焦到两个典型的仿生案例:海豚与声呐、雷达和蝙蝠,通过这两个案例进行仿生原理的分析,为下一阶段设计仿生产品做好铺垫。该活动拓宽了学生的视野,发展了学生的类比归纳思维,能进一步激发学生的研究热情。

【学习单】

请在下方表格中画出海豚和声呐的工作原理示意图。

项目	工作原理示意图
声呐	
海豚	

第5课时 我们来仿生

核心问题:观察分析鸭子的蹼、翠鸟的喙及野猪的鼻子,你能仿生什么物品?

【教学目标】

1. 知道仿生制品具有广泛的用途。

2. 根据鸭子的蹼、翠鸟的喙及野猪的鼻子的形态、结构或功能,完成仿生设计。

3. 体会仿生学的思维和方法,能从不同角度提出研究思路,完成探究、设计与实践。

4. 认识到仿生学给人们的生产、生活带来极大的便利。

【教学重难点】

重点：通过对仿生制品的了解和分析，体会仿生学的思维和方法。

难点：能够根据鸭子的蹼、翠鸟的喙及野猪的鼻子的形态、结构或功能，从不同角度进行仿生探究、设计。

【教学准备】

教师准备：多媒体课件等。

学生准备：学习单、锥形瓶、烧瓶、普通刷子等。

【教学过程】

一、创设情境，导入新课

1. 教师提出球形烧瓶和锥形瓶难清洗的问题，引导学生观察锥形瓶与烧瓶，并思考用普通刷子清洗它们时会有什么不方便？

2. 学生思考并进行交流，认为普通的刷子形状无法改变，与瓶子的接触面积有限，死角很难进行清理。

【设计意图】问题导入，以学生常遇到的生活实际问题切入，引导学生关注刷子的结构和功能，激发学生的探究兴趣。

二、明确问题，认知冲突

1. 教师提问：可不可以运用有关仿生的知识解决球形烧瓶和锥形瓶难清洗的问题？

2. 学生讨论并用语言或者绘画的方式汇报自己的创造性想法。教师可引导学生将改进依据和原理尽可能说得详细一些，如有细节问题，可以把问题再抛给学生进行讨论。

3. 教师引导学生了解河豚的形态特征，需准备好文字或视频资料，以便学生借鉴河豚的特点，用仿生的方法尝试解决问题。

【设计意图】引导学生初步应用所学知识解决具体问题，并基于实例，引导学生明确仿生的原则和要点。

三、合作探究，体验交流

1. 教师出示有关章鱼仿生案例，并借此说明仿生制品具有广泛的用途。

2. 教师提问：你认为哪一种生物的形态、结构或功能对你有所启发？你打算设计什么物品呢？

3. 学生思考交流并汇报。学生汇报时，教师可以帮助学生梳理设计流程：(1)选择一种你熟悉的生物；(2)说出该生物的形态、结构或功能特点；(3)由某一点出发，思考可以应用在何处。如果学生的设计是已有的，也应该以表扬为主，并鼓励设计更多其他的仿生制品。学生的思路如果还比较狭窄，教师可以多举一些例子拓宽学生思路。

4. 学生仿照示例，观察分析鸭子的蹼、翠鸟的喙及野猪的鼻子，设想仿生三件物品。鼓励学生在思考的基础上用图画和文字的方式说明自己的设计。

5. 学生分享小组作品。

【设计意图】引导学生思考明确仿生设计流程，将其迁移应用进行仿生设计，并通过图画、文字、语言等方式进行交流。

四、总结反思，应用迁移

1. 学生小组对各自作品和其他组作品进行评价，取长补短，发现不足。

2. 教师列举其他例子拓宽学生思路，引导学生完成优化迭代。

【设计意图】本环节是本课时的核心环节，也是学生对于本单元所学的综合应用环节，充分激发学生的创新思维发展，提升学生迁移应用的能力。学生在展示交流中学会欣赏他人，总结反思，发现不足，为二次优化迭代做铺垫。

【精彩片段】——开展产品交流，分享思维成果，形成优化思路

师：请各小组派一名代表来汇报下你们小组的仿生作品吧！

生1：我来给大家介绍一下我们小组的仿生设计，我们根据猪鼻子的外形设计了两款作品，一个是家用插座，鼻孔处可以直接插两孔插座，另一个则是存钱罐，小猪圆润的身体可以作为储藏空间，硬币则是直接从鼻孔处放入。以上就是我们小组的设计，哪位同学愿意对我们的作品进行补充和评价？

生2：我觉得你们小组的设计非常有意思，整体设计非常好，但我有一个小建议，建议你们可以做成可移动的轨道插座，这样会更方便一些。

生1：感谢你们的补充和建议，我们下去之后再进行修改。我们小组的汇报到此结束，谢谢大家！

师:感谢这个小组的分享,你们善于观察生活,根据猪鼻子的外形特点设计了两款居家好物,后期你们小组可以继续优化。

【教学评析】

在前几节课学习的基础上,学生知道了仿生的概念,从具体案例探究中体会仿生的方法和价值。在本环节中,教师引导学生将所学的仿生学知识初步应用于实际生活,鼓励学生关注生活,提高其解决问题和创新实践的能力。

【学习单】

仿照示例,观察分析鸭子的蹼、翠鸟的喙及野猪的鼻子,设想仿生三件物品并分析其原理。

观察分析的生物	仿生的物品	原理分析
 仿例:章鱼的腕足	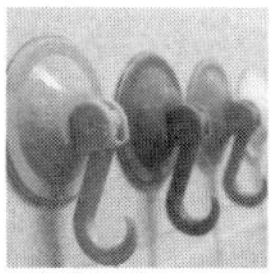 模仿章鱼腕足的形态和功能设计免打孔真空吸盘	章鱼腕足上的吸盘可以在水下粗糙的岩石上制造密闭的空间,用软橡胶做吸盘,当我们把它按在玻璃、墙等光滑物体上时,吸盘内部的空气会被挤出后变成类似真空的状态,就会牢牢吸在玻璃或者墙上
 鸭子的蹼		
 翠鸟的喙		
 野猪的鼻子		

持续反馈与应用设计

项目式作业 我是“仿生产品设计师”

【任务】

生活中很多产品都源于自然生物的启发。同学们,让我们化身为一名小小仿生产品设计师,在大蒜、荷花、大象三种生物中选择,根据它们的形态、结构、功能和颜色四个方面,设计一件厨房仿生物品并绘制出设计图,简要阐述设计意图。

【要求】

1. 联系生活,确定需要解决的问题。

2. 根据问题,观察研究某种生物的形态、结构或功能,完成仿生产品设计图。

3. 根据设计图纸,利用合适的材料,小组合作制作仿生产品。

4. 对仿生产品进行测试,改进优化仿生产品。

5. 展示交流设计制作的仿生产品。

【评价标准】

评价内容	等级		
	A	B	C
作品主题	作品与目标主题完全相符	作品与目标主题较为相符	作品与目标主题不太相符
作品内容	创意新颖,能够从形态、结构、功能和颜色等方面进行仿生设计,作品完成度高	能够从形态、结构、功能和颜色等方面进行仿生设计,作品完成度较高	能够进行仿生设计,作品完成度一般
美观性	产品造型美观、外观设计合理	产品造型较美观、外观设计较为合理	产品造型、外观设计较为一般
实用性	产品能够满足预期使用需求,实用性强	产品能够满足预期使用需求,实用性较强	产品能够基本满足预期使用需求

【作业内容】

我是“仿生产品设计师”

仿生生物：______________。

仿生产品：______________。

原理分析：____

____。

设计图：

设计意图（详细描述要解决的问题）：____________________________________

____

____。

单元教学反思

本单元的教学设计以培养学生思维能力为核心，鼓励学生围绕“仿生”这一主题进行探究、观察、实验和思考，五个环节及问题串层层递进的设计，关注了学生的综合思维能力和创新思维能力的提升，有效帮助学生建立科学观念，深化其对于仿生产品设计的创新意识和工程实践意识。

单元课程从学生熟悉的生活物品“魔术贴”出发，聚焦生活物品细节，引导学生思考与该物品相关的问题，并激发他们提出自己的观点。学生通过观察、讨论、查阅资料等方式获取信息，并在老师的指导下进行分析和比较，最终提出自己的见解，初步认识仿生现象及仿生学概念。接着，我们以“蜂巢”“蛋壳”“海豚”三种学生喜闻乐见的事物为单元问题链的载体，引导学生逐步运用逻辑推理、分类归纳等思维策略进一步了解仿生的意义及方式，并从中总结出可以从生物形态、结构、功能等方面进行仿生。最后，通过设计实用的仿生物品，将学科知识与实际生活相结合，学生能够更好地理解和认识所学内容的实际价值和应用意义，将所学内容应用到实际情境中，回归生活，有效激发了学生的学习兴趣及综合能力。

整个单元在建构的过程中都是以学生的前概念为认知起点，制造认知冲突，让学生重新建构新的知识体系。“魔术贴”是日常生活中司空见惯的物品，但是不同的学生对于它的认识不尽相同，很少有人认真观察和研究魔术贴的结构，在整个单元的起始，引发学生对于魔术贴的探讨，用多种方法研究魔术贴以及苍耳之间的关系，感受到生物为人们在发明创造中提供了许多灵感与启示，建构新的关于魔术贴的知识；“鸡蛋”在大部分学生的认知里都是易碎的，但是它却不容易用手握碎，以及正确摆放的四个鸡蛋可以承受约50 千克的重物，这样反差极大的对比，强烈地充斥着学生已有的知识体系，让学生探索欲望以及思维活动达到了极致。学生在教师创设的认知冲突中不断激发思维以及反思活动，促进知识结构的重建以及思维能力的发展。

整个单元在建构中遵循学生的身心发展规律以及认知规律，从“魔术贴”入手引导学生逐步认识仿生的概念，了解仿生的灵感来源以及根据物体的特征设计并制作仿生产品，学生的认知从知道与理解到运用与分析，再到综合与评价，不断升华。创意物化设计并制作物品，能够帮助学生在实际操作中综合运用多种能力，促进学生创新能力整体发展。这种具体、实践性的学习过程能够培养学生的创造性思维、问题解决能力以及创新能力。

案例提供者：麻　丹，西安高新第一小学
孙雅琦，西安高新第一小学
雷　琳，西安高新第一小学
文佩华，西安高新第一小学
庞媚媚，西安高新第一小学
指导教师：商小红，西安市教育科学研究院

工程设计与物化

案例13　小车大比拼

单元教学内容规划

(一)本单元学习指向的核心概念及学习进阶路线

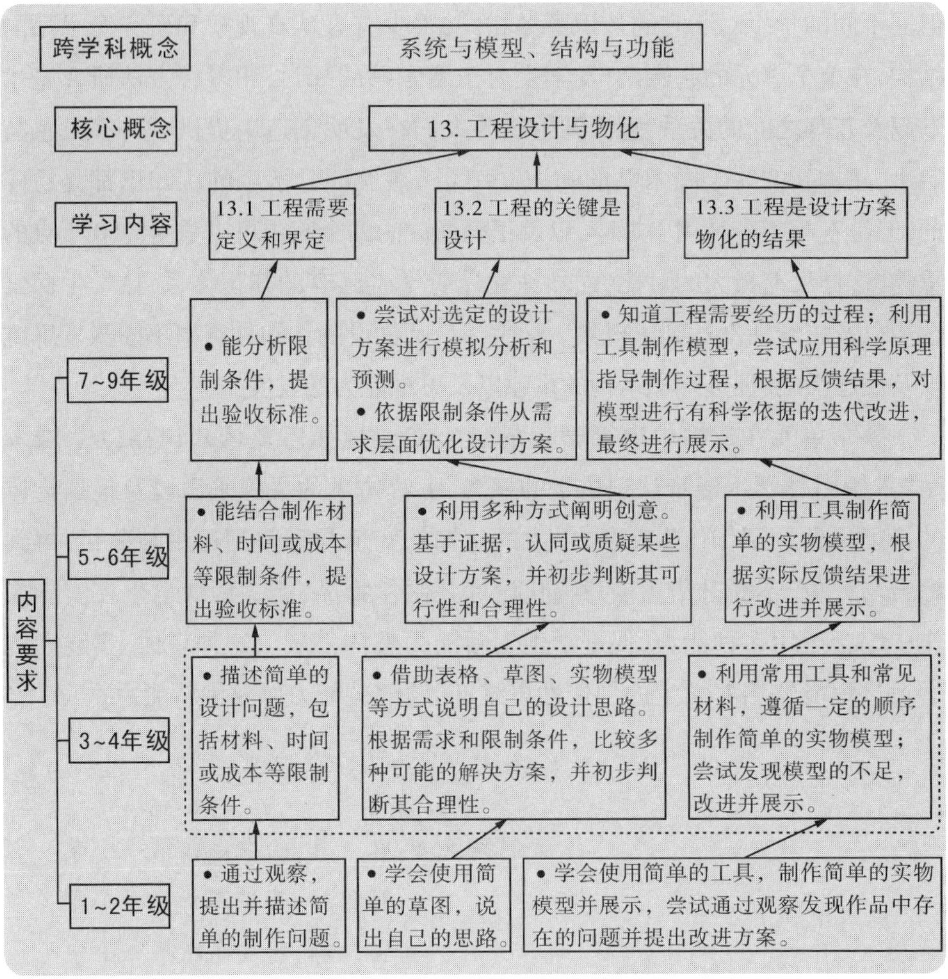

本单元聚焦“工程设计与物化”核心概念，落实课标中“工程的关键是设计”“工程是设计方案物化的结果”的学习内容要求。

工程设计包括明确问题、制订方案、实施方案和评估与改进等基本流程,本单元重在引导学生针对具体的任务,按照设计的基本步骤来设计并制作不同动力的小车,同时对自己或他人设计的想法、草图、模型等提出改进建议,优化方案。

1～2 年级能提出简单的制作问题,并用简单草图说出设计思路,能使用简单的工具和常见材料制作,能发现不足。

3～4 年级能围绕设计制作动力小车的任务,提出满足一定限制条件的设计方案,能用多种方式说明设计思路,能使用简单的工具和常见的材料制作动力小车,能发现不足并改进。

5～6 年级能根据验收标准,在教师的指导下,利用常见工具改进模型,能用实验数据证明自己的推测;了解设计方案中各种因素间的关系,并基于证据改进模型的设计和制作。

7～9 年级能分析限制条件,提出验收标准。乐于尝试使用多种方法,对选定的设计方案进行模拟分析和预测。从需求层面优化设计方案,利用工具制作模型,尝试应用科学原理指导制作过程,根据实际反馈结果,对模型进行有科学依据的迭代改进,最终进行展示。

在层层深入的学习过程中,构建工程是运用科学和技术进行设计、解决问题和制造产品的活动的概念,有助于学生形成系统与模型、结构与功能的跨学科概念。

(二)本单元学习内容的组织线索

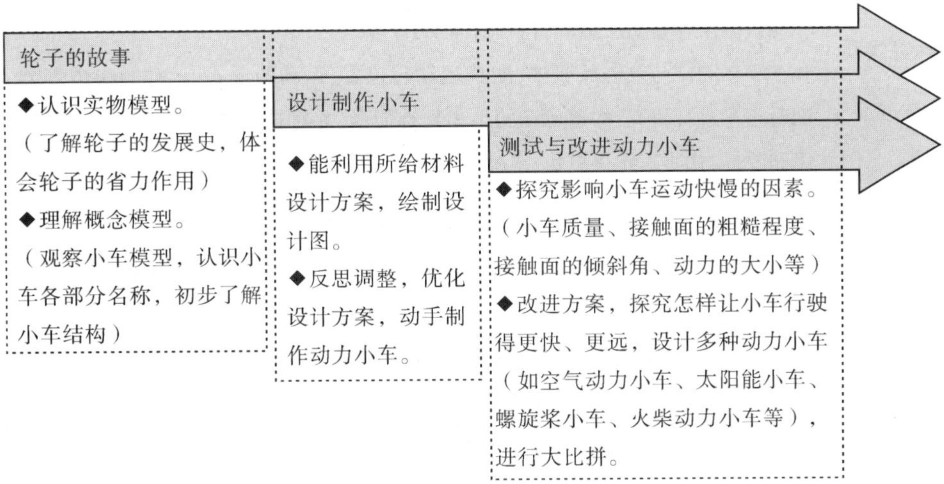

逻辑关系图：

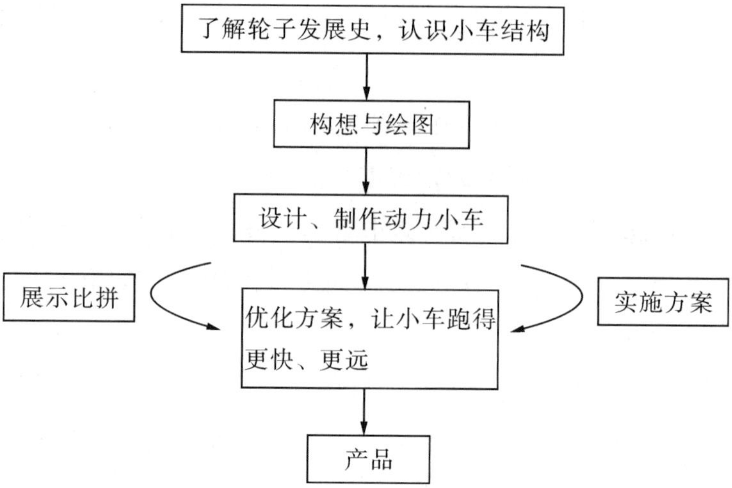

单元学习目标设计

核心素养	学习目标
科学观念	知道工程的关键是设计,工程设计需要考虑可以利用的条件和制约因素,并不断改进和完善
科学思维	1. 能明确表达制作小车的需求和目的。 2. 能用所学的科学知识对制作的产品进行评估,并提出优化方案
探究实践	1. 在教师指导下,能根据提供的材料和工具设计小车、绘制设计图。在设计讨论活动中,能倾听他人的想法,并与之交流,不断改进自己的设计。 2. 能依据设计利用所给的材料制作动力小车。 3. 在小车测试与改进环节中,能从运动与位置、运动的形式、运动的快慢等方面对小车进行研究,知道运动的小车具有能量,并对自己的想法和结果进行反思和改良,让小车跑得更快、更远
态度责任	1. 能以事实为依据,面对有说服力的证据观点。 2. 乐于尝试运用多种材料、多种思路、多样方法完成设计与制作,体会创新乐趣。 3. 了解并意识到人类对小车不断改进以适应自己不断增加的需求。 4. 了解人类的需求是影响科学技术发展的关键要素。 5. 认识到制作出不成功的产品也是有价值的学习

单元学习评价设计

“小车大比拼”评价量表

核心素养	评价指标	评价等级			同伴互评	教师评价
		★	★★	★★★		
科学观念	知道工程的关键是设计	方案不合理，没有设计图	方案较合理，有简单的设计图	方案合理，有严谨、详细的设计图	☆☆☆	☆☆☆
科学思维	知道工程设计需要考虑可以利用的条件和制约因素，并不断思考和改进自己的设计	观察不全面，任务不明确，不能做到动手之前先动脑	能明确任务，能进行观察并整理信息，有简单的思考	能进行全面观察，能考虑制约因素，针对任务提出有价值的思考并尝试改进	☆☆☆	☆☆☆
探究实践	能依据提供的材料和工具设计小车，能考虑制约因素，利用提供的材料制作小车，并不断改进产品	制作工艺差，对于出现的问题不能解决。小车不能行驶	制作工艺一般，对于出现的问题部分能解决。小车能够行驶，但距离较短，行驶较慢，或不能按直线行驶	完全按照要求完成规定任务。各部件连接合理，车架扎实，轮轴稳定，轮子转动灵活，制作时能及时发现问题并解决问题	☆☆☆	☆☆☆
态度责任	能尊重自己和他人的劳动成果，能接纳他人的观点，意识到工程制作中需要使用技术手段、分工合作解决实际问题	没有分工合作。展示不清晰，内容不完善，讲解不流畅	有简单分工，合作较少。对设计和制作过程展示比较完整，讲解较清晰	分工合理，团队协作顺畅。对设计和制作过程讲解清晰，思路开阔	☆☆☆	☆☆☆

学生情况分析

科学的学习需要经历观察、研究和动手实践。让学生观察生活中各种各样的车，了解它们的性能，产生设计、制作一辆动力小车的想法，再让学生小组合作动手制作一辆动力小车模型，并且进行一次大比拼，四年级学生是完全有能力胜任的。通过以前的学习，学生已经知道运动的小车与其受到的动力、摩擦力的关系，知道根据需要如何减小或增大摩擦力，认识到了力既可以改变物体运动的快慢，也可以让物体启动或停止。本单元将围绕设计制作小车展开，这既能对之前所学知识和技能归纳和总结，又能进一步培养科学素养，发展对工程设计的认识、理解和应用。

本次项目化学习还面临一些挑战，首先是学生的设计意识比较薄弱，他们往往认为，制作一辆小车只要拿着材料直接开展活动即可。其次是他们对工程设计的基本方法知之甚少，比如设计图纸需要标注的内容、要从不同角度绘制图纸等。本单元重点在于明确设计对象和制订方案这两个环节，教师重在引导学生针对具体的任务，按照设计的基本步骤来设计一个产品或完成指定的任务，同时，对自己或他人设计的想法、草图、模型等提出改进建议，优化方案。

单元学习进程设计

单元主要概念	学习进阶	学习问题链	主要学习活动	思维型教学原理	课时建议
工程设计与物化	初识理解	轮子有什么作用，发展过程是怎样的？ 小车模型的结构包括哪几个部分？	在活动中体会轮子的省力作用，初步了解轮子的发展过程。在实践活动中认识小车模型的各部分结构。	概念初始水平 （动机激发） （自主建构）	1课时
	理解运用	在设计制作小车时，我们要考虑哪些方面的因素？	小组讨论、团队协作，设计方案，多角度绘制设计草图，利用提供的材料动手制作不同动力的小车。	概念具体化 （认知冲突） （自我监控）	1课时

续表

主要单元概念	学习进阶	学习问题链	主要学习活动	思维型教学原理	课时建议
工程设计与物化	评价创造	小车运动的快慢和哪些因素有关？ 怎样改进制作，让小车跑得更远、更快？	小组合作，控制变量，探究小车运动的快慢和哪些因素有关。	概念具体化（应用迁移）	1 课时

第1课时　轮子的故事

核心问题：轮子有什么作用，发展过程是怎样的？
小车模型的结构包括哪几个部分？

【教学目标】

1. 通过推重物的对比活动，体会轮子的省力作用。

2. 阅读轮子发展史，了解轮子在发展过程中的关键变化。

3. 经历制作小车活动过程，学会给小车安装轮子和吸管轴套，发现轴套的作用。

4. 体会动手解决问题带来的快乐，认识到科技产品在不断地改进和创新，学会倾听别人的观点并乐于表达自己的想法。

【教学重难点】

重点：了解轮子的作用和发展过程。

难点：给小车安装轮子和吸管轴套，发现轴套的作用。

【教学准备】

教师准备：多媒体课件、小车组装材料袋（车轮 4 只、纸盒 1 个、吸管 2 根、车轴 2 根、胶带、剪刀）。

学生准备：一摞书、圆柱形铅笔、学习单。

【教学过程】

一、聚焦：体会轮子的作用

（一）情境导入

1. 出示古人伐木时发现大石头的图片，引导学生思考古人把大石头运回家的办法。

2. 提问:当时还没发明车,怎样才能把大石头运回家呢?

3. 追问:用木头滚有什么好处呢?这些木头真的可以省力气吗?

(二)活动体验

1. 开展推书活动,体验轮子的省力作用。

活动要求:

(1)把书摞在一起,小组同学轮流用一根手指推一推;

(2)把三根圆柱形铅笔放在书下面,再轮流用一根手指推一推,感受两次推动有什么不同;

(3)活动中书不能掉落,推完后,立刻坐好。

2. 提问:两次推动用的力气有什么不同?你是从哪里感受到的呢?

3. 学生汇报交流。

4. 小结:经过同学们的验证,我们知道圆柱形的木头确实起到了省力的作用。大家看(出示图片),古人也是用这种方法运送重物的,他们把这种圆木头称为滚木。

5. 拓展:通过刚才的活动想一想,运用滚木运重物时会产生哪些困难呢?

学生交流。

古人也发现了这个困难,所以就改进了滚木,发明了一种非常重要的工具——轮子。接下来,我们一起了解一些关于轮子的故事。

【设计意图】趣味情境导入,引发学生思考。通过直接推书和将书放在圆柱形铅笔上再推的活动,让学生亲身体验到圆柱形木头的省力作用,引发学生研究轮子的兴趣。

二、探索:轮子的发展史

(一)引导学生了解轮子的发展历史

我们一起来看看轮子的发展历史。(出示图片)这是滚木,人们把滚木切开,做成了实心轮子。接着,人们用一根轴把两个轮子连在一起,制成了车。

1. 提问:谁知道图片中哪里是轴,哪里是轮子?来指一指。

学生到讲台上指出图片中车子的轮和轴部分。

后来,人们觉得实心轮子太笨重了,于是,就对它进行了改造。大家看看下面的轮子与原来有什么不同呢？（出示图片）这一根根的木条就是轮辐，也叫辐条。

2. 提问：这样改进有什么好处？

生：这样的轮子比实心轮子轻便，跑得快。

是的，装上了轮辐的车，跑起来更轻巧了。可是人们发现，车跑快了之后，车轮总坏，于是就想办法加固车轮。

3. 提问：同学们想一想，用什么办法加固呢？

生1：给木头轮子钉上钉子。

生2：我觉得可以在轮子外边钉上一圈铁皮。

想法真好，我们看看古人是怎么做的。古人给车轮包上铁皮，车轮就结实了，也就可以承受更多的重物了。后来人们觉得车轮硬邦邦的，行驶过程中车子一蹦一蹦、一颠一颠的。

4. 提问：坐在车上很不舒服，怎么办呢？同学们再想想办法。

生1：在轮子的外面包上动物的皮毛。

生2：我觉得动物皮毛不结实，应该包一层胶皮，既结实又有弹性。

我们看看工程师想到了什么办法。他们发明了有弹性的橡胶轮胎。坐在使用橡胶轮胎的车上，舒适极了。同时，工程师还发明了轴承。瞧，这就是轴承。（出示图片）这是工人叔叔在给自行车安装轴承。长长的铁管是轴套，轴承就安装在轴套两端。有了它们，轮子跑起来就更快了。

5. 提问：轮子是人们动脑筋设计出来的。请你想想看，我们还需要对轮子的哪方面性能加以改进呢？

学生表达自己的想法，如让轮子更防滑、耐磨、牢固……

相信有了同学们提供的想法，科学家们一定能研究出更先进的轮子。

（二）小组合作，填写学习单

现在老师要检测一下你们的学习情况，请各小组拿出学习单，按照轮子出现的先后顺序，在方框里填序号。小组同学合作完成。

1. 汇报：哪个小组来汇报一下你们的顺序？其他小组同学仔细听，看和你们的排序是否一样。

2. 过渡：同学们已经了解了轮子的发展历史，老师为认真好学的你们准备了一份惊喜。

【设计意图】通过讲解、展示与提问的方式呈现轮子的发展史，让学生在认识与思考中体会科学技术在不断地发展。

三、实践：给小车安装轮子

1. 提问：老师把材料呈现在了屏幕上，请同学们根据这些材料猜猜看，我们要做什么呢？

生：要组装小车，让它跑起来。

2. 思考：想一想，这些材料分别模拟的是小车的哪个部位呢？

生口头连线：车身、轮子、轴套、轴。

3. 追问：轴套有什么作用呢？

4. 思考：现在能给小车安上轮子了吗？还不行，想一想，安装时要注意什么？

5. 给小车安装轮子，初步体验实践的乐趣。

活动要求：

(1) 小组合作，不争抢；

(2) 声音小小，不吵闹；

(3) 轮子安完，推一推；

(4) 体验完毕，快收起。

6. 动手操作：学生给小车安装轮子。

7. 教师巡视指导。

8. 展示交流：哪个小组愿意到讲台上来展示分享你们的作品？

【设计意图】动手实践，给小车安装轮子，是要让学生经历一次制作活动，尤其是学生将小车制作完成之后进行的分享交流，比如“轮子是不是很对称”“位置是不是很恰当”“轮子是不是能够很快地滚动”“滚动过程中能不能保持方向的稳定”。通过这一系列活动，让学生明白科技产品就是在不断尝试、不断改进中逐步完善的。

四、总结拓展：认识生活中的轮子

轮子的出现使小车灵活地运动起来，其实生活中还有很多地方应用到了轮子。

1. 提问：想一想生活中你还在哪些地方见过轮子？

2. 追问：请大家在教室里找找看，哪里有轮子？

生：窗帘、黑板。

3. 拓展：老师也想跟大家分享一下未来的轮子，我们一起看一看。（播放视频未来的轮子。）

4. 总结：更先进的轮子等着你们去发明，课后请同学们想一想，还有哪些地方可以安装上轮子，把你想到的画在学习单上。

【设计意图】让学生感知到轮子的应用很广泛，不单车子上有轮子，生活中的很多方面都因轮子的使用而带来许多便捷。同时将课堂延伸到课外，培养学生的创新能力及对同一事物保持长久的兴趣并持续研究的专注力。

【精彩片段】——设置"运石头"问题情境，激发内在学习动机

师：同学们，今天老师带大家穿越到古代，看看这位古人在做什么？

生：（惊讶！）他在伐木。

师：是呀，古人在伐木呢。瞧，他砍了这么多的木头。砍着砍着，他突然发现了一块大石头。古人很高兴，觉得这块石头很有价值，想要把它运回去。

师：同学们，当时还没有发明出车，大家帮他想想办法，怎样才能把大石头运回家呢？

生：直接推着石头走。

师：大石头太沉了，推不动。

生：把他砍的木头放在大石头下面，再用力推石头，木头滚起来就能把大石头运回家了。

师：就地取材，是个好办法。那用木头滚有什么好处呢？

生：能省力气。

师：这些木头真的可以省力气吗？下面我们做一个类似的游戏，验证一下圆柱形的木头是不是能省力气。

【教学评析】

"轮子的故事"作为"小车大比拼"单元的起始课，激发起学生的学习兴趣，会为后续探究学习做好铺垫。

在本教学片段中，教师遵循中低年级学生形象思维较好的特点，采用图片转换场景的多媒体手段，创设出有趣的问题情境——带领学生穿越到古代，看古人伐木时发现大石头，帮古人思考如何运送大石头。学生积极思考，想出用滚木运石头的办法，教师顺势引导学生通过游戏活动验证自己的想法，学生跃跃欲试。教师创设"运石头"的问题情境，激发了学生的内在学习动机，调动起学生学习的积极性。

【学习单】

1. 请按照轮子出现的先后顺序,在“□”里填序号。

□ □ □ □ □

2. 你想给什么东西装上轮子?请画在下面的方框中。

第2课时 设计制作动力小车

核心问题:在设计制作小车时,我们要考虑哪些方面的因素?

【教学目标】

1. 了解不同动力小车的工作原理,能根据小车的外形与结构,在研究的基础上初步构思小车的动力装置。

2. 动手动脑,选择合适的材料,小组合作设计和制作满足任务要求的动力小车,并向同伴展示交流。

3. 能够明确工程任务,经历工程实践活动的过程,重点领会“明确问题—设计方案—实施方案—评估与改进”四个环节的基本方法。

4. 体会合作完成工程实践活动的乐趣;接受他人的质疑,学会听取他人的意见和建议;激发综合运用知识与技能改变人们生产与生活的愿望。

【教学重难点】

重点:根据动力小车的工作原理,选择合适的材料,设计和制作满足任务要求的动力小车。

难点:在经历工程实践活动的过程中,领会“明确问题—设计方案—实施方案—评估与改进”四个环节的基本方法。

【教学准备】

教师准备:多媒体课件、“小车大比拼”评价标准、小车图片或模型、测试改进小车记录表等等。

学生准备:制作动力小车的材料包(硬纸盒、剪刀、橡皮筋、轮子、连接轴、胶水、胶带、吸管、气球、橡皮筋、火柴)等。

【教学过程】

一、情境导入,明确任务

1. 发布任务

引导:学校下周要举行“科技节”工程设计挑战赛“设计制作小车”,同学们想要参赛吗?本次挑战赛要求以小组为单位参赛,并用所给材料在规定时间内设计制作一辆小车,你们有信心完成挑战吗?

2. 确认任务及解决问题

提问:你们了解任务了吗?我们需要做什么?

3. 提问:要想在挑战赛中获胜,我们首先要了解小车的结构。这节课,老师给每个小组都准备了一辆小车(动力不同)。请同学们认真观察并思考这些小车有哪些结构,每一部分的特点和作用分别是什么。

4. 引导学生分组观察小车并记录,完成活动帮助卡。

活动帮助卡

<table>
<tr><td colspan="2">任务:了解小车的结构　　　　第(　　)组</td></tr>
<tr><td>活动内容</td><td>(1)观察小车模型,思考小车各部分结构的特点和作用。
(2)组内讨论,将研讨的结果记录下来</td></tr>
<tr><td>活动记录</td><td>小车的结构
<table><tr><td>结构</td><td>特点和作用</td></tr><tr><td></td><td></td></tr><tr><td></td><td></td></tr><tr><td></td><td></td></tr></table></td></tr>
</table>

5. 交流：学生分组汇报并讨论，达成共识。

6. 布置任务：这节课我们来做一个小小工程师，自己设计并制作一辆小车让它跑起来。接下来，我们按照以下程序设计一辆有动力的小车。（PPT出示工程设计流程：明确问题—设计方案—实施方案—评估与改进。）

【设计意图】学生在上节课的探究过程中，并没有对小车的各部分结构进行全面的观察和思考。本环节重在让学生有目的地观察小车模型结构特点，并思考各部分的作用，为下一步确定小车设计方案和绘制设计图奠定基础。

二、设计制作小车

实践一：设计制作橡皮筋（或气球）动力小车（课内完成）

（一）接下来，我们也来设计一辆属于自己的小车吧！请看我们的任务要求：

1. 结构完整，车身长度不超过25厘米；

2. 用橡皮筋（或气球）提供动力；

3. 小车能平稳行驶，行驶距离要尽量长。

（二）本次设计制作小车的活动中，我们还将依据“小车大比拼”评价标准评选出三项奖项。

“小车大比拼”评价标准

奖项	标准
最佳设计奖	小车的设计图纸最清晰，各部件说明最详尽
最佳研究奖	整个研究过程记录最清晰、翔实、完整
最远距离奖	小车行驶距离最远

（三）分小组进行头脑风暴，讨论小车模型的设计方案，在动手设计之前，请大家先思考以下问题：

1. 橡皮筋（或气球）动力小车的组成部分有哪些？

2. 小车的动力原理是什么？橡皮筋（或气球）的固定方式有哪些？

3. 用橡皮筋（或气球）提供动力时，如果出现打滑的问题该如何解决？

4. 怎样安装车轮可以让小车自由运动？

5. 影响小车跑得远近的因素有哪些？怎样增大小车的动力？如何延长动力作用于小车的时间，让橡皮筋（或气球）动力小车行驶得更远？

6. 每种材料的加工方式和使用的工具、各部分的连接方式是怎样的？

【设计意图】动手之前先动脑，先通过观察小车模型的活动，让学生了解小车各部分的结构和作用，再通过讨论确定小车的动力方式和设计方案。

（四）项目实践

1. 布置任务：请各小组同学结合生活经验，相互交流，大胆构想设计出你们组的小车，并画出设计图。

2. 引导：请大家把你们组小车的设计图画在“活动记录单”上，要求画出从正面看、从侧面看、从上面看的三幅图。画好了可以在组内交流和修改，让你们设计的小车更合理、更科学、更美观。

3. 绘制设计图的建议

根据小车动力方式和需要的材料及其数量，多角度、分步骤绘制设计图。为方便其他小组理解设计方案，可在图上用文字说明制作过程，对于各部分所需的材料和尺寸，在图纸上进行适当的标注。

活动记录单

动力方式　□橡皮筋　□气球

<table>
<tr><th rowspan="2">材料</th><th rowspan="2">数量</th><th rowspan="2" colspan="2">设计图</th><th colspan="2">小组分工</th></tr>
<tr><th>姓名</th><th>任务</th></tr>
<tr><td>硬纸盒</td><td></td><td rowspan="3">从正面看</td><td rowspan="3"></td><td></td><td></td></tr>
<tr><td>橡皮筋</td><td></td><td></td><td></td></tr>
<tr><td>轮子</td><td></td><td></td><td></td></tr>
<tr><td>连接轴</td><td></td><td rowspan="3">从侧面看</td><td rowspan="3"></td><td></td><td></td></tr>
<tr><td>胶带</td><td></td><td></td><td></td></tr>
<tr><td>剪刀</td><td></td><td></td><td></td></tr>
<tr><td></td><td></td><td rowspan="3">从上面看</td><td rowspan="3"></td><td></td><td></td></tr>
<tr><td></td><td></td><td></td><td></td></tr>
<tr><td></td><td></td><td></td><td></td></tr>
</table>

4. 展示与交流

小组展示设计图,全班分享交流。

5. 反思与改进

各小组的汇报对你们的设计是否有新的启发?再想一想,我们的小车哪些地方可以改进得更好?

优秀的工程设计师就是这样,还需要思考设计方案能做哪些改进。教师指导各小组改进设计图。

【设计意图】给予学生充分的时间进行小车设计前的讨论,鼓励学生充分思考,发展学生的科学思维。

(五)制作橡皮筋(或气球)动力小车

1. 组长按设计图选择制作材料。

2. 由“工程师”及其“助理”按照设计图对材料进行加工、拼接,组装出本组的小车。

3. 教师巡视指导。

(六)测试改进小车

观察小车的结构,测量车身长度是否超过 25 厘米,测量小车行驶的距离并做好记录。

测试改进小车记录表

测试次数	行驶距离	行驶状态
第一次		
第二次		
第三次		

在测试过程中你发现了哪些问题?你能想办法解决吗?

各组针对本组小车在测试中出现的问题进行改进,再测试,做好记录和评价。

1. 我们组小车的结构是____________________。

2. 我们组小车的行驶距离是____________________。

3. 我们组小车行驶的状态是____________________。

4. 我们组小车在测试中出现的问题是＿＿＿＿＿＿＿＿＿＿＿＿＿＿＿。

5. 我们的改进方法是＿＿＿＿＿＿＿＿＿＿＿＿＿＿＿＿＿＿＿＿＿＿。

【设计意图】根据学生的认知特点，选取学生身边熟悉且易得的材料为研究对象，让学生整合科学、数学、技术与工程方面的知识，以小组合作的形式，在课内初步完成橡皮筋（或气球）动力小车的设计与制作。在制作过程中，引导学生进行设计的再修改，技术的再改进，体验设计和制作的艰辛过程，并指导学生应用所学的知识和技能。在探究过程中，引导学生对物体的运动进行感知和思考，从而达成本节课的教学目标。

实践二：拓展设计不同动力的小车（课后完成）

（一）查阅资料，设计并制作不同动力的小车。

引导：除了利用橡皮筋、气球产生的动力来驱动小车外，我们还能利用其他的动力来驱动小车吗？想一想，还能用哪些方法驱动小车。

（二）接下来，请各位“小工程师”在课后继续设计并制作一辆用其他材料提供动力的小车。

要求：1. 结构完整；

2. 以火柴、螺旋桨、太阳能为动力来源。

（三）小组讨论，交流汇报，绘制设计图。

火柴动力小车	螺旋桨动力小车	太阳能动力小车

（四）对不同动力小车设计改进的思考。

动力材料	
车体材料	
设计草图	

续表

可能遇到的问题	
采用的解决方案	

【设计意图】通过学习知道给小车安装动力装置可以让小车动起来。通过自己动手制作小车，初步了解动力小车的工作原理，知道可以利用橡皮筋的弹力、气球的反冲力、火柴燃烧产生的能量、螺旋桨旋转形成的推力、太阳能发电产生的动力等设计和制作小车动力装置。

从设计到组装、调试小车直至成功，整个过程会遇到很多困难。设计在科学技术上是可行的，但在现实组装中依然会遇到很多具体问题，这就需要学生通过已有的知识去完善小车的设计，边做边学，反复思考。

三、展示成果，互评改进

1. 明确评价奖项（“最佳设计奖”“最佳研究奖”“最远距离奖”）。

2. 各参赛小组进行测试并将小车模型按序号放在展示板上，集体交流、研讨。（参考“‘小车大比拼’评价标准”对小车进行评估打分。）

（1）小组互评

小组研讨后介绍小车模型的优势在哪里，是怎么做到的；制作和调试时发现了什么不足，是如何解决和改进的。

（2）教师评价

哪个小组做得最好？优点是什么？哪些是值得我们学习的？

哪个小组需要改进？可以怎样改进？

3. 根据评估的情况，小组反思设计和制作过程，进一步改进小车。

【精彩片段】——对比小车结构与功能，自主构建与改进小车模型

（1）小组内研讨帮助卡

主持人：我们小组设计的小车采用哪种动力方式？

学生1：橡皮筋。

主持人：小车各部分分别用什么材料？

学生2:车身用硬纸盒,车架用吸管,车轴用吸管和连接轴……

主持人:各部分怎么连接?

学生3:先用胶带将吸管绑成方形的车架,再用胶水将车架粘在硬纸盒上……

(2)集体汇报帮助卡

主持人:请各小组代表依次汇报你们组的设计方案。

小组1代表:这是我们小组的设计图。我们的小车用橡皮筋提供动力,硬纸盒作车身,吸管作车架,用两根连接轴分别连接4个轮子,使小车更平稳……

主持人:大家对小组1的设计方案有什么建议吗?请小组代表回答。

小组2代表:我们认为以气球的反冲力、橡皮筋的弹力两种动力方式共用的混合动力能让小车跑得更远。

小组3代表:用橡皮筋提供动力设计小车时,适当增大轮子和增加车身重量,以免车轮打滑。

主持人:谢谢大家的发言,汇报活动结束。

【教学评析】

在教学片段中,同学们表现得非常棒,参与的积极性很高。各小组先在组内把如何利用橡皮筋的弹力使小车前进的想法展示出来,再集体研讨,由其他小组给出优化方案,讨论过程中还会发现很多奇妙的想法,如以气球的反冲力、橡皮筋的弹力两种动力方式共用的混合动力能让小车跑得更远等。学生有思考,操作步骤清晰明了。

学生利用已有的经验、知识和技能去设计制作,体验在真实情境下不断发现问题、改进作品的过程。使学生在认识、体验设计的过程中,形成认知冲突,意识到设计要先于制作,设计要从实际的用途或需要解决的问题出发,经过讨论、改进选取最优方案。

汇报环节出现的问题是学生不知道从哪方面进行分享,表达也不够详细,所以在汇报前可指导学生从哪些方面进行分享,例如汇报设计思路、展示设计图、讲解组装过程,以及组内分工、遇到的困难及解决办法等。

第3课时 测试与改进动力小车

核心问题：小车运动的快慢和哪些因素有关？

怎样改进制作，让小车跑得更远、更快？

【教学目标】

1. 知道自然界存在多种形式的能，不同形式的能可以相互转化。体验利用弹性势能、空气的能量等其他能量转化为动能。

2. 了解小车的结构和动力系统。知道要使静止的小车运动，就要对小车施加力，力越大，小车行驶得越远。会研究小车运动快慢与弹力、反冲力大小的关系。

3. 能在教师引导下，利用常用工具改进小车的简化实物模型，能用实验数据证明自己的推测。认识小车有不同运动形式，力可以改变小车的运动状态。

4. 通过测试改进小车，培养学生动手能力、合理规划能力。在解决比赛过程的问题中培养学生解决突发问题的能力，让学生具有参与技术与工程实践的成就感。

【教学重难点】

重点：能按照“了解规则—调试—比赛—出现问题—分析问题—解决问题”的流程，深入分析动力小车的工作原理。

难点：了解并意识到要对小车不断改进以适应自己不同的需求，培养对科学探究的持续兴趣与科学探究的能力。

【教学准备】

教师准备：多媒体课件、“动力小车”评价表。

学生准备：制作完成的各种动力小车、制作动力小车的材料包(硬纸盒、剪刀、橡皮筋、轮子、连接轴、胶水、胶带、吸管、气球、橡皮筋、火柴)、比赛与改进小车记录单。

【教学过程】

一、创设情境，明确比赛规则

2023 中国大学生方程式汽车大赛于 10 月 11 日至 14 日在襄阳华侨城

奇速卡丁车赛场举行。参赛车辆核心技术的国产化是本次比赛的一大亮点。

学校也要举办“动力小车大比拼”活动,瞧,同学们都准备好了自制动力小车。

1. 竞赛规则

(1)参赛队员组装、调试好本组动力小车并参加比赛。让小车从起点出发,前进距离远的获胜。

(2)所有动力小车由本组同学制作完成。小车的尺寸(长×宽×高)必须在25厘米×25厘米×25厘米之内。

(3)每队选一位队员参加比赛,每位队员有三次比赛机会,取最高成绩为最终结果。

(4)比赛成绩为起跑线到动力小车前轮的垂直距离。(出发时小车不能超过起跑线。)

2. 比赛目的以及科学原理

(1)体验利用弹性势能、空气的能量等其他能量转化为动能。

(2)学习动力与阻力的作用。

(3)研究如何减小阻力、增大动力。

(4)通过设计培养学生动手能力、合理规划能力。

(5)通过解决比赛过程中的问题,培养学生解决突发问题的能力。

(6)享受成功,培养自信。

【设计意图】通过模拟大学生方程式汽车大赛,创建有趣的实践情境。让学生亲手制作动力小车,深入理解能量转化、动力与阻力等科学知识。规则设定明确,包括尺寸限制、比赛机会等,培养学生的规范意识。多次比赛机会有助于锻炼他们的心理素质和发挥最佳水平。活动旨在提升学生的动手能力、规划能力和解决问题的能力,培养学生的自信心,让他们享受成功的喜悦,激发对科学的兴趣。

二、检验作品,改进完善

活动一:橡皮筋动力小车大比拼

1. 比赛活动要求

(1)结构完整,车身长、宽、高都不超过25厘米。

(2)以橡皮筋为动力来源。

(3)从起点出发,前进距离远的获胜。

2. 任务

让小车笔直地往前跑。

(1)调试小车。

(2)试着让你的小车能行驶更远。

(3)思考:为什么橡皮筋可以驱动小车呢?

3. 开始比赛

(1)整理小组的比赛数据,你有什么发现?

(2)你们的问题和其他小组的问题有什么不同?

4. 如何让小车跑得更远

(1)小车产生动力的原理是什么?橡皮筋的固定方式有哪些?

(2)影响小车跑得远近的因素有哪些?怎样增大小车的动力?如何延长动力作用于小车的时间?

(3)你们的小车可能存在什么问题?你们将如何改进,让小车快速行驶?

(4)在比赛过程中你们发现了哪些问题?能想办法解决吗?

比赛与改进小车记录单

次数	行驶的距离	出现的问题	改进的办法
1			
2			
3			

5. 学生交流

橡皮筋有较好的弹性,橡皮筋动力小车就是利用了橡皮筋的弹性。将橡皮筋绕在车轴上,橡皮筋产生形变,松手时其弹性势能转化为小车的动能,小车就会前进。

橡皮筋动力小车可以跑得比较远。因为橡皮筋的弹性能够驱动小车前进,并且车体设计合理、轻巧,行驶时能够减少摩擦力的影响。

如果选用弹性更好的橡皮筋,小车就会跑得更远。除了材料选择外,橡皮筋动力小车跑得远近还跟设计和制作的技巧有关。例如,车辆的形状、重心的位置、轮胎的材料等都会影响行驶的距离。同时,橡皮筋的长度和捆绑方式也很重要,合适的长度和捆绑方式可以让橡皮筋释放的能量更加集中,使得小车跑得更远。

【设计意图】因为学生已经具备一定的手工制作能力和理解力,所以可以通过调整橡皮筋的张力和装置的结构来控制小车的运动方式和速度。此外,还可以通过观察和实验来进一步了解橡皮筋动力装置的原理和应用。制作橡皮筋动力装置不仅可以激发学生学习科学的兴趣,还可以培养学生的创造能力和探索精神。

活动二:气球动力小车大比拼

1. 比赛活动要求

(1)结构完整,车身长、宽、高都不超过25厘米。

(2)以空气为动力来源。

(3)从起点出发,前进距离远的获胜。

2. 任务

让小车笔直地往前跑。

(1)调试小车。

(2)试着让你们的小车能行驶更远。

(3)思考:为什么充气的气球可以驱动小车呢?

3. 开始比赛

(1)整理小组的比赛数据,你有什么发现?

(2)你们的问题和其他小组的问题有什么不同?

4. 如何让小车跑得更远

(1)你们认为可能影响小车行驶距离的因素有哪些?如果想要行驶得更远,可以怎么改进?

(2)你们小组打算采取什么措施,让小车快速行驶?

(3)在比赛过程中你们发现了哪些问题?能想办法解决吗?

比赛与改进小车记录单

次数	行驶的距离	出现的问题	改进的办法
1			
2			
3			

5. 学生交流

气球里的气体喷出时,会产生一个和喷出方向相反的推力,这个力就是反冲力。反冲力越大,车运动得越远。比赛过程中发现可以通过以下方法让小车行驶得更远:

(1)更换大的气球,吹足气。

(2)使出气孔在小车的正后方,让小车保持直线行驶。

(3)两边轮子要对称,轮轴要灵活。

(4)减轻车身重量。

(5)适当增加轮子摩擦力,防止打滑。

6. 拓展

生活中的反冲力。

(1)你还知道哪些地方用到了反冲力?

(2)学生汇报。

(3)了解喷气式飞机、火箭的原理。

【设计意图】本课的活动是帮助学生加深对力和运动关系的理解,指向"力可以改变物体运动的快慢"概念的建构。学生从感受气球喷气时所产生的气流和推力开始,体会气流方向和气球运动方向之间的关系;再测试组装的气球动力小车能行驶多远,用更多的办法使小车行驶得更远,体会改变喷气装置会影响小车的运动速度。这样一方面可以认识反冲力,另一方面可以加深对力可以改变物体运动的快慢的理解。

活动三:其他动力小车大比拼

1. 比赛活动要求

(1)结构完整,车身长、宽、高都不超过 25 厘米。

(2)动力来源相同。

(3)从起点出发,前进距离远的获胜。

2. 学生除了利用橡皮筋、气球产生的动力来驱动小车,还能利用其他的力来驱动小车,如火柴动力小车、螺旋桨动力小车、太阳能动力小车等。

学生采用火柴、螺旋桨或太阳能作为动力来源设计制作的小车进行比赛。

3. 在比赛过程中你发现了哪些问题?你能想办法解决吗?互相借鉴其他小组的设计优点,改进自己的小车。

【设计意图】通过自己动手制作小车参加比赛,进行科学观察与交流,增强操作动力小车的兴趣。引导学生利用常用工具制作小车的简化实物模型,并知道可以利用多种动力设计和制作小车动力装置,在此过程中了解动力小车的工作原理,激发参与技术与工程实践的兴趣。

三、做好记录,改进评价

1. 各组针对本组小车在比赛中出现的问题进行改进,再测试,做好记录和评价。

我们组小车的结构是＿＿＿＿＿＿＿＿＿＿＿＿＿＿＿＿。

我们组小车行驶的距离是＿＿＿＿＿＿＿＿＿＿＿＿＿＿。

我们组小车行驶的状态是＿＿＿＿＿＿＿＿＿＿＿＿＿＿。

我们组小车在测试中出现的问题是＿＿＿＿＿＿＿＿＿＿。

我们的改进方法是＿＿＿＿＿＿＿＿＿＿＿＿＿＿＿＿＿。

2. 让我们对自己的作品进行评价吧!

"动力小车"评价表

评价维度	评价内容	自评
结构稳固	结构完整,车身结实	☆☆☆
动力来源	动力来源持续、稳定、强劲	☆☆☆
行驶距离	行驶距离远	☆☆☆
行驶路线	小车按直线行驶	☆☆☆

3. 结合评价表,你能继续优化本组的作品吗?

四、总结收获，拓展提升

通过本次比赛，你有哪些收获？未来想设计哪些符合人们需求的车？

【精彩片段】——理解比赛规则，合作构建，聚焦自我监控

师：首先，我们来了解一下比赛规则。关于比赛规则，你们有什么不明白或者想要问的？大家讨论一下。

生讨论。

师：老师来问问你们，发车线是对准哪一个轮子？

生：车的前轮。

师：那么，小车停下时我们应该标记哪个车轮的位置？

生：前轮。

师：比赛成绩你觉得应该怎么取？

生 1：我感觉可以以小车行驶的距离作为得分依据。

生 2：每位选手有三次机会，取最高成绩为最终结果。

师：那你觉得开得越远，分数就越高吗？

生：不是，还要看小车是否行驶在跑道内。

师：如果偏离跑道怎样计算距离？

生：如果它在某个位置偏离跑道，就以这个位置为终点计分。

师：所以，如果想分数取得高，要怎样做？

生：要使小车在跑道内跑得又远又直。

师：这就是我们小车大比拼取得高分的秘诀——又远又直。

【教学评析】

教师通过提问和引导学生讨论的方式，帮助学生理解比赛规则。首先，确认学生是否清楚比赛规则，激发学生的学习动机，并针对发车线对准哪个轮子的问题进行提问；接着询问比赛时应记哪个轮子的距离，这有助于学生明确在比赛过程中需要关注的位置；然后，引导学生讨论赛车距离的计分方式，学生自主构建出根据赛车行驶的距离计分的标准，并认识到赛车是否行驶在跑道内也是影响分数的重要因素；最后，教师询问如果偏离跑道如何计算距离，学生回答是记录偏离时的位置分数。教师总结出取得高分的秘诀——“又远又直”,这是对比赛规则的应用迁移,让学生明确在实际比赛中应如何操作以获得更好的成绩。

本环节不仅帮助学生理解了赛车比赛的基本规则,还通过提问和讨论的方式,引导学生深入思考和理解比赛的要求,从而为他们在比赛中取得好成绩提供了有力的支持。

持续反馈与应用设计

项目式作业　设计制作“爬楼梯小车”

【任务】

我们之前设计制作的橡皮筋动力小车、气球动力小车、太阳能动力小车、螺旋桨动力小车都可以实现在平地上的运动。那么,你能设计制作一辆可以爬楼梯的小车方便我们上下楼搬运东西、节省体力吗?今天的任务就是利用身边的常见材料设计制作一辆能爬楼梯的小车,满足七层以下没有安装电梯的住户的需要。(出示图片介绍:现在爬楼梯的小车种类有履带式、双曲柄式和轮组式小车。)

【要求】

1. 利用身边的常见材料(如塑料吸管、瓶盖、木棒、纸盒、热熔胶等)制作。

2. 采用轮组式结构,轮子可以灵活旋转。

3. 车身长度不超过30厘米。

4. 小车能沿着一直线轨迹平稳上下楼。

5. 上下楼时噪声和振动小。

6. 图文结合记录以上内容,包括设计、制作、测试、评价、改进等部分。

【改进】

你的“爬楼梯小车”制作成功了吗?为了让爬楼梯小车上下楼时更加平稳、笔直,噪声和振动更小,在制作过程中,你有什么经验、秘诀或收获?你遇到的最大困难是什么?你是怎样解决的?尝试改进你的小车。

【评价】

“爬楼梯小车”评价标准

评价内容	评价等级		
	★	★★	★★★
小车设计	方案不合理,没有设计图,或设计图与作品不符	方案合理,有简单的设计图	方案合理,有严谨、详细的设计图(设计图上有标注)
小车制作	利用现成的小车来制作或改装,或制作工艺较差	利用了小车的部分素材(如轮子)制作,或制作工艺一般	全部利用生活中常见的、原始的材料制作,各部件连接合理,爬楼梯小车扎实、稳固,轮子转动灵活
小车外观	缺少整体设计,外观简陋,制作粗糙	缺少整体设计,外观较美观,制作比较精致	有整体设计,外观美观、制作精致
小车功能	爬楼梯小车上下楼时轮组转动不灵活,或不平稳、不走直线	爬楼梯小车轮组转动较灵活,可以较平稳、直线上下楼	爬楼梯小车轮组转动灵活,可以平稳、直线上下楼

单元教学反思

本次“小车大比拼”活动按照“轮子的故事→设计制作动力小车→测试与改进动力小车”的梯度进行教学设计,充分表现了STEM(科学、技术、工程、数学)教育是一种教育理念和教学思路的创新,是从单学科走向跨学科的学习,是整体大于部分之和,是学生整体认识世界的机会,综合培养了学生的科学素养。在STEM四个学科的学习中最重要的是学生发现问题、解决问题的想法。

1. 单学科走向跨学科。在本次项目活动中,“轮子的故事”和“设计制作动力小车”是为第三课时“测试与改进动力小车”做准备的。教学过程中引导学生结合生活经验思考,然后提出驱动性问题,激发学生的学习兴趣。本次项目学习主要研究不同动力小车运动的距离与橡皮筋、气球、火柴、螺旋桨、太阳能的关系，实际上也是对“运动和力”概念的进一步构建和理解。如学生们在玩气球的时候发现松开气嘴后，气球会飞向与气嘴相反的方向，这是受空气反冲力的影响。由空气反冲力的科学知识联想到小汽车，进而需要了解汽车工程。在制作气球动力小车的工程中需要用到钻、戳等技术性动作，也要用到衡量长度等数学知识。所以STEM项目活动不局限于单一课程，它需要利用科学、技术、工程、数学等学科相互关联的知识解决问题，实现跨越学科界限，从多学科知识综合应用的角度解决问题。

2. 重视发现问题、解决问题。STEM项目活动关注学生的创作过程。在创作过程中不仅看重学生的探索能力和动手能力，更重视发现问题、解决问题的学习品质。出现新的问题，学生一起思考讨论，找出原因，对症下药，进行调整。当发现小车跑偏了、跑不远、跑不快，是轮胎没装好还是穿孔不对称，还是其他原因，都需要一遍遍观察，一点点找出原因。学生自己寻找工具，自己想办法，自己找同伴帮忙，分析失败原因，提炼有用经验，不断改进与创新，这都需要耐心，需要恒心。

由此可见，STEM教育绝不仅是在教室里整齐地上课，更是在充满纸盒、吸管、一次性筷子等生活常见物品和螺丝刀、锥子、胶枪等工具的海洋里遨游；STEM教育也不是对学生彻底放手不管了，而是在生活中、在课堂上的每时每刻都可以让学生自己探索、思考、寻找解决问题的方法。

案例提供者：邹德炜，朝阳市教师进修学院
唐丽华，朝阳市双塔区教师进修学校
李　艳，朝阳市育红小学
杨东良，朝阳市育红小学
刘淑辉，朝阳市双塔区他拉皋镇中心小学
指 导 教 师：刘天成，辽宁教育学院